本気の海外投資シリーズ 8

世界資源株投資完全マニュアル

上中 康司 Koji Uenaka

complete manual of resources equity
investment in the world

Pan Rolling

はじめに

　ここ数年、資源の価格が急速に上昇し始めました。ここでいう資源とは、石油や金、銀、銅、亜鉛、鉛などの鉱物資源のことです。この資源価格急上昇には、中国やインド、その周辺の地域、あるいはドバイを筆頭とする中東地域の急速な経済発展に伴う大量の資源消費が関係しています。

　資源物質はコモディティと呼ばれて、主に、ニューヨークマーケットでドル建てで取引されています。2008年現在では、米国の国力の低下によってドルそのものの価値が低下しているため、相対的に、これらのコモディティの価値が上がっているとも言えます。

　この現象は、まだ始まったばかりです。今回の上昇トレンドの前は、約20年にわたる長い下降トレンドでした。ですから、これまでは、鉱山会社による新規の鉱山開発や設備投資は、採算が合わないことを理由に為されてこなかったのです。つまり、今、急速に需要が伸びても、供給体制ができていませんから、在庫を取り崩していくしかないのです。要するに、価格は上がるわけです。少なくとも5年から8年はこの状態でしょうから、まだまだ、今回の上昇トレンドは続くと考えていいと思います。

　この状態ですと、資源埋蔵国は大変有利な立場になります。保有している資源の量が究極的には国力に繁栄されることになります。鉄鉱石や銅、金、銀などの鉱山、油田を多く保有している国は、最終的には、財政がこれらの地下資源で担保されていることになります。不動産開発や工業団地、金融センターの誘致、観光開発で失敗しても、これらの資源があるかぎり、何度でもやりな

おしがきくわけです。もし、戦争をすることになって、長期戦になっても、資源があるかぎり、膨大な軍事費用を維持できるわけです。

　財政赤字が積み上がることはありません。資源は、重要な軍事物資であると言うことができます。昨今の資源国通貨が急速に対ドル、対円で強くなっているのは、このような理由によるのです。

　人類の戦争の歴史を振り返ってみて、資源を搾取するための戦争が多いことは、そのまま資源の重要性を物語っています。また、資源が少ないのに、戦争を仕掛けることが、いかにリスクが大きいかは、日本の太平洋戦争における敗北を見れば明らかです。

　資源は、それだけ、我々人類にとって、重要なものなのです。一国の運命までも左右してしまうのです。ですから、現代のように、先に述べた理由で、資源価格が上昇する時代には、それらを採掘する鉱山会社は飛躍的に業績が成長します。当然、株価も大きく上昇するでしょう。つまり、これらの会社の株式に投資することは、大きな利益を得る可能性があるのです。

　本書が「この本の読者の皆さまが世界の資源株に投資し、大きな財産を築いて頂くための指針」となれば幸いです。

2008年3月吉日
上中　康司

| はじめに | 1 |

第1章 資源株とは何か　　7

◎2000年以前の世界	8
◎2001年から始まった資源争奪M&A合戦	9
◎新興国の高度成長が与える影響	14
◎資源を食い尽くす中国のインパクト	15
◎資源株とは	18
◎世界資源メジャーランキング	19

第2章 資源の基本情報　　23

◎エネルギー資源について　　24

1. 石油(原油)
概要／石油の分布／原油生産の動向／石油の需要動向／世界の石油需要の推移／原油価格について

2. 天然ガス
概要／天然ガスの生産動向／天然ガス需要の動向／天然ガスの価格

3. 石炭
概要／石炭の分布／石炭生産の動向／石炭需要の動向／中国のエネルギー需給構造と石炭の問題

4. 原子力(ウラン)
原子力発電設備容量の推移／原子力発電電力量の推移／ウランの分布と生産／ウランの価格／中国の急増する電力需要と電力産業改革

◎鉱物資源(鉄鉱石)について　　58
概要／鉄鉱石の分布／鉄鉱石の生産／鉄鉱石の貿易／鉄鉱石の価格

◎非鉄金属（ベースメタル）について　　52
 1.銅
 銅の用途／銅の世界需要推移／BRICsの占める地位／
 銅の生産
 2.亜鉛（Zinc）
 亜鉛の用途／亜鉛地金需要推移
 3.鉛（Lead）
 鉛の用途／鉛の需要推移
 4.アルミニウム（Aluminum）
 概要／主な用途

◎非鉄金属（レアメタル）について　　73
 1.ニッケル
 主な性質／主な用途
 2.クロム
 主な性質／主な用途
 3.モリブデン
 主な性質／主な用途
 4.タングステン
 主な性質／主な用途
 5.コバルト
 主な性質／主な用途

◎貴金属について　　82
 1.金
 主な性質／主な用途／金の産出国
 2.銀
 主な性質／主な用途／銀の産出国／
 注目を集める銀（シルバー）／高騰期にある金属市況

第3章 世界資源株を買うための証券口座の開設　95

- ◎口座開設の3つの方法について　96
- ◎フィリップ証券（香港）で口座開設　97
- ◎郵送での口座開設　100
- ◎日本の証券会社を活用する　114

第4章 注目のお勧め資源株16銘柄　119

- ◎概要（企業紹介を始める前に）　120
  - 企業紹介　128
    ガスプロム【石油・ガスメジャー】／ペトロブラス【石油・ガスメジャー】／ペトロチャイナ【石油・ガスメジャー】／ルクオイル【石油・ガスメジャー】／BHPビリトン【総合資源メジャー】／ヴァーレ【総合資源メジャー】／ノリリスク・ニッケル【総合資源メジャー】／ヴェダンタ・リソーシズ【総合資源メジャー】／バリック・ゴールド【金鉱山企業】／ゴールド・コープ【金鉱山企業】／キンロス・ゴールド【金鉱山企業】／ヤマナ・ゴールド【金鉱山企業】／シルバーウィートン【銀鉱山企業】／シルバーコープ【銀鉱山企業】／コードアレン【銀鉱山企業】／カザフミス【銀鉱山企業（※実際は総合資源メジャー）】

第5章 世界資源株の情報収集の方法 …197

◎MarketWatch from DOWJONESを利用しよう! …198
◎JOGMECをチェックしよう! …209

第6章 投資信託を通じて資源株に投資する …213

◎FPIの月掛けプランと一時払いプランを利用する …214
◎アルテミスシルバー・ファンドを利用する …232

付録1 世界資源メジャーデータ集 …237

付録2 読者プレゼント …283

おわりに …287

第1章

資源株とは何か

2000年以前の世界

　資源のことについて考えるにあたり、まず最初に1990年代から2000年までの世界経済を簡単に振り返ってみることが肝要かと思います。

　1990年の大発会から日経平均は大暴落をし続け、その後の1997年のアジア通貨危機、1998年のロシア経済破綻を経て、1999年から始まったITバブルはたった1年足らずでピークを迎え、2000年4月から2003年4月28日まで、日経平均は歴史的安値である7603円をつけるに至りました。

　一方で、日本経済が血を流し続けるなか、アメリカをはじめとする欧米諸国の株価は1990年代を通じて上昇し続け、マイクロソフトに代表されるソフトウェア産業、ヤフーやアマゾンなどのネット産業、インテルなどの半導体といった、いわゆるハイテク・IT産業が相場の中心でした。この時代を現在と比較するにあたり、「バーチャル経済の時代」とでも呼んでおきましょう。

　2000年4月までに米国のダウ・ジョーンズ株価インデックスは1992年からおよそ5倍にまで上がり、欧州各国の株価インデックスも約4～6倍の値上がりしました。

　そして、ITバブルは崩壊しました。ここで、ひとつの時代のパラダイムの転換が起こったと、友人でもあるアメリカ在住の資源アナリストは言っています。どういうことかというと、金や石油などの実物資産が上がり始めたのです。例えば、金は1980年のイラン革命のときにつけた歴史的高値を境に、2000年まで20年にも及ぶ低迷の時代を続けてきましたが、2000年のITバブル崩壊から

価格が上がり始めました。
2000年のITバブル崩壊を契機に"転換"したのです。
　その後は、第2章でチャートを見ていただきくとわかるように、資源価格が上昇し続ける現在の「実物経済の時代」へと時代は変化したと言えます。

2001年から始まった資源争奪M&A合戦

　2001年、すなわち21世紀の幕開けは、現時点で世界ナンバー1総合資源メジャーであるBHPビリトンの誕生（合併）から始まっています。また、大手資源メジャー3位のアングロ・アメリカンがダイヤモンドで世界的に有名なデビアスを買収しました（シェア60.2％）。巨大な総合資源メジャーの誕生で21世紀は始まったと言えるでしょう。

　2000年までは、それまでのおよそ20年間にも及ぶ資源価格低迷の影響で財務面でも苦しんだ資源企業でしたが、2002年以降は、金属市況が急激に上昇および続伸したことを受け、財務状況は大幅に改善しています。特に鉱山の権益を所有する上流部門（資源を採掘する会社）に事業を集中している資源メジャーがこの資源価格の恩恵を享受している構図が浮かび上がりました。

　その結果、手元のキャッシュが潤沢になり、そのキャッシュを効率よく運用するための方法としてM&A（合併・買収）がはやり始めたのです。

　さて、ここから近年のM&A合戦の激しさを皆さんにも見てもらいたいと思います。

近年、特にM&Aを活発に行っているスイスのエクストラータ（Xtrata）は、2005年にオーストラリアのWMC社の買収に名乗りを上げました。しかし、これは失敗に終わります。次に名乗りをあげたBHPビリトンに20％近いプレミアムを提示され、そちらが合意に至っています。

　同じく2005年、エクストラータはカナダのニッケル大手ファルコンブリッジの株式を20.1％取得。同年10月、同じくカナダのニッケル大手のインコがファルコンブリッジの買収をすることで合意。しかし、カナダの公正取引委員会が国内のニッケル大手同士の合併に横槍を入れたのです。

　この交渉難航にチャンスを見出したカナダのテック・コミンコ（2005年の亜鉛鉱シェアで世界1位）や米国のフェルプス・ダッジ（2005年の銅地金およびモリブデン鉱のシェアで世界2位）が買収に名乗りを上げました。

　テック・コミンコはインコ単独の買収に名乗りを上げたのに対して、フェルプス・ダッジはインコとファルコンブリッジを合併させたうえで合併会社を買収したいと提案。こうして事態に混乱が生じていた矢先、ファルコンブリッジの2割のシェアを保有していたエクストラータが名乗りをあげたのです。

　2006年5月、エクストラータはインコの買収価格に約10％のプレミアムの上乗せを提示。その後もさらに引き上げ、8月にはファルコンブリッジの単独の買収に成功しました。

　しかし、これでも事態は収まりません。エクストラータにファルコンブリッジを奪われたインコは一転して買収されることになります。

　買収したのは最初に名乗りをあげていたテック・コミンコでは

なく、新興国でありながらすでに世界の資源メジャーの一角にのしあがったブラジルのヴァーレ・ド・リオドセ（CVRD）です。リオドセはおよそ２兆円（178億9600万ドル）をキャッシュで支払うという豪腕ぶりを見せつけたのです。

　話はここからさらに続きます。インコとファルコンブリッジを買いそびれたもう一方のフェルプス・ダッジは売上も利益も時価総額も半分しかない米国のフリーポート・マクモランに買収されてしまったのです（フェルプス・ダッジの株価の３割増しというプレミアム付きで）。こうして一連のニッケル騒動は一応は収まりました。

　しかし、まだ先があります。2007年３月26日、エクストラータはカナダのリオン・オア（LionOre）の友好的買収（40億ドル）合意を発表。2005年度ベースでエクストラータの親会社であるグレンコア（Glencore）と、2006年にエクストラータが買収したファルコン・ブリッジ、そして今回のリオン・オア３社のニッケル鉱生産量の合計は11万トンとなり、Glencore‒Xtrataグループは BHPビリトンに次ぐ世界第４位のニッケル生産者となるはずでした。

　そこに横槍を入れたのが、ロシアの雄「ノリリスク・ニッケル」です。エクストラータのおよそ２割増しのプレミアムを提示したのです。６月、エクストラータは高値を追うことをやめる決定をし、結果的にニッケル鉱生産世界一位のノリリスク・ニッケルがリオン・オアを48億ドルで買収を完了しました。

　さて、グレンコアといえば、ロシアのアルミニウム大手のルーサル（Rusal）も子会社に持っています。2006年ルーサルがロシアの同業であるシベリア・ウラル・アルミ（SUAL）を買収、および

グレンコアのアルミ部門との合併を行い、一躍アルミ精錬業界で世界1位の座に輝いたのです。

　世界1位の座を奪われたアルコア（米国）は、カナダの同業アルキャンの買収を宣言。ところが20％ものプレミアムを提示されてもアルキャンはこれを拒否。ここに割って入ったのは、世界資源メジャー第2位のリオ・ティント（RioTinto）です。リオ・ティントはアルコアの買収価格にさらに3割ものプレミアムを乗せ、友好的TOBを仕掛け、買収で合意。先ほどのルーサルから1位の座を奪いました。

　買収合戦に敗れたアルコアは逆にいつ買収を仕掛けられるかとも言われています。

　そして、2007年の最後の締めくくりは、なんと、この世界第2位のリオ・ティントが世界第1位のBHPビリトンに買収を仕掛けられるという前代未聞の買収劇で年を越したのでした。1490億ドル（およそ16兆円）という過去最大級のM&A合戦が演じられています。

　2008年以降もまだまだ資源をめぐる覇権争いは続くでしょう。こうした争いの中で、後で見ていくように、BRICsの国策ともいえる新興国資源メジャーからは目が離せない状況となると思われます。

百万(USドル)

年	買収企業	買収対象	金額
2001年	アングロ・アメリカン(英国)	デビアス(60.2%)	11,440
	BHP(豪)+ビリトン(英国)	合併	14,000
2002年	キンロス・ゴールド(カナダ)	TVXゴールド	1,700
	ニューモント(米国)	Normandy	2,000
	アングロ・アメリカン(英国)	Disputada de Las Condes	1,300
	ニューモント(米国)	フランコ・ネバダ	2,300
2003年	エクストラータ(スイス)	エクストラータ・クイーンズランド	2,960
	アルキャン(カナダ)	ペキニー	3,400
	USスチール(米国)	ナショナルスチール	1,050
2004年	エクストラータ(スイス)	エクストラータ・SA Cr JV(89%)	1,133
	ノリリスク・ニッケル(ロシア)	ゴールド・フィールズ(20%)	1,184
	エクストラータ(スイス)	WMC ※不成立	6,200
2005年	BHPビリトン(豪・英)	WMC	7,300
	ゴールド・コープ(カナダ)	ウィートン・リバー	2,025
	エクストラータ(スイス)	ファルコン・ブリッジ(20.1%)	1,740
	インコ(カナダ)	ファルコン・ブリッジ ※不成立	10,600
	バリック・ゴールド(カナダ)	プレーサー・ドーム	10,400
2006年	グラミス・ゴールド(米国)	ウエスタン・シルバー	1,079
	バリック・ゴールド(カナダ)	ノヴァゴールド	1,400
	ゴールド・フィールズ(南ア)	サウス・ディープ金鉱山	1,525
	キンロス・ゴールド(カナダ)	ベマ・ゴールド	2,878
	アイアムゴールド(カナダ)	カンビオール	3,000
	ゴールド・コープ(カナダ)	グラミス・ゴールド	8,600
	バリック・ゴールド(カナダ)	プレーサー・ドーム	10,400
	エクストラータ(スイス)	ファルコン・ブリッジ(79.9%)	14,484
	テック・コミンコ(カナダ)	インコ(カナダ) ※不成立	16,007
	CVRD(ブラジル)	インコ(カナダ)	17,893
	ゴールド・コープ(カナダ)	旧プレーサー・ドーム一部資産	1,600
	フリーポート・マクモラン(米国)	フェルプス・ダッジ	25,900
	ルーサル(ロシア)	シベリア・ウラル・アルミ	30,000
	ミタル・スチール	アルセロール	41,304
2007年	リオ・ティント(英国)	アルキャン	38,100
	BHPビリトン(豪・英)	リオ・ティント ※継続中	149,000

新興国の高度成長が与える影響

　買収合戦が繰り広げられた2001年以降、時を同じくして、BRICsをはじめとする新興国経済の高度成長が始まりました。それが資源価格高騰のもっとも大きな背景となっています。特に、中国の幾何級数的需要のインパクトはとてつもないものになっています。

　この話の前に、世界の人口動態について数字を把握しておきたいと思います。恐ろしいほどの実態が見えてきます。

　まず、世界全体の人口です。データは少し古くなりますが、2000年時点での先進諸国の人口として全30カ国のOECDの人口はというと、およそ11億人でした。一方で、非OECD諸国の人口はおよそ49億人です。

2000年	米	日	EU15	中国	全OECD	非OECD
実質GDP（兆）	9.009	5.688	9.756	1.040	27.675	6.525
シェア	26.3%	16.6%	28.5%	3.0%	80.9%	19.1%
人工（億）	2.82	1.27	3.76	12.62	11.25	49.01
GDP/人（$）	31,947	44,787	25,947	824	24,600	1,331

　非OECD諸国のうち、BRICs 4カ国で人口26億6700万人。このほか、アジアを中心とするBRICs周辺の高度成長国の人口を含めれば、40億人近い規模の新たな需要が創出されているわけです。20年間に及ぶ資源価格の低迷によって開発がおろそかにされていたため、その需要に供給が追いつかない状況になっています。

	中国	インド	ブラジル	ロシア	合計
実質GDP(兆)	2.680	0.854	0.796	0.971	5.301
人工(億)	13.14	10.27	1.84	1.42	26.67
GDP/人($)	1,700	720	4,323	6,859	

資源を食い尽くす中国のインパクト

ここで話を中国に戻します。

皆さんもすでにご承知のとおり、中国の原油需要量は、2003年に日本を抜いて世界2位になりました。一方、30年にわたり続いてきた日本向け原油の輸出は2004年に入りほぼストップしています。中国の石油輸入量の増加はいまや世界の石油市場や原油価格に大きな影響を与えています。

中国は、世界第7位の産油国ですが、近年では需要が生産を大きく上回り、供給不足を補うため石油輸入量が大幅に増加しています。中国は国内石油需要の増加に伴い、1993年に石油輸入国に転じ、1996年には原油輸入国になりました。その後も原油輸入は大幅に増加しており、安定的な原油供給源を新たに確保することが中国にとって喫緊の課題となっています。

一方、中国各地では大々的な石油探査が進められており、今後は西部地区の油田からの増産が計画されています。しかし、IEA（国際エネルギー機関）は2004年版の予測で中国の減産傾向を厳しく見ており、2010年までは330万BD（1.65億トン）とほぼ現在の水準を維持するものの、2020年には270万BD（1.35億トン）、2030年には

220万BD（1.1億トン）に減退すると予想しています（石油需給見通し）。このため、今後は中国の輸入原油への依存が急速に高まることが想定されます。

　石油の輸入依存度が大幅に高まると見込まれるなか、中国は、海外での探鉱開発を進めることを石油安定確保の重要な対策と位置付け、石油外交を活発に展開しています。また、石油権益獲得のために巨額の政府借款を提供するなど、政府の全面的なバックアップを背景に官民あげて海外石油開発に取り組んでいます。

●

【中国の石油需給見通し】
中国石油、「世界石油企業50強」の7位に躍進

　中国石油天然気集団（中国石油）は10日、米国の石油情報誌『ペトロリアム・インテリジェンス・ウィークリー（PIW）』による世界石油企業50強の最新総合ランキングで、同集団が6年連続ベスト10入りを果たし、順位も2つ上がって7位に躍進したことを明らかにした。

　PIWは20年間にわたり、世界石油企業50強ランキングを発表してきた。埋蔵量、生産高、販売高など6項目の指標によって総合判定を出し、通例、毎年末に前年のランキングを発表する。

　調査によると、「世界の石油企業50強」の原油・天然ガスの埋蔵量は、世界埋蔵総量のそれぞれ85％と64％を占め、生産高は世界総生産量のそれぞれ81％と68％を占めるという。　　　（編集KM）

「人民網日本語版」2007年1月11日

●

　このように13億人もの人口を擁する中国にとって、石油開発は

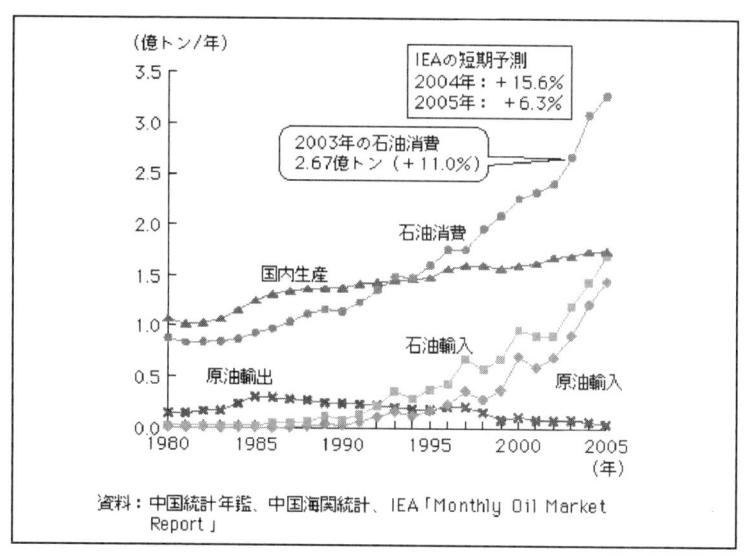

(億トン/年)

IEAの短期予測
2004年：+15.6%
2005年：+6.3%

2003年の石油消費
2.67億トン（+11.0%）

石油消費
国内生産
石油輸入
原油輸出
原油輸入

資料：中国統計年鑑、中国海関統計、IEA「Monthly Oil Market Report」

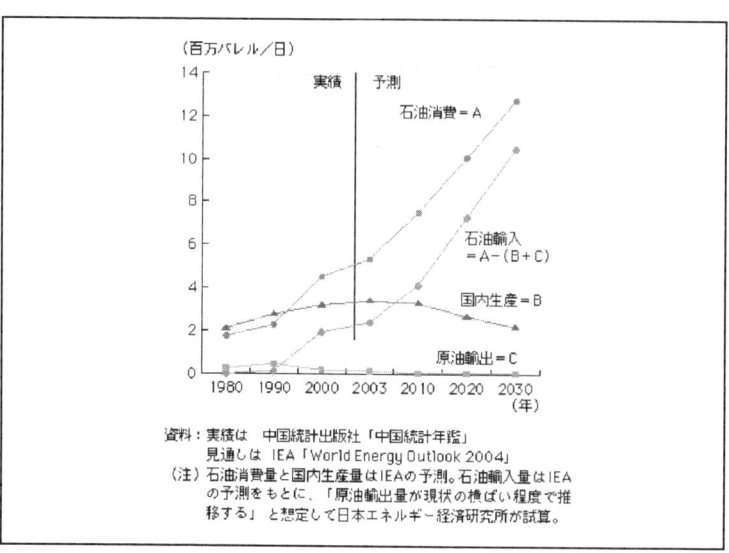

(百万バレル/日)

実績 | 予測

石油消費＝A
石油輸入＝A－(B+C)
国内生産＝B
原油輸出＝C

資料：実績は 中国統計出版社「中国統計年鑑」
見通しは IEA「World Energy Outlook 2004」
（注）石油消費量と国内生産量はIEAの予測。石油輸入量はIEAの予測をもとに、「原油輸出量が現状の横ばい程度で推移する」と想定して日本エネルギー経済研究所が試算。

17

国家存亡を賭けた一大事業であるため、国策として世界中の資源確保にテコ入れしている状況です。ペトロチャイナはすでに世界4大オイルメジャーの一角に迫る位置にまでつけています。今後、その規模の拡大とともに影響力もますます巨大なものになると想像できます。

資源株とは

　天然資源は地球誕生以来存在しているものです。膨大な量になりますが、決して無尽蔵ではありません。また、採掘してすぐに利用できる資源も数が限られています。細かく分類すると、水資源や森林資源、海洋資源などもありますが、我々は投資家として資源を考えるので、『エネルギー資源』と『鉱物資源』の2つに焦点を当てて見ていきます。
　そして資源株とは、これら『エネルギー資源』と『鉱物資源』を探査・調査して資源を探り当て、そして掘り出した資源を資源需要国に供給する企業の株式のことを示します。
　ここで資源株投資のメリット・デメリットについてふれておきます。

■資源株投資のメリット
・新興国の中長期的な資源需要が見込まれるため、中長期で追い風
・レバレッジが効く（銘柄があります）
　→資源価格の上昇率以上に株価が上がるものもあります

・リスクが限定される
→原油や金などの商品先物と比べて、投資元本以上に損失を被ることがないこと、一国を代表するような大企業が多いことなど、倒産リスクも極めて低い

■**資源株投資のリスク・注意点**
・商品相場による影響を受けやすい銘柄があること
・資源バブルが発生する可能性があること。さらにそれによって、売上や利益がゼロあるいはマイナスでも株価が急騰するような銘柄も出てくること
・資源価格の高騰が続くと、やがて代替エネルギー、代替素材などの開発と置き換える整備が整い、いつかは長期的な資源相場も終わりを迎えること

世界資源メジャーランキング

21ページに、世界の名だたる資源メジャーの時価総額ランキングを掲載しましたのでご覧ください。「資源戦争のようだ」という表現の理由がわかると思います。

米国、英国という19世紀、20世紀の世界覇権国家を代表するような企業が、石油・ガスおよび鉄・非鉄金属それぞれ1位を占めるものの、すでに中国やロシア、ブラジルといった新興国の国策資源メジャーが2位あるいは3位に入ってきています。

今後も、中国・インド・ロシア・ブラジルの高度経済成長とと

もに、必要な資源需要量はさらに増加すると思われます。そして、これらを供給する資源メジャーの地位も確実に強くなっていくでしょう。

なお、ここにはインド企業が入っていませんが、実は非鉄メジャーのトップ10入りは時間の問題というところまで来ています。そういう企業についてはのちほどご覧いただくことにします。

これらの企業の財務データを見て、成長のすごさを目の当たりにするとワクワクしてくるのではないかと思います。

オイルガスメジャー

		企 業	国籍	時価総額 (US$Billion)
1	石油・ガス	エクソンモービル	米国	498.4
2		ガスプロム	ロシア	461.2
3		ペトロブラス	ブラジル	309.4
4		ペトロチャイナ	中国	279.8
5		ロイヤルダッチ・シェル	英国	262.3
6		ブリテッシュ・ペトロリアム	英国	236.5
7		トータル	フランス	206.0
8		シェブロン	米国	194.5
9		コノコ・フィリップス	米国	135.0
10		ルクオイル	ロシア	120.4

総合資源メジャー

		企 業	国籍	時価総額 (US$Billion)
1	石油・ガス	BHPビリトン	英国	222.9
2		リオ・ティント	英国	156.4
3		リオドセ	ブラジル	155.1
		インコ(現:リオドセ)	カナダ	
4		中国神華能源	中国	105.3
5		アングロ・アメリカン	英国	74.1
6		エクストラータ	スイス	62.9
		ファルコン・ブリッジ(現:エクストラータ)	カナダ	
7		ノリリスク・ニッケル	ロシア	50.4
8		三菱商事	日本	45.8
9		フリーポート・マクモラン	米国	36.5
		フェルプス・ドッジ(現:フリーポート・マクモラン)	米国	
10		テック・コミンコ	カナダ	14.7

コーヒーブレイク

■新聞の商品欄をチェックしよう！

　日経新聞の朝刊には、商品欄があります。ここは、海外の商品市況についてのコメントが書かれています。先物市場があるものから、現物市場のみがあるもの、現物の相対売買のみのものまで、さまざまなものが取り上げられています。

　主に、資源、エネルギーが多いですが、食品から運送料など、さまざまなものの値段の推移について書かれています。

　この欄を読むことは、景気の先行きをチェックするうえで、企業の業績を予想するうえで大変役立ちます。どの商品が上がれば、どの業種の会社の業績が上がるか、下がるかを考えるヒントになります。例えば、銅、亜鉛、金、鉄鉱石の値段が上がれば、採掘会社、採掘機械メーカの業績は上昇することが予測できます。

　また、石油の値段が上がれば、石油の採掘会社、掘削機械のメーカーの業績は上昇しますが、石油製品を原料にしている製紙業界や航空業界などは業績が悪化します。
このように、これらの会社の株式に投資するうえでの指針になるわけです。それから、日経新聞の月曜日の朝刊に、さまざまな商品の昨年の平均値、直近6カ月について各月の平均値、先週末の値段が時系列に載っています。これを毎月チェックしていると、その商品のトレンドが感覚的につかめるようになってきます。

　今後は、商品欄に目を通すことをお勧めします。

第2章

資源の基本情報

エネルギー資源について

1．石油（原油）

◎概要

「石油を制するものは世界を制する」と言われるくらい、石油は富と力の源泉になっています。過去に比べ、石油会社の国際的な影響力は低下していますが、それでもなお莫大な利益を計上しています。世界の売上げトップ10社のうち5社が、エクソンモービル、シェル、BPなど「メジャー」と言われる欧米系の石油会社です。

戦後、エネルギーの主流が石炭から石油に転換が図られるなか、1960年代まではセブンシスターと呼ばれる欧米の石油企業7社が国際石油市場をコントロールし、石油の価格を決めていました。この間、石油価格は1バレルあたり1～2ドルと低水準で安定的に推移しました。ところが、1973年10月の第4次中東戦争を契機に、石油輸出国機構（OPEC）に加盟するアラブの産油国が一方的に石油の輸出価格を値上げし、また、一部欧米諸国への輸出制限を行いました。

しかし、こうしたOPEC加盟国による市場支配は長く続きませんでした。石油価格の高騰は、消費国サイドでの省エネや石油代替エネルギーへのシフトを促し、石油需要の低下を招く結果となったのです。

また、供給サイドを見ると、欧州の北海や米国のアラスカで新たに石油の生産が開始され、ソ連（当時）などのOPEC非加盟国で

も石油生産が増大するなどの動きがありました。

このように需要が低迷し、供給が増大する中、それまで需給調整のために石油生産を制限していたサウジアラビアが制限をやめたことも関係して、1985年には石油価格が暴落したのです。

その後、1990年代にかけて湾岸戦争など一時的な高騰はありましたが、石油価格はバレル当たり10～20ドルと総じて安定的に推移しました。

そして、2000年以降、中国の経済状況が好転したことにより、石油価格は再び上昇トレンドに入り、その結果、2002年以降は1バレル当たり40ドルを超えています。

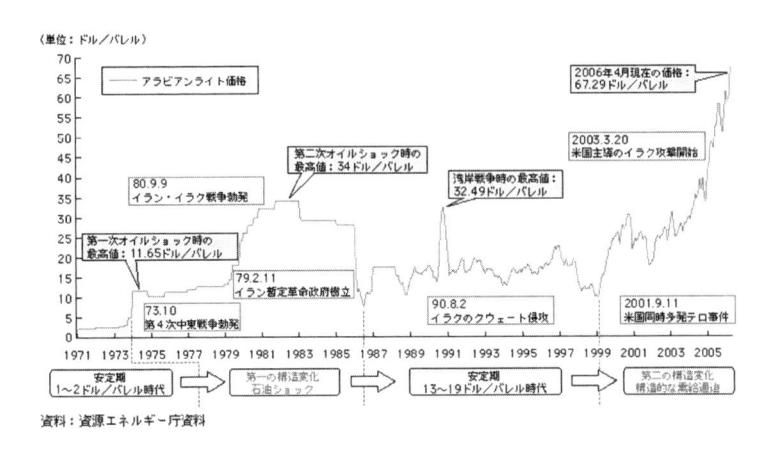

〈単位：ドル／バレル〉

```
アラビアンライト価格

第一次オイルショック時の最高値：11.65ドル／バレル
73.10 第4次中東戦争勃発
80.9.9 イラン・イラク戦争勃発
79.2.11 イラン暫定革命政府樹立
第二次オイルショック時の最高値：34ドル／バレル
90.8.2 イラクのクウェート侵攻
湾岸戦争時の最高値：32.49ドル／バレル
2001.9.11 米国同時多発テロ事件
2003.3.20 米国主導のイラク攻撃開始
2006年4月現在の価格：67.29ドル／バレル
```

| 安定期 1～2ドル／バレル時代 | 第一の構造変化 石油ショック | 安定期 13～19ドル／バレル時代 | 第二の構造変化 構造的な需給逼迫 |

資料：資源エネルギー庁資料

◎石油の分布

　世界の原油確認埋蔵量は2004年末時点で1兆1886億バレルであり、これを原油生産量で除した可採年数は40.5年となっています。1970年代の石油ショックのときには石油資源の枯渇問題も深刻に懸念されましたが、回収率の向上や新たな石油資源の発見・確認によって、1980年代以降、可採年数はほぼ40年程度の水準を維持し続けています。

　現在、世界最大の確認埋蔵量を保有しているのはサウジアラビアです。同国の確認埋蔵量は2627億バレルと世界全体の22%のシェアを占めています。以下、イラン（確認埋蔵量1325億バレル、シェア11%）、イラク（1150億バレル、10%）、クウェート（990億バレル、8%）、アラブ首長国連邦（978億バレル、8%）と第5位までを中東産油国が占めています。そして、第6位はベネズエ

【世界の原油確認埋蔵量】

(単位：%)

- アジア大洋州その他 2.1
- 中国 1.4
- アフリカその他 6.1
- リビア 3.3
- 旧ソ連（ロシアを除く）4.1
- ロシア 6.1
- 米州その他 3.4
- メキシコ 1.2
- アメリカ 2.5
- ベネズエラ 6.5
- 中東その他 2.3
- イラン 11.1
- クウェート 8.3
- アラブ首長国連邦 8.2
- イラク 9.7
- 中東 61.7
- サウジアラビア 22.1
- 欧州 1.5
- アジア大洋州 3.5
- アフリカ 9.4
- 旧ソ連 10.2
- 米州 13.6

世界計 1兆1,006億バレル 可採年数40.5年（2004年末）

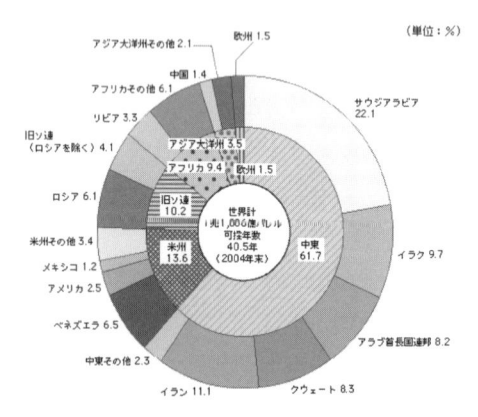

資料：BP「Statistical Review of World Energy 2005」

ラ（772億バレル、7％）です。このOPEC 6 カ国だけで、世界全体の石油確認埋蔵量の約3分の2を占めています。

　非OPEC産油国では、旧ソ連諸国、アメリカ、メキシコなどが主要産油国ですが、全体的に見ると圧倒的にOPEC産油国、特に中東OPEC産油国の資源保有が大きくなっています。

◎原油生産の動向

　世界の原油生産量は、長期的に見ると石油需要の増大とともに増加し、1965年の3180万バレル／日から2004年には8026万バレル／日と、過去39年間で2.5倍以上になりました。しかし、原油生産の状況は、地域ごとに大きな差異があります。

　OPEC産油国の生産は、1970年代までの大幅増産の後、全体とし

【地域別原油生産量（2004年）】

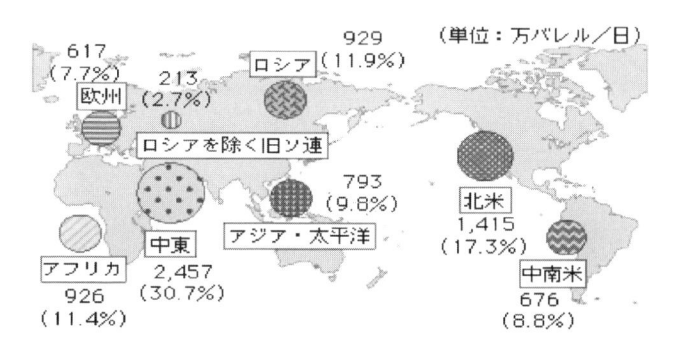

（単位：万バレル／日）

- 欧州　617（7.7％）
- ロシア　929（11.9％）
- ロシアを除く旧ソ連　213（2.7％）
- アジア・太平洋　793（9.8％）
- 北米　1,415（17.3％）
- 中東　2,457（30.7％）
- アフリカ　926（11.4％）
- 中南米　676（8.8％）

資料：BP「Statistical Review of World Energy 2005」

ての非OPEC産油国の生産が増加してきたことや1980年代前半は世界の石油需要が低迷したことを受けて、1980年代前半を通じて減少傾向にありました。しかしその後、1980年代後半から緩やかな回復という基調をたどってきました。この結果、世界の原油生産に占めるOPEC産油国のシェアは、1970年代前半の5割強から1980年代半ばには3割を割り込んだものの、2004年には再び41％にまで上昇しています。

旧ソ連を除く非OPEC産油国全体（アメリカ、メキシコ、カナダ、イギリス、ノルウェー、中国、マレーシアなど）の生産は、1965年以降、増加を続けています。旧ソ連を除く非OPEC産油国全体の原油生産量は1965年の1256万バレル／日から年平均2.7％で堅調に増加し、2004年には3592万バレル／日に達しました。旧ソ連地域は1991年のソ連邦崩壊前までは世界最大の産油国でしたが、崩壊後の社会・経済の混乱の中で石油部門への投資が大幅に低下したことを受け、原油生産量は急激に低下しました。その後、1999年以降、再び増産基調に転じ、石油国際市場において、ロシアやカスピ海沿岸諸国は、新たな産油地域として台頭しています。

◎石油の需要動向

世界の石油需要は、経済活動の活発化とともに増大傾向をたどってきました。1973年には5636万バレル／日であった世界の石油消費は、2004年には8076万バレル／日まで増加しました。この間の年平均増加率は1.2％となっています。

世界の石油消費において最大のシェアを持つ先進地域では、1973年の4152万バレル／日の消費から1970年代後半にかけて増加

傾向を示したものの、第一次・第二次石油ショック後の世界経済の低迷に加え、原子力、天然ガスなどの石油代替エネルギー導入促進を受けて1980年代には石油消費が減少しました。その後、1980年代後半以降は、経済の拡大とともに緩やかに石油消費が増加するという経緯をたどりました。

　一方、世界の石油消費の１割強のシェアを有していた旧ソ連地域は、1990年代に入ってからソ連邦崩壊に伴う社会・経済の混乱によって石油消費が減少しています。旧ソ連地域の石油消費は1987年の844万バレル／日から2004年にはその半分以下の373万バレル／日となりました。

　この間、最も著しい石油消費の増加を示したのが開発途上地域です。旧ソ連を除く開発途上地域の石油消費は堅調な経済成長に伴い、1973年の865万バレル／日から年平均3.9％で増加し、2004年には2825万バレル／日となりました。その結果、世界の石油消費に占める開発途上地域のシェアは1973年の15％から2004年には35％と２倍強になり、逆に先進地域のシェアは74％から60％にまで低下しています。

◎世界の石油需要の推移

かつては欧米や日本など先進国が世界の大半の需要を占めていましたが、図1に示されるように、近年、好調な経済を背景に、中国などアジア諸国のエネルギー需要が急増しています。そのため、国際エネルギー市場における存在感が大きくなっています。

図1　世界石油市場におけるアジアの位置づけ

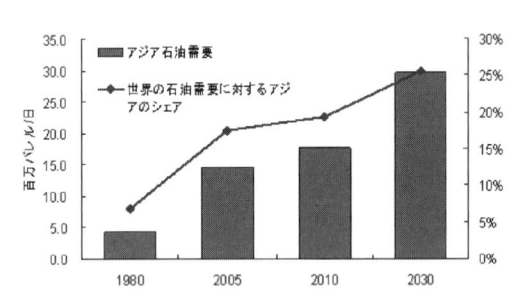

資料：IEA,World Energy Outlook 2006

◎原油価格について

右ページの図2は資源国における外資参入の状況を示したものです。エネルギー資源を自国の発展のために有効に利用しようと、外国資本の参入を制限する傾向が各国に広がっています。こうした資源ナショナリズムによって技術的に優れた欧米石油会社の参入が制限される場合、増大する需要に見合うだけの石油生産能力が確保されていくかどうかが懸念されています。

また、中東やアフリカなど政情が不安定な地域への依存が強まると、こうした地域での政治的・軍事的緊張による石油の価格高

図2　資源国における外資参入制限

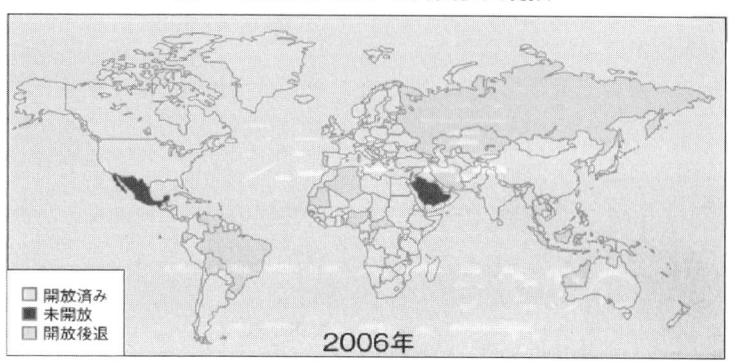

□ 開放済み
■ 未開放
□ 開放後退

2006年

資料：JOGMEC

図3　NY原油先物価格チャート

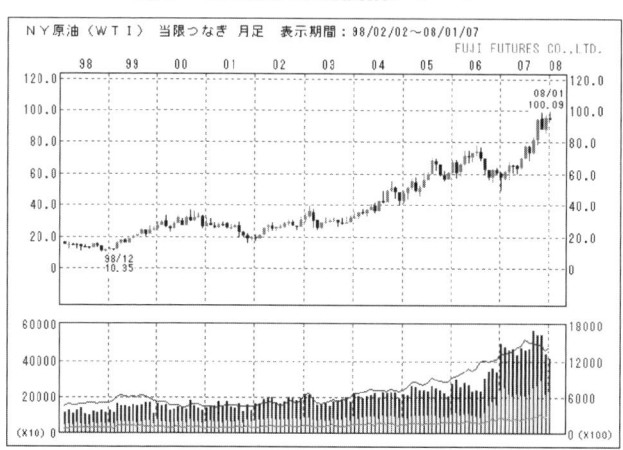

資料：FUJI FUTURES

騰や供給支障のリスクが高まります。さらに、石油先物市場の誕生により、石油市場に流入するさまざまな投資・投機マネーは、中東などにおける緊張の高まりや、自然災害や事故による精油所などの操業停止などをきっかけとした石油価格の上昇を助長しているとも言われています。

　図3はこの10年間の原油先物価格のチャートです。1998年に1バレル10.35ドルの安値をつけた後、2006年7月には最高値の78.40ドルをつけました。その後、50ドル台にまで戻しましたが、2007年に入り再び高値を更新してきています。

　2007年11月21日、ニューヨークの原油価格WTI（ウエスト・テキサス・インターミディエート）はあとわずかで100ドルの大台となる「1バレル99.29ドル」をつけました。そして2008年1月3日、とうとう1バレル100ドルの大台に乗せました。今後、多少の調整はあるものの、100ドル以上で推移するのは間違いないでしょう。

　このような原油価格の高騰の大きな要因は、やはりアジアを中心とした輸送・交通手段（自動車、航空機、船舶など）の旺盛な需要の高まりと言えます。

　以下は、2007年の6月に業績好調なボーイング社が発表した航空機需要についての発表の一部です。

●

【*6月14日 AFP*】

　米航空機大手ボーイング（Boeing）は13日、「2007年度最新市場予測」を発表した。旅客や貨物輸送による航空機需要の高まりを背景に、「今後20年間で、2万8600機を販売する」との見通しを示した。金額にすると2兆8000億ドル（約344兆円）に相当する。

■航空業界全体のムードを反映した強気な需要予測

ボーイングは、今後20年間、環境配慮型の航空機を求める、格安航空会社からの需要の増加を見込む。同時に、米国市場での事業拡大への意欲も示した。金額ベースでの最大市場はアジア太平洋地域で、総額2兆8000億ドル（約340兆円）規模の海外市場で、約36%シェアを見込む。続いて北米市場が26%、欧州、ロシア、独立国家共同体（CIS）が合計で25%、南米、中東、アフリカ市場が13%のシェア獲得したいとしている。また、20年後の世界の航空機総数を3万6400機と予測している。

●

今後20年間で航空機がおよそ2倍にまで増える見込みになります。年率3.6%もの伸びです。事実、それに伴い、米国やアジア、世界各地で大型の国際空港の建設計画もすでに始まっています。

航空機だけでなく、自動車市場においてもアジアのモータリゼーションを目前に控え、巨大なマーケットになりつつあります。

アジア自動車市場は中国・インド・ASEANを中心に、2000年～2005年に倍増して1200万台に達しました。

自動車の購入は富裕層が中心です。中間層の大多数は二輪車を購入できる所得水準に達したばかりで、アジア主要国の二輪車販売は過去5年間で1000万台増大し3500万台弱となりました。

私は2007年の6月と12月にタイ、7月と9月と11月にベトナムを視察してきましたが、やはりアジアはバイクの数が非常に多いですね。ベトナムのホーチミンの朝・夕のバイクによる通勤ラッシュたるや、日本の山手線、営団地下鉄の通勤ラッシュが交差点で起こっているかのような、よくあれでバイク同士が接触しないなと感心してしまうほどのすごさです。

このバイクが徐々に、あるいはある時点から一気に車へと変わっていくときがきたらどうなるでしょうか？　ベトナムの経済成長、アジア全体の経済成長を考えれば間違いなく、そう遠くないうちにモータリゼーションは始まるでしょう。

　世界の自動車メーカーや民族系独立自動車メーカーは、2000年代前半のアジア市場の拡大に対応した製品を投入しながら、2006～2010年に到来すると予測されるアジアモータリゼーションの本格化を前に、廉価版小型乗用車や廉価版小型多目的車などの企画開発、部品調達・生産準備を強化しています。アジア独立メーカーのうち、韓国メーカーについては自国だけでなく、中国とインドに輸出拠点を配置して生産を拡大。中国やインド、マレーシアの独立メーカーについては、独自開発能力と独自ブランドの獲得を目指して製品強化を進めています。

　アジア11カ国の自動車市場は、2010年を前後したアジアモータリゼーションの本格化を機に、2015年までに2200万台へ拡大すると予測されます。また同時期、世界市場向け廉価小型車輸出拠点としてのポジション獲得を通じて、生産規模を2700万台へ、輸出規模を600万台に拡大する予定です。

　代替燃料の開発は今後も進むでしょうが、車体価格の低価格化、代替燃料の原料調達やインフラ整備の問題などを考えると、ガソリンにとって代わるまでには10年、あるいはそれ以上はかかるとも思われます。

　以上のことを考えると、原油価格は中長期的に高い水準を維持すると考えられます。

まとめ

●石油需要は今後もアジアを中心に安定的に伸びていくと予想される。

●代替エネルギーが安定的に供給されるまでにおよそ10年程度はかかると思われるため、その間、石油価格は高止まりすると予想される。原油の採掘量が（供給量）が増加していく企業は有望であろう。しかし、その後は、石油市場は大きく崩れると考えられる。

2．天然ガス

◎概要

　天然ガスは、高い熱量を発するにもかかわらず、燃焼時の二酸化炭素排出量が石油や石炭に比べて少ないという大きな特長を持っています。環境問題が大きく取り上げられるなか、天然ガスは地球にやさしいクリーンなエネルギー資源として注目されています。

　天然ガスは輸送が難しいため、日本では輸送パイプラインの整備の遅れなどを理由に、欧米諸国に比べると普及に時間がかかってしまいました。しかし、第一次オイルショック後は、新たなエネルギー源として注目されました。そして、天然ガスを超低温で液化する液化天然ガス（LNG）が開発されると、輸送が容易になったことから輸入が開始されて、急速に普及していきました。70年代には、エネルギー全体の数％でしたが、現在では石油、石炭に次ぐ第3のエネルギー源として広く利用されるようになっています。

　2008年現在、世界の液化天然ガス取引量の約50％にあたる約6200万トンを日本が輸入しています。輸入先はアラスカからはじまり、その後、ブルネイやUAE、インドネシア、マレーシア、オーストラリア、カタールなどに分散しています。

◎天然ガスの分布

　世界の天然ガスの確認埋蔵量は、2004年末で180兆立方メートルであり、旧ソ連、中東及びその他の地域に約3分の1ずつ存在しています。石油の約62％が中東に存在していることと比べると、

地域的な偏りは小さいと言えます。また、天然ガスの可採年数は、67年です。

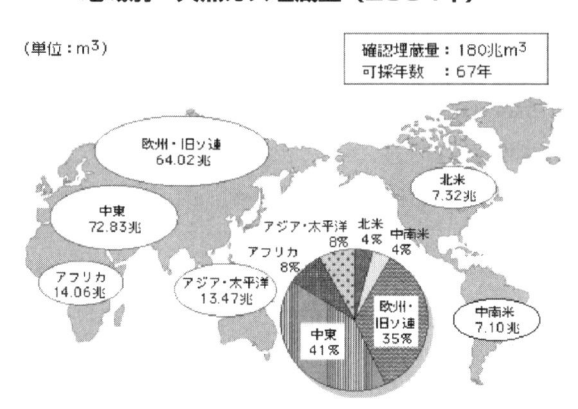

地域別 天然ガス埋蔵量（2004年）

(単位：m³)

確認埋蔵量：180兆m³
可採年数　：67年

欧州・旧ソ連 64.02兆
中東 72.83兆
アフリカ 14.06兆
アジア・太平洋 13.47兆
北米 7.32兆
中南米 7.10兆

アジア・太平洋 8%
北米 4%
中南米 4%
アフリカ 8%
欧州・旧ソ連 35%
中東 41%

資料：BP「Statistical Review of World Energy 2005」

◎天然ガスの生産動向

　2003年の天然ガス生産量は、2.69兆立方メートルでした。1990年から2004年までの間で、石油及び石炭の生産量の伸びがそれぞれ年平均1.5%、1.2%であったのに比べ、天然ガスは2.1%の伸びを記録しました。

　地域別には、北米が世界の生産量の約28%、旧ソ連・欧州が約39%を占めています。中東は約10%にとどまっています。中東地域の埋蔵量が世界の約40%を占めていることを考慮すれば少ないと言えます。これは、天然ガス輸送に必要な莫大な投資に加えて、

中東ではこれまで石油開発投資が主に行われており、天然ガスへの開発投資は、その埋蔵量に比べ比較的少なかったことによります。したがって、中東から大需要地へのパイプラインが旧ソ連と西欧間のように敷設されることもありませんでした。中東各国で生産された天然ガスは中東地域内で消費されるか、液化して液化天然ガスとして輸出されています。

世界的な天然ガス需要の伸びに対応するため、欧米メジャー各社や産油国などによる天然ガス資源開発の気運が高まっています。特に、液化天然ガス需要の伸びを背景に、液化天然ガスの新規プロジェクトが多数計画されています。

主な新規液化天然ガス（LNG）プロジェクト

国名	生産量 (億m³／年)	埋蔵量 (兆m³)	新規LNG プロジェクト (億m³／年)	主な参加企業
オーストラリア	352	2.5	235	シェブロン、シェル、エクソンモービル、ウッドサイド
インドネシア	733	2.6	105	BP、新日本石油、CNOOC、LNG Japan
カタール	392	25.8	710	カタール国営石油、エクソンモービル、シェル、トタル、コノコフィリップス
オマーン	176	1.0	51	オマーン政府、オマーンLNG、ユニオンフェノサ
ロシア	5,891	48.0	132	シェル、三井物産、三菱商事
ナイジェリア	206	5.0	57	ナイジェリア国営石油、シェル、トタル
ノルウェー	785	2.4	58	スタットオイル、ペトロ、トタル、フランスガス公社

資料：生産量及び埋蔵量はBP「Statistical Review of world Energy 2005」、
　　　新規LNGプロジェクトの生産量は（財）日本エネルギー経済研究所調べ
（注）生産量は2004年実績。埋蔵量は2003年末の数値。

◎天然ガス需要の動向

　天然ガスの需要は、欧米、旧ソ連で世界の70％を占めています。この理由としては、これらの地域内で豊富に天然ガスが生産されていること、すでにパイプライン・インフラが整備されており、天然ガスを気体のまま大量に輸送して利用することが可能なことが挙げられます。アジアでは液化天然ガスが中心のため天然ガスの需要はまだ少ないですが、近年需要量が増大しています。

　増加傾向にある天然ガス需要に対して、供給インフラをどのように整備するかが各国にとっての課題と言えます。アメリカでは近年の天然ガス価格高騰とガス需要増加に対応するため、液化天然ガス受入基地の建設計画を相次いで進めています。

　2004年に取引された天然ガスの貿易量6345億立方メートルのうち、パイプラインにより取引された量は5142億立方メートル（貿易量全体の74％）、液化天然ガスによる取引は1775億立方メートル（同26％）でした。2003年には世界の天然ガス生産量の約25％が生産国では消費されずに、他国へ輸出されています。

　天然ガスの貿易量は増加しているものの、その割合は生産量の60％が輸出される石油ほどではありません。主な輸入市場は、アメリカやEU、北東アジアの3地域です。

　パイプライン貿易の主な輸出国はロシアやカナダなど、輸入国についてはアメリカやドイツなどです。

　液化天然ガス貿易については、主な輸出国はインドネシア、マレーシア、オーストラリアなどのアジア・太平洋地域です。輸入国は、日本や韓国、台湾です。

　このように原油と違い中東依存度は低く、地域的に分散しているため、供給不安や価格高騰のリスクが低いといえます。

地域別 天然ガス埋蔵量（2004年）

(単位：m³)　　　　　　　　　天然ガス生産量：2.69兆m³

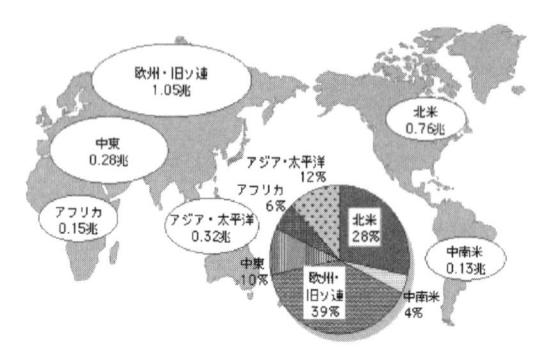

- 欧州・旧ソ連 1.05兆
- 中東 0.28兆
- アフリカ 0.15兆
- アジア・太平洋 0.32兆
- 北米 0.76兆
- 中南米 0.13兆

円グラフ：
- 北米 28%
- 中南米 4%
- 欧州・旧ソ連 39%
- 中東 10%
- アフリカ 6%
- アジア・太平洋 12%

資料：BP「Statistical Review of World Energy 2005」

世界の輸送方式別天然ガス貿易量の推移

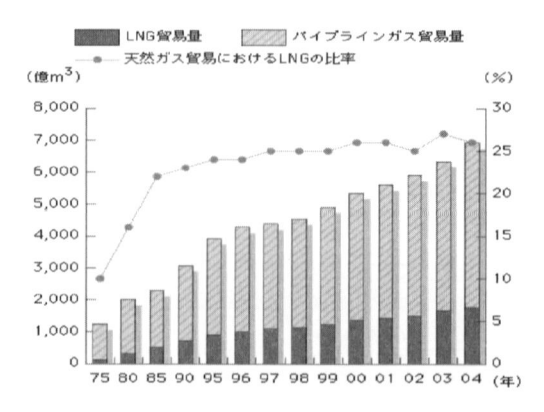

凡例：LNG貿易量／パイプラインガス貿易量／天然ガス貿易におけるLNGの比率

(億m³)　　　　　　　　　　　　　　　　　　(％)

'75 80 85 90 95 96 97 98 99 00 01 02 03 04 (年)

資料：Cedigaz「Natural Gas in the World」

天然ガスの輸入元

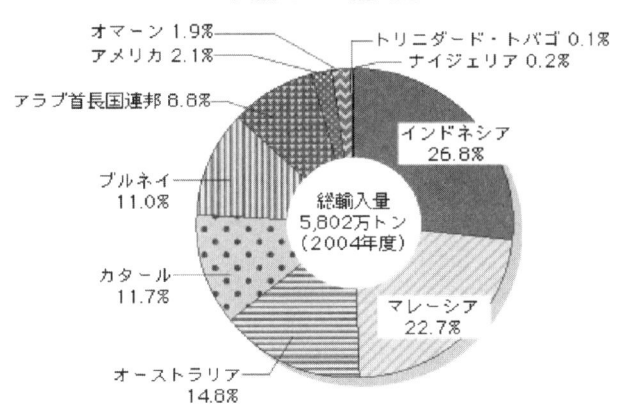

- トリニダード・トバゴ 0.1%
- ナイジェリア 0.2%
- オマーン 1.9%
- アメリカ 2.1%
- アラブ首長国連邦 8.8%
- ブルネイ 11.0%
- カタール 11.7%
- オーストラリア 14.8%
- マレーシア 22.7%
- インドネシア 26.8%

総輸入量 5,802万トン（2004年度）

資料：財務省「日本貿易月表」

液化天然ガスの供給国別輸入量の推移

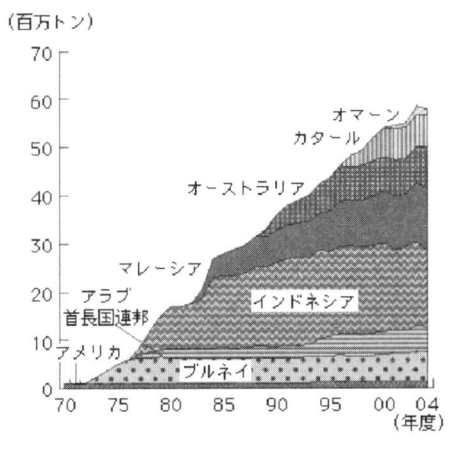

(百万トン)

オマーン、カタール、オーストラリア、マレーシア、インドネシア、アラブ首長国連邦、アメリカ、ブルネイ

資料：財務省「日本貿易月報」より作成

◎天然ガスの価格

　近年、天然ガスの価格は原油と同じく上昇傾向にあり、それとともに地域格差が縮小しています。天然ガス埋蔵量世界1位のロシア、2位のイラン、3位のカタールなどの経済はこの価格上昇の恩恵を受けて非常に好況となっています。

　ただ、原油ほどの上昇とはなっていないことがグラフからわかるかと思います。今後の需要の大きさを考えるとまだまだ上値の余地が大きいようにも思えます。

天然ガス価格の推移

出典：http://futures.tradingcharts.com/

まとめ

●クリーンエネルギーである天然ガスの需要は、今後、さらに伸びていくと思われる。

●天然ガスの価格上昇は原油に比べて少ないため、まだ上値の余地があると思われる。オイルメジャーの中でも、特に天然ガスの生産に強みを持つ企業は有望だろう。

3．石炭

◎概要

石炭と聞くと、一昔前の資源で「時代遅れ」という印象を持たれているかもしれません。ところが実際は、近年、石炭の需要が高まっているのです。

日本国内における石炭需要を見ると、電力での需要が7974万トンと最も多く、次いで鉄鋼業での需要が7056万トンとなっています。この2つの業種で全需要の84%を占めています。

一般炭（発電用に使われる石炭）の最大の需要者である電力における石炭消費量は、1968年度には2594万トンでしたが、石炭火力発電の石油への転換が進んだことから1975年度には757万トンにまで低下しました。しかし、第2次石油ショック以降は、石炭火力発電

用途別石炭需要量の推移

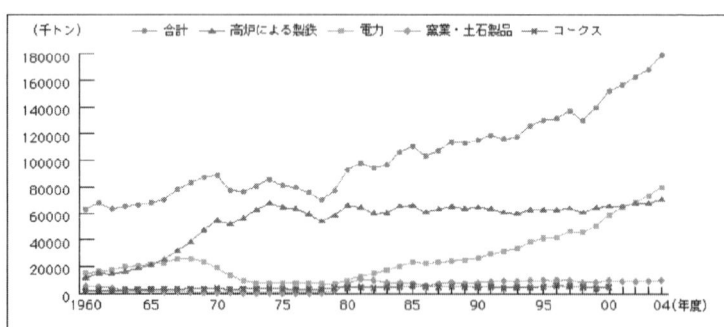

資料：2000年度までは経済産業省「エネルギー生産・需給統計年報」、2001年から「石油等消費動態統計年報」、「電気調査統計年報」
（注）コークスのデータは統計の変更により2000年度まで

所の新・増設に伴い、石炭消費量は再び増加に転じました。

現在、我が国は石炭の国内供給のほぼ全量（約99％）を海外からの輸入に依存しています。我が国の国内石炭生産量は、1961年度には5541万トンのピークを記録しましたが、以後、割安な輸入炭の影響や石油への転換の影響を受けて減少を続けました。なお、国内炭の2003年度の生産量は135万トンで、大半が発電用で消費されています。

日本の石炭輸入先（2004年度）

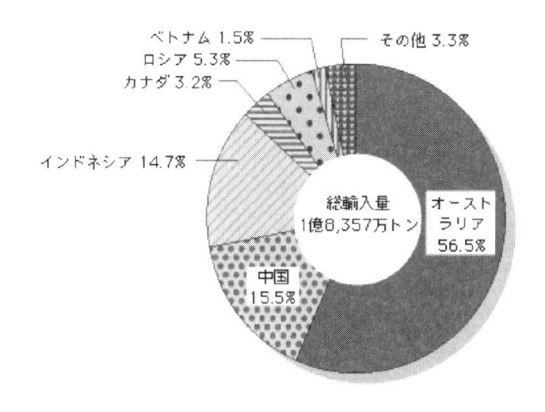

ベトナム 1.5%
ロシア 5.3%
カナダ 3.2%
インドネシア 14.7%
その他 3.3%
総輸入量 1億8,357万トン
オーストラリア 56.5%
中国 15.5%

資料：財務省「日本貿易統計」

◎石炭の分布

石炭の持つメリットとしては、石油、天然ガスに比べ地域的な偏りが少なく、世界に広く存在している点を挙げることができます。さらに、日本にとって、中国やオーストラリア、インドネシ

アなど環太平洋地域において石炭が多量に産出されることは、地域の分散が図れており（主に中東に依存している原油とは異なり）、大きなメリットになっています。また、可採年数（＝2004年末可採埋蔵量／2004年生産量）が164年（BP統計2005年版）と石油などのエネルギーより長いことも特徴です。

世界の石炭可採埋蔵量

凡例：無煙炭・瀝青炭／亜瀝青炭・褐炭

- その他ヨーロッパ・ユーラシア（1,301億t）51%／49%
- ロシア（1,570億t）31%／69%
- 中国（1,145億t）46%／54%
- カナダ（66億t）47%／53%
- 米国（2,466億t）55%／45%
- その他アフリカ（16億t）11%／89%
- インド（924億t）97%／3%
- インドネシア（50億t）15%／85%
- その他アジア太平洋（65億t）14%／86%
- コロンビア（66億t）6%／94%
- その他中南米（133億t）6%／94%
- 南アフリカ（488億t）100%
- オーストラリア（785億t）51%／49%

資料：BP「Statistical Review of World Energy 2005」

◎石炭生産の動向

2004年の世界の石炭生産量（褐炭を含む）は55億800万トンです（対前年比7.5％増）。

石炭生産量世界第1位の中国は1996年をピークに減産傾向にありましたが、これは中国政府が石炭需給バランスの確保と石炭価格の安定を目的に、小規模炭鉱を中心に違法な採掘を行っている

炭鉱や赤字の炭鉱を閉山したためです。しかし、2001年以降、国内需要の急拡大に応えるため、大幅に生産が伸びています。

第2位のアメリカは、もともと石炭を石油に次ぐ重要なエネルギーと位置付けてきましたが、近年の天然ガス価格の急騰により石炭への注目度はさらに高まっています。他方、旧東ドイツ地域では、国産褐炭に一次エネルギーの70％を依存していましたが、1990年の両ドイツ統合後は、効率が悪く環境負荷の高い褐炭の生産量は減少しました。

近年、インドネシアが石炭供給国として台頭し、日本をはじめ、韓国、台湾などアジア域内各国への石炭輸出を拡大し、石炭の供給国としての存在感を増しています。インドネシアでは、国営炭鉱と採掘権を持つ中小炭鉱により、小規模な生産が行われていましたが、1980年代初めに生産分与方式が導入されたことで炭鉱開発に外国資本が参入し、1990年代に入り生産と輸出が拡大しています。

世界の石炭生産（2004年）

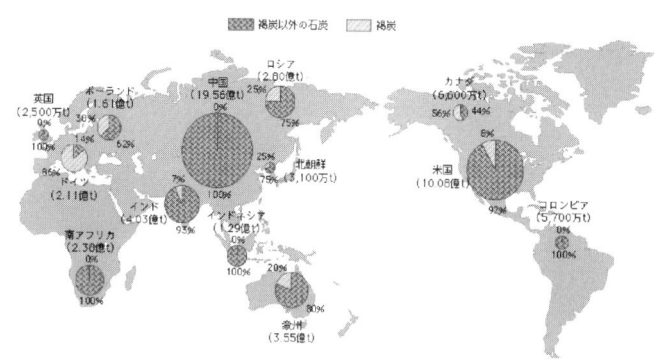

褐炭以外の石炭／褐炭

英国（2,500万t）30% / 100%
ポーランド（1.61億t）0% / 48% 52%
ロシア（2.80億t）25% / 75%
中国（19.56億t）0% / 100%
北朝鮮（3,100万t）25% / 75% / 100%
カナダ（6,000万t）56% / 44%
米国（10.05億t）8% / 92%
ドイツ（2.11億t）7% / 93%
インド（4.03億t）5%
インドネシア（1.29億t）0% / 100%
南アフリカ（2.30億t）0% / 100%
コロンビア（5,700万t）0% / 100%
豪州（3.55億t）20% / 80%

資料：IEA「Coal Information 2005」

◎石炭需要の動向

褐炭を含む石炭消費の国別シェアについてお話しします。中国（34.1%）、アメリカ（18.2%）の2カ国で世界の石炭消費量の約半分（52.3%）を占めています。中国は、1996年をピークに石炭消費量は減少していましたが、近年再び増加に転じ、2004年の消費量は18億8850万トンになりました。対前年比で19.4%も増加しています。日本の2004年の石炭消費は、1億8350万トンで、インドに続き世界第4位の地位にあります。

◎中国のエネルギー需給構造と石炭の問題

中国は米国に次ぐ世界第2位のエネルギー消費国であるとともにエネルギーの大生産国でもあります。石炭生産は世界一、原油生産も世界で第5位の座を占めています。特に石炭は中国の一次エネルギー供給の約7割（再生可能エネルギーを除く）を支えています。

1980年代までは豊富なエネルギー資源を背景に自給自足型のエネルギー構造を備え、さらに大慶原油などを輸出してきました。しかし、近年、石炭や石油等の供給不足が深刻になっています。なかでも、最近（2008年）では石油の輸入が大幅に増加し、世界の石油市場に大きな影響を与え始めています。中国のエネルギー供給構造の特徴は次のとおりです。

1）石炭は国内で豊富に産出され、中国各地で広く利用されている。一次エネルギー供給の約7割を占める最も重要なエネルギー源だが、最近では増産や輸送の面で支障が生じている。

中国の一次エネルギー供給の推移

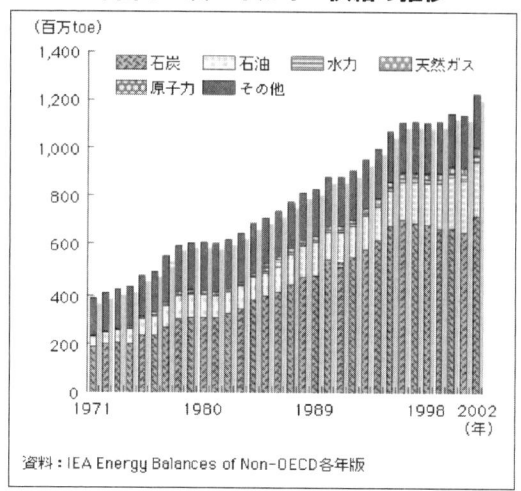

資料：IEA Energy Balances of Non-OECD 各年版

中国の石炭資源の分布

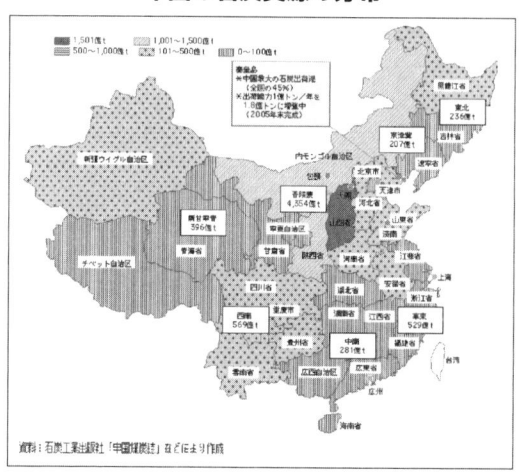

資料：石炭工業出版社「中国煤炭誌」などにより作成

2）石油は一次エネルギー供給の約24％を占めるにすぎないが、モータリゼーションの進展により需要の急増が続いている。これに伴い石油輸入が急増している。
3）天然ガスや原子力の利用はまだ全体の5％以下にとどまっている。

　中国は世界最大の石炭生産・消費国であり、今後も石炭需要の増加は続くと見られています。IEAは2020年には中国の石炭需要量が24億トンに達すると予想しています。これは2002年の供給量の実に4倍にも相当します。

　中国の石炭資源は北部の内陸地帯に集中しているため、消費地までの輸送が大きな問題となっています。2003年から2004年にかけて電力不足に陥ったときにも、炭鉱付近には貯炭があるにもかかわらず、鉄道輸送がネックとなり消費地に届かなかったため、緊急の石炭優先輸送指令が出されるなど、鉄道輸送の整備は石炭供給確保のうえで喫緊の課題となっています。

　近年、中国の石炭輸出は大幅に伸びましたが、内需の増加などを受け、輸出奨励策である付加価値税の還付率が引き下げられました。

　一方、石炭輸出国でもあるにもかかわらず、輸送の問題などから、中国はすでに石炭の輸入をしています。そして、石炭の輸入は今後、さらに増加すると予想されます。特に、中国南部の沿海地域では国内の産炭地から遠く、インドネシアやオーストラリアなどのほうが、海外の輸出基地に比較的近いため、今後輸入炭の使用が増加すると思われます。

　このような課題に対応し、国家発展改革委員会は生産能力の拡

大と石炭産業の構造改革を目指して大型石炭生産基地の建設を進めています。また、2003年から資源探査への投資も増やして石炭資源確保に動き出し始めています。

　以上のことから、石炭も石油と同じように中国の需要の増大により、需給がひっ迫することが考えられます。オーストラリア、インドネシアなどに炭鉱を持つ企業は今後も有望と言えるでしょう。

まとめ

- 石炭の需要も中国の発展とともに伸びていくと思われる。
- 石炭の生産に強みを持つ企業は有望だろう。

4．原子力（ウラン）

◎原子力発電設備容量の推移

1951年、世界初の原子力発電がアメリカで開始されて以来、2度の石油ショックを追い風として世界各国で原子力発電の開発が積極的に進められてきましたが、1980年代後半からは世界的に原子力発電設備容量の伸びが低くなっています。

しかし、アジア地域に限定して見ると、着実に原子力設備容量が増加しています。2005年末現在、日本で4基（うち、2005年12月に東通1号機が運転開始、2006年3月に志賀2号機が運転開始）、中国では3基、韓国で4基の原子力発電所が建設中であり、さらに、

原子力発電設備容量（運転中）の推移

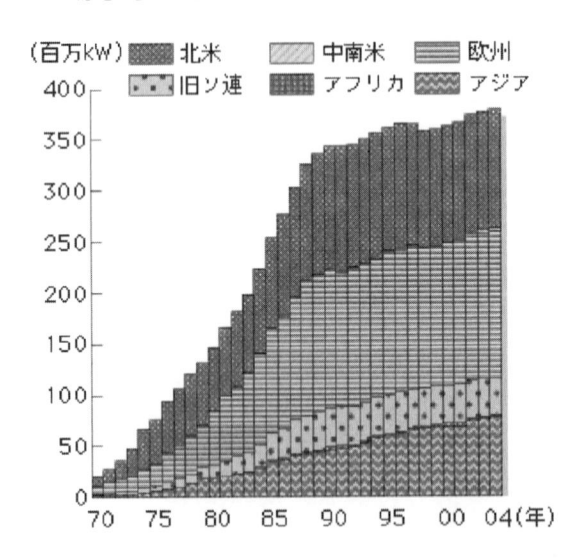

日本で9基、中国で7基、韓国で4基の建設が計画中であるなど、アジアでは原子力開発が今後も堅調に進展していくと思われます。

◎原子力発電電力量の推移

　原子力開発が順調に進んでいるアジア地域だけでなく、原子力発電所の新規建設が少ない欧米地域においても、発電電力量は増加傾向にあります。これは近年、欧米諸国において、既存原子力発電所の出力増強を積極的に行っているためです。なぜなら、原油価格の高騰によって代替エネルギーの必要性があること、二酸化炭素を排出しないクリーンエネルギーであることが世界で再認識されているからです。

◎ウランの分布と生産

　ウラン資源はオーストラリア、カナダ、アメリカなど政情が安定した地域を含め世界的に広く分布しています。生産量ではカナダ、オーストラリアなどが上位を占めています。

◎ウランの価格

　ウラン価格は、1970年代、特に第一次オイルショック後の原子力発電計画の拡大を受けて上昇しましたが、スリーマイル島事故、チェルノブイリ事故を経て下落し、その後は低価格で推移してきました。ところが近年、ウラン価格は再び急激に上昇しています。これは2001年のオリンピックダム鉱山（オーストラリア）の火災、

ウランの価格

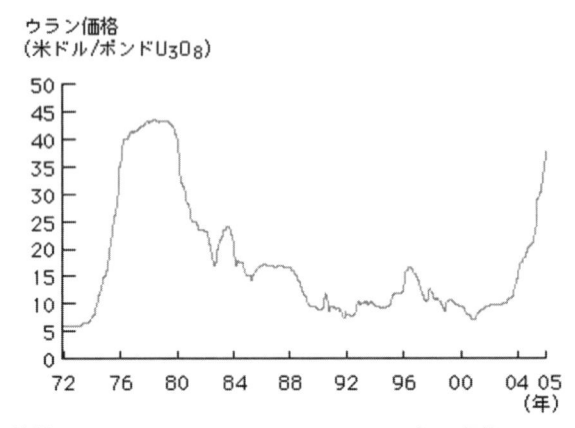

ウラン価格
(米ドル/ポンド U_3O_8)

資料：The Ux Consulting Company, LLCのスポット価格

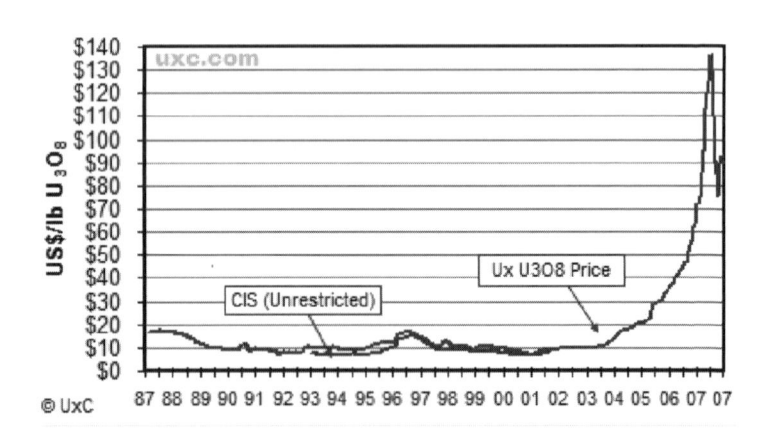

© UxC

CIS (Unrestricted)

Ux U3O8 Price

2003年のマッカーサーリバー鉱山（カナダ）の出水事故などの短期的な要因、および中国やインドなどの需要が増大するとの観測などを背景とする供給不安の認識が広まってきたことに起因していると考えられています。

2003年から2007年までの間に実に13倍以上に高騰していることがわかると思います。

◎中国の急増する電力需要と電力産業改革

中国の電源構成は全体の4分の3を占める火力が中心であり、そのほとんどが石炭を燃料としています。また、水力の割合がほぼ4分の1と高く、原子力は現段階では2％未満にすぎません。

中国の電力需要は、高度成長に伴い著しく増加しています。特

中国の電源構成（2002年）

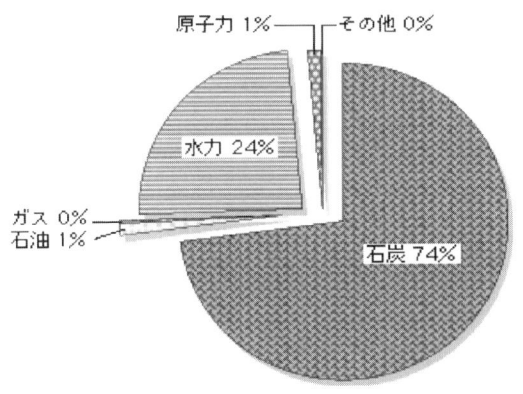

原子力 1%　その他 0%
水力 24%
ガス 0%
石油 1%
石炭 74%
火力合計　74.5%

資料：中国電力出版社「中国電力年鑑」

に2002年以降、中国では電力不足が顕在化し始め、2004年夏には大規模な電力不足が報じられました。

原子力発電については、2004年9月に国家原子能機構が「原子力開発を加速し、2020年までに原子力発電の発電容量を3600万kW（全発電容量の約4％）まで引き上げる」と発表しています。世界の原子力発電開発が停滞しているなかで、中国の原子力市場は各国から注目を集めています。

やはりウランの価格についても中国の高度経済成長とそれに伴う電力不足によって価格上昇の傾向が続くと言えそうです。

◎世界の原子力発電所の配置および計画マップ

上記資料をご覧いただければわかるように、現在、世界には439カ所の原子力発電所があります。前述のように、クリーンエネルギーとしての見直し機運から新たな原子力発電所の建設計画が増えています。現在建設中が33カ所、建設計画段階まで進んでいるのが94カ所、建設提案を行政に行っているのは222カ所にまで増えてます。

特に、エネルギー需要が旺盛な中国で建設計画が大きく、現在9カ所の原子力発電所があります。さらに、2020年までに27カ所が新たに建設されようとしています。

世界の原子力発電所の配置および計画マップ

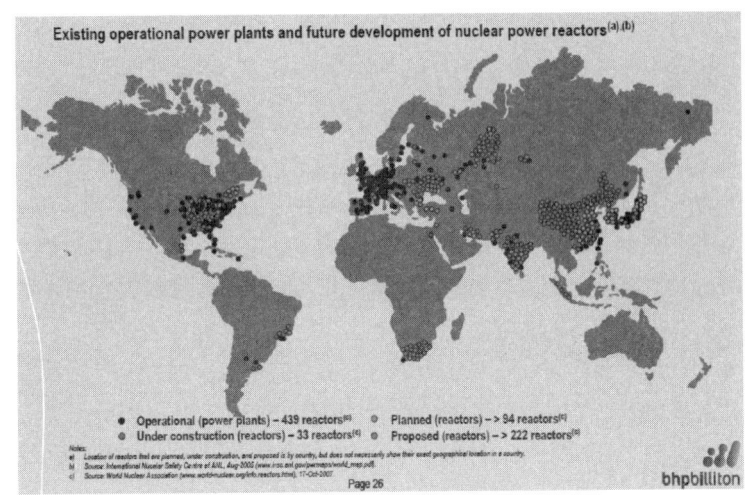

Existing operational power plants and future development of nuclear power reactors(a),(b)

- Operational (power plants) – 439 reactors(c)
- Under construction (reactors) – 33 reactors(c)
- Planned (reactors) – > 94 reactors(c)
- Proposed (reactors) – > 222 reactors(c)

Notes:
a) Location of reactors that are planned, under construction, and proposed is by country, but does not necessarily show their exact geographical location in a country.
b) Source: International Nuclear Safety Centre of ANL, Aug-2002 (www.insc.anl.gov/pwrmaps/world_map.pdf).
c) Source: World Nuclear Association (www.world-nuclear.org/info/reactors.html), 17-Oct-2007.

bhpbilliton

(出典:BHPビリトン社資料より)

まとめ

●原油価格の高騰による代替エネルギー需要の増加やクリーンエネルギーとしての見直し機運の高まりにより、原子力発電の需要は今後もさらに大きく伸びていくと思われる
●ウラン価格はすでに10倍を超える水準にあるため、高止まり傾向が続くと思われる
●ウランの供給が増える企業は有望

鉱物資源（鉄鉱石）について

◎概要

　古来、製鉄に使われた鉱石は砂鉄（磁鉄鉱）でした。磁鉄鉱は比重が約5.2（水1に対して5.2）と商業的に利用できる鉄鉱石の中で最も大きく、流水による選鉱により純度の高い鉱石が容易に得られたのです。近代的な溶鉱炉による製鉄技術が確立されるまでは砂鉄を使ったたたら製鉄が主流でした。現在では露天掘りで大量に採取できる赤鉄鉱を使用した高炉による製鉄が主流です。日本では新日本製鐵釜石製鉄所の高炉が釜石鉱山から産出される磁鉄鉱を使用していました。

　高品質の鉄鉱石は、鉄鉱石の成分のうち50%～65%がFeです。このような鉄鉱石は世界に約2000億トンあるといわれています。低品質の鉄鉱石は、高品質の鉄鉱石の5倍以上あり、全世界の鉄鉱石の量は1兆トンを超えています。なお、これは地球に存在する鉄のうち、人類が採掘できる地表面のほんのわずかな部分だけです。地球の中心核はほとんどが鉄でできていますし、海底には鉄鉱石が無尽蔵にあると言われています。地表においても、鉄は、酸素・ケイ素・アルミニウムに次いで多く存在しています。鉄鉱石の可採埋蔵量はほかの金属と比べて桁違いに多いのです。ちなみに、ボーキサイトは280億トン、銅は6億トン、亜鉛は3.3億トン、鉛は1.2億トン、ニッケルは1.1億トンです。

◎鉄鉱石の分布

　鉄鉱石は世界中から産出できるるものの、2003年時点の埋蔵量1500億トンのうち、ロシア、オーストラリア、ウクライナ、中国、ブラジルの上位5カ国だけで約60%を占めています。コスト・品質の面から商業的な鉱山が操業できるのは、オーストラリア、ブラジル、中国、カナダ、インド、ロシア、アメリカ合衆国、ウクライナだけです。これらの国は、地面から直接鉄鉱石を掘り出すこともできれば、露天掘りも可能です。特に、オーストラリアやブラジルの鉄鉱石はFeの占める割合が約65%と高品質のものです。これら鉱山はほとんどが赤鉄鉱です。数十億年前の海中に堆積したと考えられています。

◎鉄鉱石の生産

　ブラジル（21.1%）、オーストラリア、中国、インド、ロシアの上位5カ国が70%を占めています（2002年）。なお、第2次世界大戦直前の1937年の統計ではアメリカ合衆国（68%）とスウェーデンの2カ国だけで全世界の産出量の85%を占めていました。2002年におけるこの2カ国の産出量は1937年当時とあまり変化していませんが、シェアは7.7%に低下しました。これは産出量が9780万トン（1937年）から5億9270万トン（2002年）に増えているためです。

◎鉄鉱石の貿易

　鉄鉱石は、貿易上、重要な資源のひとつです。取引される重量でも石油に次いでいます。2003年度の鉄鉱石の海上貿易量は5億

2000万トンでした。イギリス、韓国、フランス、ドイツ、日本など主要国は鉄鉱石をほぼ100％輸入に頼っているなかで、アメリカ合衆国は輸入依存度が22％と低くなっています。なお、鉄資源としては鉄鉱石以外にスクラップなどリサイクルされた鉄が約3億トンあります。

近年の鉄鉱石の需給タイトは鉄鉱石貿易の重要性を改めて示しています。事実、主な貿易国であるオーストラリアとブラジルは、地政学的な地位を高めています。2004年、中国がブラジルに対し国家として経済的分野での接近を図ったのは、こうしたブラジルの資源に着目したことも要因のひとつに挙げられています。

2003年度の国別輸出量は、オーストラリアが36.1％（1億3000万トン）、ブラジルが34.8％、インドが9.5％でした。輸出シェアは、ブラジルのリオドセ、オーストラリア・イギリスのBHPビリトンとリオ・ティントの鉄鉱石3大メジャーが約80％を占めています。

輸入量は、長年日本が世界トップでしたが、中国の経済発展より、2003年度に中国が日本を追い越して世界トップになりました。中国は自国で鉄鉱石を産出できます。しかし、それらは低品質の鉄鉱石（Feの占める割合が約30％、だいたい40％〜50％が必要といわれている）のため、結局はコストが高くなってしまうことから、実際は高品質の鉄鉱石を輸入に頼っているのです。2003年度の国別輸入量は、中国が28.5％、日本が26.1％、韓国が8.6％、台湾が3.1％と、東アジアだけで3分の2を占めています。その後に、ドイツ、フランス、イギリスが続きます。

ここでもやはり中国のインパクトが巨大に膨れ上がっていることがわかると思います。今後、鉄鉱石の需給がますますひっ迫することも間違いないといえそうです。

◎鉄鉱石の価格

近年、中国の急激な経済成長より、鉄鉱石が不足してきました。しかし、不足したからといって簡単には増産できません。鉄鉱石鉱山の開発には、鉱山だけでなく鉄道・港湾などの設備も必要なため、完成するには数年単位の時間がかかるからです。

さらに、鉄鉱石メジャー3社（リオドセ社、リオ・ティント社、BHPビリトン）が輸出シェアの80%を占める典型的な寡占業界のため、足元を見て価格を吊り上げている面もあります。このため（供給不足＆寡占業界）、近年では鉄鉱石価格が暴騰しています。

2005年度の価格が日本鉄鋼メーカーと鉄鉱石メジャーとの間で決着し、前年比70%を越える過去最高の価格になりました。日本の鉄鋼メーカーにとってほかの鉄鋼原材料とあわせて1兆円のコストアップになりますが、コストアップ分は鉄鋼製品へ価格転嫁できています。打撃を受けるのは消費者です。普通、価格が上がれば購入を控えたいと思うものですが、それでも買わざるを得ないほど、実は需要が大きくなっているのです。

鉄鉱石価格の高騰と、ユーザーによる資源確保は、大手メジャーのあるブラジル・オーストラリアの地政学的な地位を向上させるまでに到っています。

まとめ

●鉄鉱石の供給はメジャー3社によるほぼ独占状態。
●中国の需要増加が価格高騰の要因。この傾向は需要の面からも供給の面からも続くと思われる。

非鉄金属(ベースメタル)について

1. 銅(Copper)

◎銅の用途

銅の用途はおよそ半分をワイヤーロッド(電線向け)が占め、残り半分を伸銅品向けの板・棒・管・線・条などの銅加工品・銅合金加工品が占めています。

◎銅の世界需要推移

世界の銅地金需要は、1996年の約12百万トンから2005年には約17百万トンへと増加しています。1998年のアジア危機、2001年のITバブル崩壊による影響を受けたものの、2004年からは世界経済の景気回復により再び上昇に転じています。

地域別の銅地金需要推移　　単位:千トン

	1997年	2000年	2003年	2006年	CAGR
ヨーロッパ	4,022	4,579	4,284	4,652	1.6%
アフリカ	122	132	142	166	3.5%
アジア	4,999	6,025	7,302	8,260	5.7%
北米南米	3,708	4,289	3,450	3,584	-0.4%
オセアニア	166	168	184	155	-0.8%
計	13,017	15,193	15,362	16,817	2.9%
上記の					
中国	1,270	1,928	3,084	3,639	12.4%

出典:WBI

米国、日本、ドイツなど先進国の需要が低迷するなか、2000年以降における中国の需要急増が顕著になっています。これが世界全体の銅需要増加につながっています。中国はインフラ投資や工業生産の急拡大により素材需要が急増しており、銅地金に関しては、2002年に米国を抜いて世界最大の需要国となっています。1996年から2005年までの間で世界の銅需要は4.4百万トン増加していますが、そのうち中国の需要増加は2.4百万トンを占め、増加量の約半分にまで至っています。

◎BRICsの占める地位
　銅地金の市場は中国の伸長が著しいですが、BRICs諸国について、世界の銅地金需要動向に与える影響も検証してみます。
　BRICsの中で中国以外のブラジル、ロシア、インドは、需要量あるいは世界の需要全体におけるシェアではまだそれほど大きくはありませんが、1996年からの需要の伸び率は世界全体の伸び率を大きく上回っています。中国のみならず、ロシア、インドも平均で年率10%以上のペースで伸びてきています。
　また、64ページの表を見てもらえばわかるように、BRICs各国は世界有数の人口大国ですが、現状ではひとり当たり銅地金消費量が日本や米国と比べると少なく、今後予想されるひとり当たり銅地金消費量の伸びによって、銅地金需要はさらに飛躍的に増加する可能性を持っています。

BRICsおよび日本、米国、ヨーロッパの銅地金需要推移　　単位：千トン

	1996年	シェア	2005年	シェア	増減	CAGA
ブラジル	233	1.9%	334	2.0%	101	4.1%
ロシア	165	1.3%	792	4.7%	627	19.0%
インド	140	1.1%	398	2.4%	258	12.3%
中国	1,193	9.6%	3,639	21.6%	2,446	13.2%
BRICs合計	1,731	14.0%	5,163	30.7%	3,432	12.9%
日本	1,480	11.9%	1,227	7.3%	-253	-2.1%
米国	2,606	21.0%	2,270	13.5%	-336	-1.5%
ヨーロッパ	3,668	29.6%	3,860	23.0%	192	0.6%
世界合計	12,399		16,817		4,417	3.4%

世界の銅埋蔵量および生産量　　単位：千トン

	1996年	%	2004年	2005年	%
チリ	360,000	38.4%	5,410	5,320	35.7%
米国	70,000	7.5%	1,160	1,150	7.7%
インドネシア	38,000	4.1%	840	1,050	7.1%
ペルー	60,000	6.4%	1,040	1,000	6.7%
豪州	43,000	4.6%	854	930	6.2%
ロシア	30,000	3.2%	675	675	4.5%
中国	63,000	6.7%	620	640	4.3%
カナダ	20,000	2.1%	564	580	3.9%
ポーランド	48,000	5.1%	531	530	3.6%
ザンビア	35,000	3.8%	427	450	3.0%
メキシコ	40,000	4.3%	406	420	2.8%
カザフスタン	20,000	2.1%	461	400	2.7%
ブラジル	14,365	1.5%	103	133	0.9%
その他	95,635	10.2%	1,507	1,617	10.9%
合計	937,000	100.0%	14,598	14,895	100.0%

出典：DNPM, Mineral Commodity Summaries 2006

◎銅の生産

　銅鉱石の生産は世界全体で1489万トン（2006年現在）です。その内訳はチリが36%と大半を占め、以下米国7.7%、インドネシア7.1%、ペルー6.7%、オーストラリア6.2%、ロシア4.5%と続きます。かつて日本は足尾銅山、別子銅山、日立銅山などの大鉱山を抱える輸出国でしたが、現在はこれらはすべて廃鉱となり、100%輸入に頼っています。

まとめ

- 銅需要はBRICs諸国で高い伸びを示している。
- インドの状況によっては、今後も飛躍的に伸びる可能性がある。

2．亜鉛（Zinc）

◎亜鉛の用途

亜鉛の用途には主にメッキ（鉄の防蝕）、伸銅（真鍮など）、ダイカスト、化成品（酸化亜鉛など）です。メッキに使用される場合は、犠牲防蝕という亜鉛特有の性質を利用するコストパフォーマンスに優れた鉄の防蝕法となります。メッキの使用量が増えるかどうかが亜鉛の需要増に大きく関係します。

亜鉛の用途別消費比率（2003年世界）

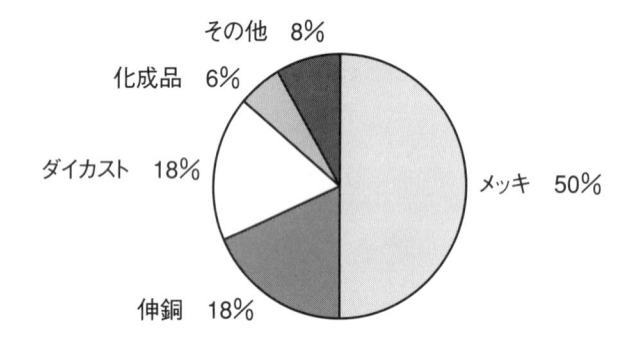

- その他　8%
- 化成品　6%
- ダイカスト　18%
- 伸銅　18%
- メッキ　50%

◎世界の亜鉛需要推移

世界の亜鉛地金需要は、1996年の約7.5百万トンから2005年には約10.4百万トンへと増加しています。2001年のITバブル崩壊に端を発

する景気減速によって、いったんは需要が減少したものの、それ以外はアフリカ地域を除いて需要の増加傾向が継続しています。

特に、近年における中国の需要の伸びは著しく、世界全体の需要拡大につながっています。中国はインフラ投資や工業生産の急拡大により素材需要が急増しており、亜鉛地金に関しては2000年に米国を抜いて世界最大の消費国となりました。1996年から2005年にかけての世界需要増加量約2.9百万トン／年のうち、中国の需要増加は約1.9百万トン／年を占めています。ちなみに、中国の需要が世界全体に占める割合は約28.2％（2005年）になっています。

◎亜鉛地金需要推移

亜鉛の一次需要は、メッキ、伸銅、ダイカスト、化成品に大別されます。メッキ用とダイカスト用においては需要が増加しています。

メッキは鉄の防蝕用に使われます。連続溶融亜鉛メッキ、電気メッキ、溶融亜鉛メッキの3種類があります。自動車ボディーに両面亜鉛メッキ鋼板が広く普及してきたことにより、連続溶融亜鉛メッキ用途が増加しています。

また、主にアルミニウムとの合金の鋳造品であるダイカストは自動車部品を中心に需要が急増しています。つまり、世界の自動車需要、特に中国の需要に左右される状況と言えるのです。

そこで、主要国の自動車生産台数の予測を参考までに次ページに掲載しておきます。このデータはほかの資源需要を考えるうえでも参考となるでしょう。

主要国の自動車生産台数の予測　　単位：千台

	2005年実績	2009年実績	2011年実績	2016年実績	CAGA
ブラジル	2,448	3,658	3,658	4,666	6.0%
ロシア	1,353	2,867	3,007	3,357	8.6%
インド	1,644	3,563	4,003	5,103	10.8%
中国	5,708	13,750	14,540	16,515	10.1%
米国	11,947	13,225	13,625	14,625	1.9%
ヨーロッパ	19,738	24,894	25,394	26,644	2.8%
日本	10,800	631	12,420	12,920	1.6%
韓国	446	4,680	631	785	5.3%
台湾	3,699	4,680	4,940	5,590	3.8%
合計	57,783	79,488	82,218	90,205	4.1%

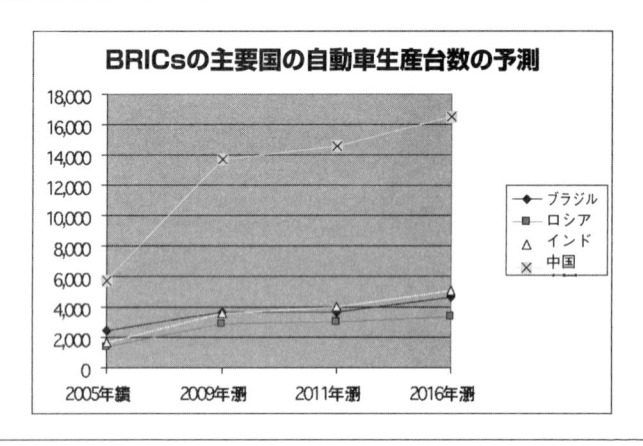

BRICsの主要国の自動車生産台数の予測

(グラフ：ブラジル、ロシア、インド、中国の2005年実績～2016年実測の推移)

まとめ

● 亜鉛の需要は主に中国の自動車生産の伸びに支えられて大きく伸びている。
● 今後もこの傾向は続くと思われるため、亜鉛需要は逼迫するだろう。

3．鉛（Lead）

◎鉛の用途

　鉛の用途は、主に蓄電池（車のバッテリーのこと。コストパフォーマンスに優れ、高付加にも耐えられる特長を持っています）や無機薬品、その他であり、内訳は下図のとおりです。蓄電池の使用量が増えるかどうかが鉛の需要増に大きく関係します。

鉛の用途別消費比率（2003年世界）

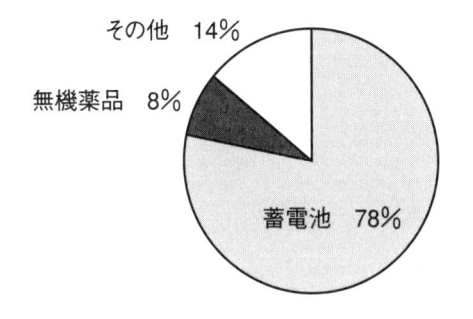

- その他　14%
- 無機薬品　8%
- 蓄電池　78%

◎鉛の需要推移

　次ページの表は、国際鉛亜鉛研究会（ILZSG）による1996年から2005年までの「世界における地域別の鉛地金需要推移」となっています。世界の鉛地金需要は、1996年の約6百万トンから2005年には約7.7百万トンへと増加しています。2001年にITバブル崩壊に端を発する景気減速によって多少の需要減少があったものの、

それ以外は需要の増加傾向が継続しています。

さらに、近年における中国の需要の伸びは著しく、世界全体のの需要拡大につながっています。中国はインフラ投資や工業生産の急拡大により素材需要が急増しており、鉛地金に関しても2004年には米国を抜いて世界最大の消費国となりました。1996年から2005年にかけての世界需要増加量約1.7百万トンのうち、中国の増加量は約0.9百万トンと半分以上を占めています。

鉛も亜鉛と同じく、中国の自動車需要の見通しに左右される状況と言えます。

地域別の鉛地金需要推移　　単位：千トン

	1996年	2000年	2003年	2005年	CAGA(96-05)
ヨーロッパ	1,956	2,035	1,941	2,003	0.3%
アフリカ	120	130	116	115	-0.5%
アジア	1,781	1,988	2,717	3,484	7.7%
北米・南米	2,056	2,330	2,032	2,089	0.2%
オセアニア	74	46	42	29	-9.9%
計	5,987	6,529	6,848	7,720	2.9%
中国(アジアに含まれる)	470	590	1,183	1,916	16.9%

出典：ILZSG

まとめ

●鉛の需要は亜鉛と同じく、中国の自動車（バッテリー）需要に支えられ、伸びている。
●この傾向は今後も続くと思われる。

4．アルミニウム（Aluminum）

◎概要

　アルミニウムは軽く、やわらかくて展性も高いなどと加工が楽であり、さらに表面にできる酸化皮膜のため耐食性にも優れていることから、一円硬貨やアルミホイル、缶（アルミ缶）、鍋、窓枠（アルミサッシ）、エクステリア、建築物の外壁、道路標識、鉄道車両や自動車の車体、自転車のリム、パソコンや家電製品の筐体（iPod nanoほか多数）など、さまざまな用途に使用されています。

　大抵はアルミニウム合金であり、1円硬貨のようなアルミニウム100％のものはまれな存在です。

　主な合金にはジュラルミンがあります。ジュラルミンは航空機材料などに用いられていますが、金属疲労に弱い欠点を持つため、航空機などでは十分な点検体制を取っています。

　高圧送電線にもアルミニウム線が使用されています。銅に比べ電気伝導度は劣りますが、密度が低いことから断面積を大きく取る（太くする）ことができるため、総体の電気抵抗値は同等となります。

◎主な用途

アルミニウム缶：瓶のキャップ、ボディ、ふた
自動車部品：エンジン、ホイール、熱交換器、バンパーなど
　　　　　　二輪車、自転車部品：フレーム、エンジン、サスペンションなど
航空機部品：ドア、主翼、胴体、窓枠、椅子、ヘリコプター

鉄道車輌の車体：外板、床、天井、窓枠、リニアモーターカー
船舶：上部看板、LNGタンク・漁船・ボート
建材：サッシ、カーテンウオール、屋根、壁、内装材
土木：橋の欄干、照明ポール、ガードレール、防音壁
電気電子部品：ＶＴＲシリンダー、熱交フィン、電線・ケーブル、
　　　　　　　ブスバー、ロボット、プリント基板
情報機器部品：ハードディスク、複写機ドラム、ポリゴンミラー、
　　　　　　　パソコン
エルギー機器部品：エアコン、モーター
日用品：アルミ箔、鍋、やかん、ボンベ
スポーツ器具：野球バット、スキー・ストック、洋弓・矢

希少金属（レアメタル）について

　希少金属（レアメタル）とは、鉄以外の非鉄金属のうち、産業上さまざまな理由から利用できる量が少なく、希少な金属のことを指します。非鉄金属全体をレアメタルと呼ぶ場合もありますが、狭義では、鉄に次いで利用量の多い銅や亜鉛、アルミニウムなどの金属（ベースメタル）や、産業に利用されている非鉄金属（高価な貴金属を除いて）の総称を指します。

　ベースメタルや貴金属は世界の主要な商品取引所（ロンドン金属取引所やニューヨーク商業取引所など）で日々売買され価格の透明性を確保されていますが、ほとんどのレアメタルは利用量や価格の問題から一定の取引高を期待できないため、商品取引所に上場していません。代わりに、経済紙や金属専門雑誌の発表価格が取引の指標として用いられています。取引の透明性という点では「乏しい」と言えます。

　レアメタルが希少な理由としては、

1　地球上の存在量が少なく採掘のコストが高い
2　単体として取り出すことが技術的に困難
3　金属の特性から製錬のコストが高い

などの点が挙げられています。

　上記の理由以外で最も大きなものは、金属の取引価格です。仮に、レアメタルが金やプラチナ並みに高騰を続けた場合、わずかな純度でも採算が取れるため、採掘量は拡大します。また、レア

メタルの価格が上がれば、製錬コストが高くても採算が取れるため製錬量は拡大します。さらに、現時点に単体で取り出すことが技術的に困難でもまとまった開発費の投入を期待できるため、将来的に利用量の拡大は可能となるでしょう。

レアメタルは1〜3の理由のほか、わずかな用途にしか使用できなかったり、ほかの金属に代替できたりなどのさまざまな制約から、価格の高騰が抑制され、利用量が拡大しない点で希少性を保っています。

半導体産業など、レアメタルは先端産業には不可欠な素材です。そのため、廃物からの抽出によるリサイクルも積極的に行われています。主な産出国は、中国・アフリカ・ロシア・北南米です。

1. ニッケル

◎主な性質
- ニッケル単体は銀白色の金属で、合金は耐熱材料と磁性材として利用
- ニッケルは空気および水に対して常温で極めて安定(メッキ材として多用される)
- ニッケルの耐酸性は鉄と銅との中間(pH5以下でないと腐食しない。アルカリにはほとんど侵されない)
- 高熱下塩素酸と臭素とは、火を発して反応する
- 微粉状のニッケルは発火性がある。かなりの水素を溶かし水素化触媒となる

◎**主な用途**

ステンレス鋼および特殊鋼の添加成分：

耐熱材部品、ヘリコプター、航空機部品、ジェットエンジン、鉄道車輌、建材、日用品 、

メッキ：自動車用鋼板、自転車部材、家電部材、リードフレームなど電子部材

触媒：石油精製、油脂加工の反応剤

磁性材料：ラジオ、ステレオのスピーカー、ロボット、モーター、パソコン用部品、情報記録部品

ニッケル埋蔵量6200万トンの資源分布

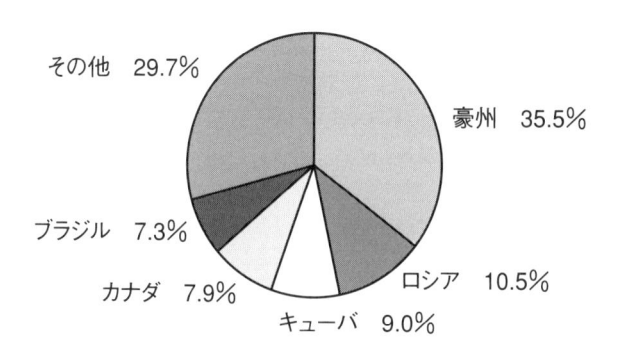

- その他　29.7%
- 豪州　35.5%
- ロシア　10.5%
- キューバ　9.0%
- カナダ　7.9%
- ブラジル　7.3%

2．クロム

◎主な性質
- 単体クロムは銀白の金属。クロムの酸化物はその形態によりいろいろな色調を発する
- クロムは常温で極めて安定で、大気または水中でも酸化しない
- 硝酸には強く、塩酸には非常に弱い。酸化膜を除くと硫酸にも溶解する
- 純粋なクロムメッキは光沢も美しく、磨耗や錆びに対する耐久性が高い
- クロムと鉄の合金（ステンレス鋼）は、高い強度、耐摩耗性と電気抵抗性を持つ
- 黒と緑色のクロム酸化物は水に溶けない。緑の結晶物は研磨剤に使われるほど硬い。赤い酸化物は水によく溶け、酸性で赤くアルカリ側で黄色くなる（酸化剤として強力で、可燃性の物と触れると反応して燃え出す）

◎主な用途
ステンレス鋼、特殊鋼部品：
建材、電車、厨房品、切削工具、航空機、原子力機器、タービン、ヘリコプター、自動車部品、航空機部材、車両部材、燃料電池、モーター、自転車部品、パソコン部品
耐火物煉瓦：工業窯炉

クロム埋蔵量4億7500万トンの資源分布

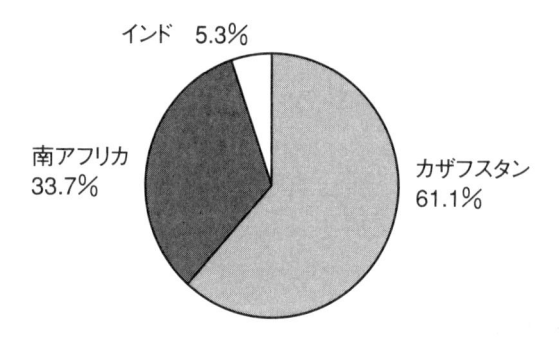

- インド　5.3%
- 南アフリカ　33.7%
- カザフスタン　61.1%

3．モリブデン

◎主な性質
・金属モリブデンは粉末のときは灰色であるが、融解すると白色を示す
・モリブデンは融点及び沸点が高く、極低温から高温まで機械的性質が優れる
・高温で延展性に富み、鋳造、圧延が可能
・モリブデンは熱膨張率が小さく、熱伝導度がよい（タングステンフィラメントをコイル状に巻く棒に使用される）
・ほかの金属との合金で高硬度で耐熱性、耐食性等が優れた特性が得られる
・モリブデンは90％以上がニッケルやクロムとの合金として、ステンレス鋼に使用される

- ハロゲンガスや酸素中の加熱で反応するが、塩酸、フッ化水素、希硫酸には溶けない
- モリブデンは硫黄と結合しやすい
- 二硫化モリブデンは層状の構造で、耐荷重性と摩擦係数に優れている（研磨剤や固体潤滑剤としてガソリンや各種潤滑油に添加される）

◎主な用途

ステンレス鋼部品：建材、厨房器具、電車など
触媒：石油製品、石油化学
無機薬品：防錆剤、顔料
特殊鋼部品：自動車部品、モーター、航空機部品、切削工具
潤滑剤：MoS2など固体潤滑剤

モリブデン埋蔵量860万トンの資源分布

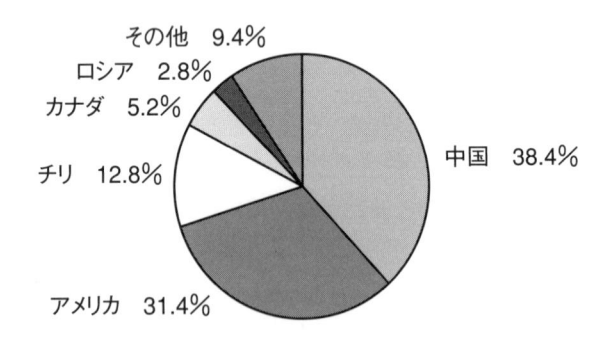

- 中国 38.4%
- アメリカ 31.4%
- チリ 12.8%
- カナダ 5.2%
- ロシア 2.8%
- その他 9.4%

4．タングステン

◎主な性質
・タングステンは灰白色金属である
・純粋なタングステンはかなり柔らかい（不純物が入ると、硬く脆くなる）
・タングステン密度は鉄の2.5倍弱で、非常に重い
・すべての金属の中で最も融点が高く、蒸気圧が低い
・極めて細い線にも加工できるので、白熱電球のフィラメントに利用されている
・鉄鋼にタングステンを添加すると著しく硬度が増す。炭素との化合物はダイヤモンド、炭化ホウ素に次いで硬い（切削工具に利用される）

◎主な用途
含W特殊鋼部品：高速度鋼、耐熱鋼、工具鋼など機械、
超硬合金 切削工具、耐磨耗工具、鉱山工具
金属タングステン製品：フィラメント、電子レンジのマグネトロン
化成品：各種触媒、顔料

タングステン埋蔵量290万トンの資源分布

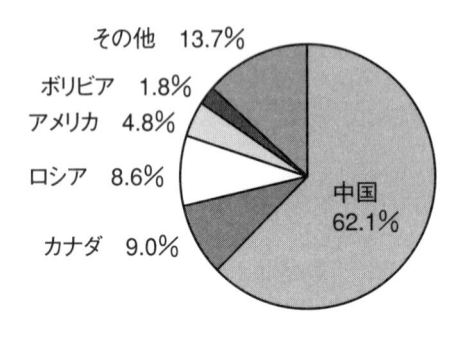

- その他　13.7%
- ボリビア　1.8%
- アメリカ　4.8%
- ロシア　8.6%
- カナダ　9.0%
- 中国　62.1%

5．コバルト

◎主な性質
・単体コバルトは灰白色の金属で、酸化物の色は黄色か黒
・コバルトは化学的性質にはニッケルおよび鉄に近い
・コバルトは通常は空気や水の影響を受けない（硫酸、塩酸、硝酸等に激しく反応し、アルカリには溶けない）
・硬度、引張強度、切削性、熱的性質もニッケルや鉄に似ている
・コバルトは強磁性合金である
・コバルトにニッケル、クロムおよびモリブデンを含む合金は、高温強度が強い
・コバルトにクロム、タングステン、鉄を含む合金は耐クリープ性、耐摩耗性、耐食性が高い（切削道具に広く用いられる）

・コバルト・クロム基合金は人の体液と反応しない（医療に用いられる）

◎**主な用途**
超硬合金工具：切削工具、耐磨工具
特殊鋼部品：高速度鋼、一般工具、工作機械部品、航空機エンジン部品、ガスタービン部品
磁性材料部品：永久磁石、テレビ、音響部材、磁気ディスク
化成品：触媒、磁気テープ

コバルト埋蔵量700万トンの資源分布

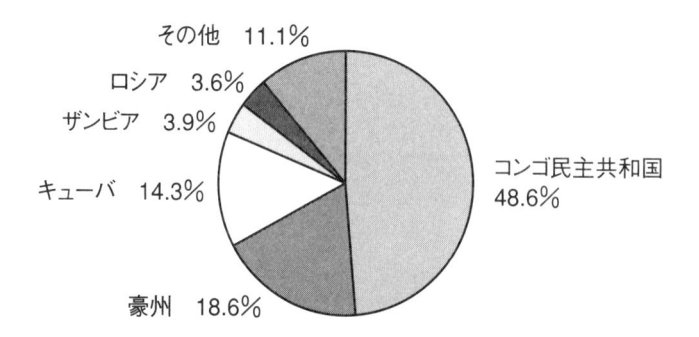

- その他　11.1%
- ロシア　3.6%
- ザンビア　3.9%
- キューバ　14.3%
- 豪州　18.6%
- コンゴ民主共和国　48.6%

貴金属について

1．金（Au）

◎**主な性質**
・貴金属に属し、黄金色の輝きと稀少性が特徴
・金の延展性はあらゆる金属のなかで最も大きい
・自然界では、ほかの元素と化合しにくく、化学的な安定性のため、金は単体として存在
・金は一般に、酸やアルカリなどの溶液とは反応しない
・金は銀、銅に次いで電気伝導性が高い
・表面に酸化膜がないので、圧接加工が容易

◎**主な用途**
電子電気・通信機器：ICセラミックパッケージ、プリント基板、
　　　　　　　　　　パソコン、携帯電話
歯科医療：義歯
宝飾品：指輪、ネックレス
美術、工芸品：仏像、宗教用具、金杯 メダル 記念メダル
その他：金箔、陶磁器

◎**金の産出国**
　産金国としては南アフリカが名実ともに知られていますが、長

世界産金国トップ10（2006年）

	国　名	産出（単位:百万）	割合
1	南アフリカ	275.0	11.1%
2	米国	260.0	10.5%
3	オーストラリア	251.0	10.2%
4	中国	240.0	9.7%
5	ペルー	203.0	8.2%
6	インドネシア	162.0	6.8%
7	ロシア	152.6	6.2%
8	カナダ	104.0	4.2%
9	パプア・ニューギニア	66.7	2.7%
10	ガーナ	63.1	2.6%
	その他	684.6	27.8%
	合計	2,467.0	100.0%

世界産金国トップ10（2000年）

	国　名	産出（単位:百万）	割合
1	南アフリカ	428.0	16.6%
2	米国	352.5	13.7%
3	オーストラリア	295.9	11.5%
4	中国	172.4	6.7%
5	カナダ	154.4	6.0%
6	ロシア	144.1	5.6%
7	ペルー	133.8	5.2%
8	インドネシア	123.5	4.8%
	その他	268.4	29.9%
	合計	2,573.0	100.0%

年掘り続けられてきたことから、かなり地中深くにまで達しているため（非常に硬い地盤に達しているため）、産金量が減少している傾向にあります。同時に、南アフリカの産金企業は収益面でも苦しんでおり、産金量は多いにもかかわらず、赤字経営の企業が少なくないことはあまり知られていません。

　2006年と2000年の金の産出量などを比較してもらえれば一目瞭然のように、南アフリカの地位の低下がわかるでしょう（前ページ参照）。

　一方で、ここ数年産金量が増えている国としては、中国、ペルー、ロシア、インドネシアなどが挙げられます。産金企業としては米国やカナダの企業が上位にあります。

　北米では米ドルの価値の下落リスクを恐れて金や銀など実物資産への投資や投資セミナーが活発に行われています。2000年以降操業を始めた金鉱山企業で事業の立ち上げに成功し、業績を伸ばしているところなどもあります。

まとめ

- 金の産出量はあまり増えていない（南アフリカは減少傾向）。
- 米ドルの価値の下落に反比例して金価格は上昇。投資対象として今も昔も人気がある。
- 米国の景気後退やユーロ市場拡大の影響を受け、今後もしばらく金価格の上昇は続くと思われる。

2．銀（Ag）

◎主な性質
- 銀は金およびコバルトとともに貴金属に属している。白色の輝きは装飾性として魅力的
- 銀の延展性は金に次いで大きい
- 純銀は室温における電気伝導度が全金属の中で一番大きい
- 光の反射率が非常によい
- 銀は耐酸性の優れた金属で酢酸、その他の有機酸に侵されないが、硝酸、加熱濃塩酸、ハロゲンには侵される
- 銀製品は放置しておくと空中のイオウと反応して黒ずむ
- 臭化銀は光に当たると銀が遊離する性質がある（感光性）

◎主な用途
写真感光材料：フイルム、印画紙
電気部品：コネクターなどの接点、プリント基板、パソコン、ロボット、電装品、携帯電話 銀ろう材 電気部品
銀器装飾品：ナイフ、フォーク、水差し、ティーポット、装飾品 歯科材 入れ歯 日用品 魔法瓶 触媒

◎銀の産出国
　銀がペルー、メキシコ、チリなど特に中南米から多く産出されることは中世のマヤ文明、アステカ文明、インカ帝国の時代から変わっていないようです。

中国やポーランド、ロシア、カザフスタンなど旧共産圏でも多く採れており、世界の産銀企業のベスト5のうち3社が旧共産圏という事実もあまり知られていません。

　また、近年ゴールドおよびシルバー鉱山開発の活発なカナダ及び米国では、数多くのゴールド企業やシルバー企業が上場しています。高利益率を誇る企業も多く存在しています。

世界産銀国トップ10（2000年）

	国　名	産出（単位:百万）	割合
1	ペルー	111.6	17.3%
2	メキシコ	96.4	14.9%
3	中国	75.4	11.7%
4	オーストラリア	55.6	8.6%
5	チリ	51.5	8.0%
6	ポーランド	40.4	6.3%
7	ロシア	39.6	6.1%
8	米国	36.7	5.7%
9	カナダ	31.2	4.8%
10	カザフスタン	26.1	4.0%
	その他	81.6	12.6%
	合計	646.1	100.0%

◎注目を集める銀（シルバー）

　日本では貴金属といえば金ばかりに注目が集まりますが、米国やカナダの投資セミナーでは少し前から銀が注目を集めています。

　その理由は、銀は貴金属であるだけでなく、産業用に幅広く使

われている点にあります。事実、銀の加工需要のおよそ50％が産業用であり、2001年以降年々需要が増えています。主な用途としては、液晶やプラズマディスプレイ、携帯電話、医療用器具、パソコンなどです。これには中国やインドの経済成長のみならず、発展途上国のコンピュータ化が進んでいることも影響しています。

また、グラフを見てもらえば一目瞭然のように、銀の加工用需要に対して、鉱山生産量が全く追いついていません。そのため、銀価格は2004年から上昇傾向にあるのです。

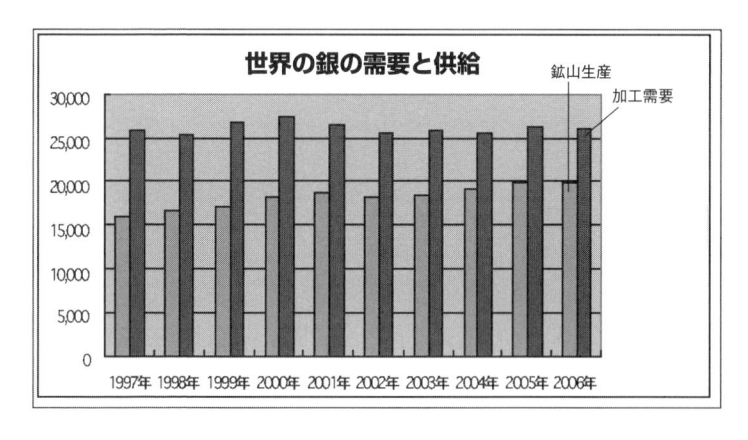

世界の銀の需要と供給

（鉱山生産／加工需要、1997年〜2006年）

では、供給不足はどのようにして補っているのでしょうか？ひとつは中古銀のスクラップによって、もうひとつは銀在庫の市場放出によって補っています。

この在庫放出が毎年およそ2000トン程度、ロシアやインドなどから続いています。その結果、1990年の世界の銀在庫量約21億オンス（約6万5000トン）から2006年末には2億5000万オンス（約7800トン）にまで減少しているのです。2006年から2010年までの

世界の銀在庫量の予測によると、毎年5000万オンス（約1600トン）ずつのペースで減少し、2010年には5000万オンス（1600トン）前後にまで減るとみられています。そのインパクトは底が見えてきた段階でダイレクトに銀価格に反映されることでしょう（＝相場が急騰することでしょう）。

2007年から顕著になってきた米国の信用収縮による米ドルの価値の下落によって金価格が上昇していますが、同じように銀も米ドルで価値が換算されている関係上、銀価格も上昇します。そして、過去の相場でもそうでしたが、今回も金価格の上昇以上に銀価格のほうが上昇しています。

さらに金・銀レシオという金と銀の価格比率も注目されています。金と銀の価格比率は、1：100を最低値として、最高値は1：16にまで縮小するサイクルを繰り返しているというのです。

2008年現在の価格で計算してみると、金がおよそ865ドル、銀がおよそ15ドルですから、1：56くらいでしょうか。これが1：16まで縮まるとすれば、金価格が固定したとしても銀価格は3.5倍くらい上昇することを意味します。金価格がもう上がらないとは考えにくいですから、仮に金が2倍上がれば、銀は7倍まで上がることになります。

（このような計算上の話が当たるかどうかは別として）以上の点から銀が注目を集めていると言えるのです。

シルバー・ゴールド・レシオ

縦軸: 0, 20, 40, 60, 80, 100 倍
横軸: 14 19 41 67 73 80 91 98 03 06 ? 年

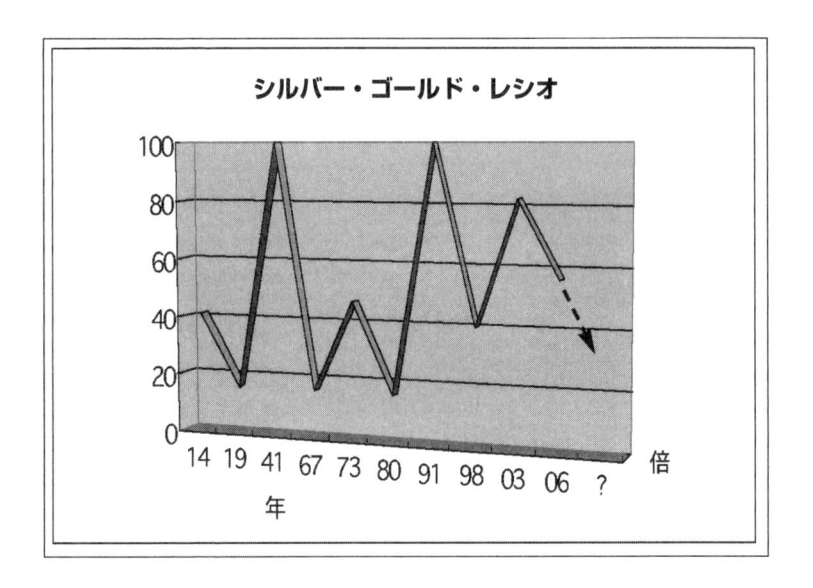

まとめ

- 工業用途の需要に供給が追いついていない状況がある。
- 銀の世界在庫は2011年頃には底をつくと予想されている。
- 銀価格は金価格以上に上がる傾向がある。
- 銀産出量が増える企業は有望。

コラム:高騰期にある金属市況

表に過去5カ年の主要金属の2002年〜2006年の価格推移を示しています。

2006年の平均価格は、レアメタル3種を除いて全鉱種が上昇基調にあり、対前年比で見ると、亜鉛140%、銅80%、ニッケルと銀60%、金とアルミが40%と上昇しています。また、ほとんどの鉱種が直近の底値にあった2002年と比較して、インジウム9.5倍、モリブデン6.6倍、タングステン4.4倍、銅4.3倍、亜鉛4.2倍、ニッケル3.6倍、鉛2.8倍、銀2.5倍、プラチナ2.1倍、金1.9倍、アルミ1.9倍と軒並み大幅に高騰しています。

主要金属価格推移

単位:US$

	年平均価格					倍率
	2006年	2005年	2004年	2003年	2002年	06/'02
銅	6,722	3,684	2,868	1,780	1,558	4.3
亜鉛	3,275	1,382	1,048	828	779	4.2
ニッケル	24,250	14,733	13,852	9,640	6,772	3.6
鉛	1,290	976	888	516	453	2.8
アルミニウム	2,570	1,898	1,717	1,432	1,349	1.9
インジウム	822	961	643	180	87	9.4
モリブデン	55	70	36	12	8	6.9
タングステン	166	166	55	45	38	4.4
金	605	445	410	363	310	2.0
プラチナ	1,147	983	848	691	540	2.1
銀	1,164	731	665	488	460	2.5

(Metal BulletinおよびJOGMECより)

これを見て、資源量が稀少なレアメタルが4倍以上高騰することは容易に納得ができると思います。ここで大事なのは、銅や亜鉛のようなベースメタルと言われるような金属まで2倍〜4倍強も価格が上がっている事実です。このことから、「いかに需要が大きいか」ということと、「供給が追いついていなかったのか」ということの2つがわかると思います。

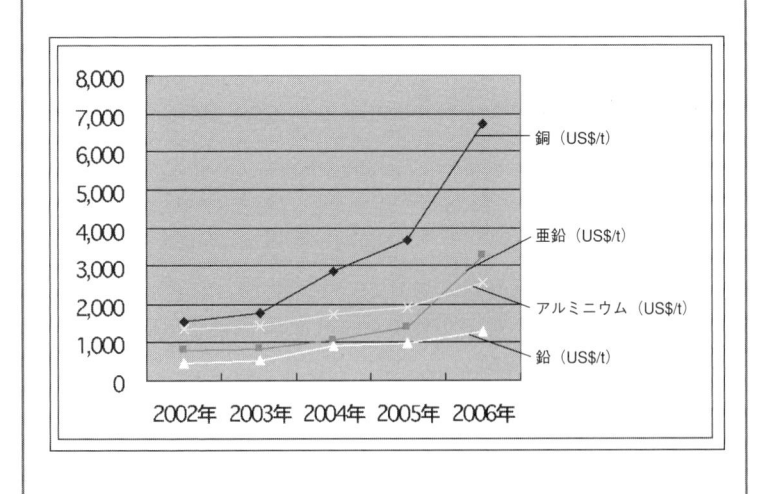

コーヒーブレイク

■カンボジアは、眠れる資源大国！

　カンボジアには、まだ採掘されていない資源がかなり豊富にあります。国の南東の海には、推定埋蔵量20億バレルの石油が眠っています。今、三井石油開発がシェブロンと共同で開発しています。仮に、石油価格が今のレベルで1バレル90ドルとすれば、1800億ドルの外貨を稼げることになります。カンボジアの現在のGDPが70億ドルですから、カンボジアにとって、この数字は国の経済規模の25倍にあたる大きな金額なのです。石油を掘り出しただけで、この国はいかに成長するかがわかると思います。

　また、北西部の山岳地帯ではアルミニウムの原料であるボーキサイトがBHPビリトンと共同で開発されています。カンボジアの山岳地帯は、まだまだ大量の金属鉱山が多数存在するのに、ほとんど手付かずです。カンボジアはこれからの資源国なのです。

■スパイ小説から出てきたようなグレンコア！?

　スイスの総合資源メジャーであるエクストラータの親会社にあたるグレンコアという未上場の総合資源企業（石油、ガス、非鉄金属、石炭、農産物）がスイスにあります。売上規模はヨーロッパで6位、2006年は1165億ドル（およそ14兆円）でした。BHPビリトンよりも、三菱商事よりも大きな売上です。

　コモディティ・トレーダーで数十億円もの資産を築いた

マーク・リッチが1974年に設立した会社です。

　ちなみに、彼は租税回避とアメリカ合衆国においてイランとの不法取引を行った罪で告発されています。イランに限らず、アパルトヘイト下の南アフリカ、共産時代のソ連、イラン、サダム・フセイン時代のイラクなど無法国家における不法取引で起訴されてきたとも言われています。特にイラクにおいては石油を手に入れるために不法に300万ドルをリベートで支払ったとしてCIAから指名手配されたと報道もされています。

　資源企業にはフィクション（小説や映画）を超えたリアルなネタがたくさんありそうですね。

第3章

世界資源株を買うための証券口座の開設

口座開設の3つの方法について

　世界の資源株を買うに当たって、まず必要なのが「口座」です。「資源株で運用する」という話はここから始まります。
　2008年現在、口座開設する方法は以下の3とおりが考えられます。

◎**フィリップ証券（香港）に口座開設（現地訪問）**
◎**郵送で口座開設**
◎**日本の証券会社を活用する**

　どの方法にも一長一短があります。皆さんのご都合に合わせてお選びください。次ページから詳しくお話しします。

フィリップ証券（香港）で口座開設

　私は個人的に香港のフィリップ証券を利用しています。フィリップ証券のメリットは、世界中の資源メジャーの株式に投資することができることでしょう。もちろん、投資できない国はありますが、世界の資源メジャーに投資することを考えれば、ほぼ完璧にカバーすることができる点で優れています。投資対象国・マーケットは以下の通りです。

- 中国（香港、上海B株、深センB株）
- シンガポール
- タイ
- マレーシア
- インドネシア
- 韓国
- アメリカ
- イギリス
- ユーロネクスト
- オーストラリア
- 日本

　もちろん、フィリップ証券ではなく、ほかの香港の証券会社でも多くの場合、同じように世界中の会社に投資できます。

　重要なポイントは、アメリカ株に投資できることなのです。「どうしてアメリカ株か」と言いますと、それはADR（American

Depositary Reciets；米国預託証券）に投資することができるからです。ADRとは、世界中のさまざまな国の企業が自社株式の米国での上場・流通を希望するときに、現地の銀行などに原株の代用証券（ADR）を発行してもらい、ADRを通常株式と同じように取引できるような仕組みを言います。

また、同じように欧州で主に取引される代用証券のことをGDR（Global Depositary Receipt；国際預託証券）と言います。ロンドン上場でのケースが多いです。

ですから、当然、香港の証券会社ではなく、米国や欧州の証券会社でも結構です（後ほど日本の証券会社でもADRに投資できる証券会社をご紹介します）。

ただし、ADRに投資できるだけではすべての資源メジャーに投資できるわけではありません。なかには、ニューヨーク上場はしていない中国株があったり、ロンドン市場に上場している銘柄などもありますので、投資しようと思う銘柄によって、口座を開く証券会社を複数選ぶ必要も出てくることがあります。

ちなみに、後ほど本書でご紹介する銘柄については、1銘柄を除いて、すべてフィリップ証券で購入することが可能です。

それではフィリップ証券の口座を開設する方法についてお話しします。香港の証券会社の口座開設は、原則として窓口に行くことが前提となります。ですから、ここで申し込み用紙の記入の仕方などを説明してもあまり意味がありません。

基本は「現地に直接行って、窓口で口座開設をしてください」としか言えません。

フィリップ証券の場合、大きなメリットとして、「窓口に日本人担当者がいる」ことが挙げられます。これは英語が苦手な方にと

って非常に心強い情報かと思います。実際、フィリップ証券は日本人向けのサービスを意識しているとのこと。これを機会にぜひ一度香港へ足を運んでみてはいかがでしょうか。なお、アポイント制なので、事前に連絡をしてから訪問してください。

■フィリップ証券の住所

11/F, UNITED CENTER, 95 QUEENSWAY, HONG KONG

電話：+852-2277-6676

FAX：+852-2277-6866

ウェブサイト：https://www.poems.com.hk/e_home.htm

■用意するもの

◎パスポート
◎住所を証明できる書類（3カ月以内に発行されたもの）
※通常、HSBCなどの銀行口座の場合は、住所を証明する書類は英語表記されていなければなりませんが、フィリップ証券の場合は、日本語サービスを売りにしていることもあることから、日本語による書類でも大丈夫です。以下のいずれかがあれば結構です。

・住民票
・公共料金の明細
・クレジットカードの請求書

■最低預け入れ額の制限

15万香港ドル（およそ220万円）

郵送での口座開設

　香港は日本から飛行機でおよそ3～4時間で行けますから、海外での資産運用を考えるにあたり、日本人にとって非常に人気の高いスポットといえます。

　しかし、「最低預け入れ金額が15万香港ドルだといきなり敷居が高い」と思われる方のために、郵送でグローバルな株式投資ができる証券会社をご紹介します。

　それはインターナックス（Internaxx）証券というルクセンブルクの証券会社になります。最低預け入れ額1000ユーロ（およそ16万円）から始められますので気軽に口座開設にチャレンジできると思います。チャレンジとあえて書いたのは、日本語での対応は当然なく、郵送で必要書類を送った後、ルクセンブルクに電話をかけて（あるいは電話がかかってきて）、英語で相手の質問に回答するという作業が発生するためです。

　まずは、申込書の書き方と質問として聞かれる項目をご紹介いたします。

Internaxx証券（URL：http://www.internaxx.lu/）

■資料請求の方法と資料の書き方について

1）トップページから「OPEN an Account」をクリックし資料請求します（郵送かメール添付か選べます）。

図1

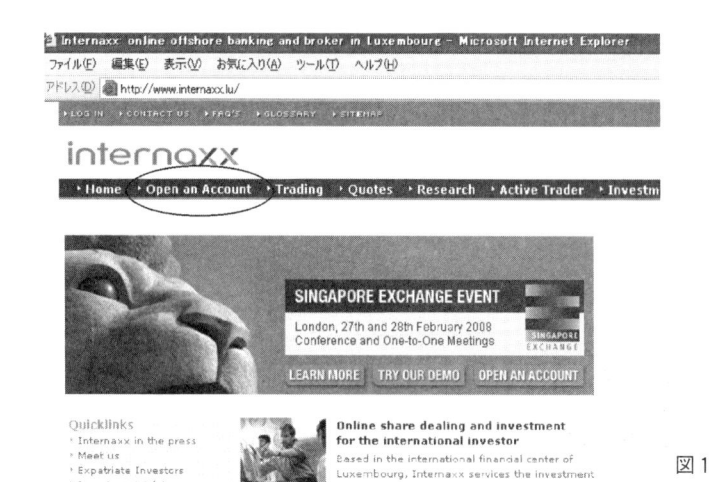

2）次に以下のようなページに飛びますので、郵送を希望する方は必要事項をすべて記入します。「Submitボタン」を押せば、1〜2週間でアプリケーション・パックが郵送されてきます。

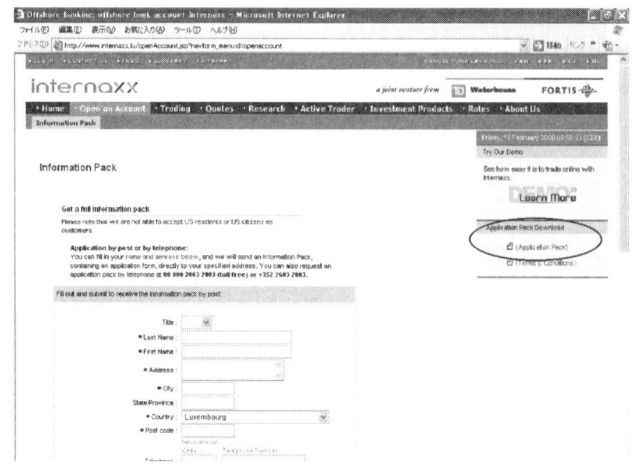

図2

データでダウンロードしてすぐに書いて送ることもできます。その場合は「Application Pack Download」と書かれた箇所（丸印）をクリックすればダウンロードできます。

　申込書（アプリケーション）が手に入ったら、次から説明する手順で記入していきます。

3）図3はまず最初のページです。インターナックスには2つのアカウントがあります。
・Standard　Account
　現物株式投資のみを行う口座
・Derivatives　Account
　FOREX（外国為替証拠金取引）、CFDs、Futures（商品先物）などデリバティブのみを行う口座

　または「両方の口座を開きたい」のどれかのチェックボックスにチェックを入れます。どこにチェックを入れるかによって、回答するページと必要書類が少し異なります。
　ここでは、現物株式投資を行う「Standard　Account」について説明します。

Checklist

☐ I am interested in investing in stocks and/or in investment funds. I want to open a **Standard Account*** only.

    ☐ Fill out p.3 (and p.8 if needed).
    ☐ Sign where indicated with a cross p.4/5 (also p.6 for joint accounts) and p.9.
    ☐ **Enclose a copy of your ID** (valid for EU nationals only) **or of your passport.** For joint accounts we need copies of both IDs or passports.
    ☐ Return the application pack in the enclosed envelope.

☐ I am interested in investing in derivatives (such as Forex, CFD's, Futures). I want to open a **Derivatives Account** only.

    ☐ Fill out p.3 (and p.8 if needed).
    ☐ Sign where indicated with a cross p.4/5 (also p.6 for joint accounts) and p.11/12.
    ☐ **Enclose a copy of your ID** (valid for EU nationals only) **or of your passport.** For joint accounts we need copies of both IDs or passports.
    ☐ Return the application pack in the enclosed envelope.

☐ I am interested in investing in stocks, investment funds as well as in derivatives (such as Forex, CFD's, Futures). I want to open a **Standard Account*** **and a Derivatives Account.**

    ☐ Fill out p.3 (and p.8 if needed).
    ☐ Sign where indicated with a cross p.4/5 (also p.6 for joint accounts) and p.9/11/12.
    ☐ **Enclose a copy of your ID** (valid for EU nationals only) **or of your passport.** For joint accounts we need copies of both IDs or passports.
    ☐ Return the application pack in the enclosed envelope.

Client Desk: (+352) 2603 2003

*Standard Account covers the following asset types: stocks, mutual funds and interest-bearing account.

図3

4）続いて、個人情報を記入します。

Title：独身／既婚・性別
First Name：名前
Middle Name：ミドルネーム
Last Name：苗字
Date of Birth（day／month／year）：生年月日
Nationality：国籍（Japanese）
Profession：職業
Employer：勤務先名
Residency：住所（Post　Codeは郵便番号）
Preferred mailing address：
住所と異なる郵便物受取住所（異なる場合のみ記入）
Please state your tax residency：
居住国以外の国で税金を払う場合（日本人の場合、書かなくていい人がほとんどです）
Please your contact details：
電話番号とメールアドレス、そして電話を受けるのに最適な時間。ルクセンブルクとの時差を考えて「PM4時～6時（Tokyo）」と私は書きました。

Your personal details

Please complete the left column if you are applying for an individual account.
For a joint account please also complete the right column **and sign p.6**.

Account holder information

Individual Account Holder

Title: ☐ Mr ☐ Mrs ☐ Ms ☐ Dr

- First name
- Middle name
- Last name
- Date of birth (day/month/year)
- Nationality
- Profession
- Employer

Joint Applicant

Title: ☐ Mr ☐ Mrs ☐ Ms ☐ Dr

- First name
- Middle name
- Last name
- Date of birth (day/month/year)
- Nationality
- Profession
- Employer

Residency (full address, no PO box)

Individual Account Holder

- House number/Street name
- City
- Country
- Post Code

Joint Applicant (if different)

- House number/Street name
- City
- Country
- Post Code

Preferred mailing address
(if different from residency address)

- c/o
- House number/Street name
- City
- Country
- Post Code

- Joint account holders will only be sent one copy of all mail, and the default address will be the address in the left column or the preferred mailing address.
- Intermax provides a "Hold Mail" option. Please refer to optional page 15 at the end of this form.

Please state your tax residency
(if different country from home address)

Please state your tax residency
(if different country from home address)

Please give your contact details*

- Business telephone
- Home telephone
- Mobile
- E-mail
- Time when we can best reach you

Please give your contact details*

- Business telephone
- Home telephone
- Mobile
- E-mail
- Time when we can best reach you

*Please note that once we get your Application Form, we will phone you to confirm the receipt and to collect additional information required by the local law.

General Risk Warning Notice

As a general rule, the Client should not transact, unless he/she understands the nature of the transaction he/she is entering into and the exposure to risk. The Client should therefore carefully consider whether that kind of trading is appropriate for him/her in the light of his/her experience, objectives, financial resources and other relevant circumstances.

Intermaxx Bank S.A. assumes that the Client is familiar with the risks inherent in purchasing, selling and holding securities. The term "risk" is used to refer, in particular, to credit risks, market risks and liquidity risks associated with shares, bonds and investment funds as well as foreign exchange rate risks. Without being exhaustive, these risks can be described as follows:

The Foreign exchange rate risk: foreign currency-denominated contracts will be affected by fluctuations in currency rates.

The Credit risk: represents the potential that a borrower or counterpart will fail to meet its obligations in accordance with agreed terms.

The Market risk: is associated to fluctuations in the four basic components of market exposure: the level of interest rates, the shape of yield curves, volatility and market liquidity.

The Liquidity risk: arises from the fact that even profitable businesses holding assets, may not have enough cash at their disposal to pay their immediate financial commitments.

Investing in **Emerging Markets** may present an accrued risk compared to investments in well established markets. Emerging markets are securities markets in countries characterized by, among other things, a certain degree of political instability and relatively unpredictable financial markets.

Investments in emerging markets should be carried out exclusively by those persons who have a good knowledge of the markets in question and are thus in position to assess the various risk factors, such as political, economic and credit risks, exchange rate risks, market risks, liquidity and settlement risks, regulatory and legal risks.

I hereby confirm that I have read and understood the General Risk Warning Notice stated above. I also expressly acknowledge that Intermaxx Bank S.A. offers no personal investment recommendations or advisory service, and that in case of a question or a query about a transaction I am considering, I should consult with a qualified financial or/and legal adviser.

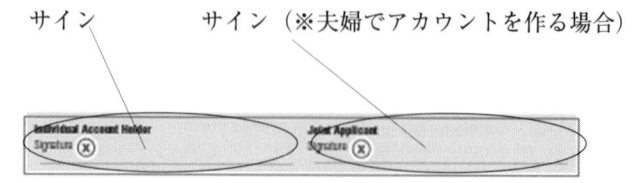

サイン　　　　サイン（※夫婦でアカウントを作る場合）

Individual Account Holder	Joint Applicant
Signature (X)	Signature (X)

Application to open a Standard and/or Derivatives Account(s)

I/We apply for entering into a business relationship with Internaxx Bank S.A. by the opening of the above-mentioned account(s). I confirm that the information given beforehand is correct and that I received the following documents, and understand and accept their contents:

- Application Brochure
- General Terms and Conditions
- General Risk Warning Notice
- Terms and Conditions Securities, Investment Funds, Custody and Trading (for Standard Account clients)
- Derivatives Risk Warning Notice (for Derivatives Account clients)
- Terms and Conditions Internaxx Derivatives Service (for Derivatives Account clients)
- Commissions
- Agreement for opening of joint accounts (for joint account holders only)
- Hold Mail (for applicants choosing the hold mail option only)

Declaration with regards to US Tax*

Under penalties of perjury, I declare that I have examined the information on this form and to the best of my knowledge and belief it is true, correct, and complete. I further certify under penalties of perjury that:

- I am the beneficial owner of all the assets entrusted to Internaxx Bank S.A. and income to which this form relates.
- I am not a US Citizen (including dual citizenship), not resident in the US (including permit holders) nor liable to tax in the US. I do not expect to be in the US for a period of 183 days in the calendar year and I am not engaged in business in the US.
- I have declared my true nationality, residency and tax residency above in this application form.
- I further confirm that I will inform Internaxx Bank S.A. immediately of any changes in the above information, especially concerning my nationality, residency and tax residency.
- Furthermore, I authorise this form to be provided to any withholding agent that has control, receipt, or custody of the income of which I am the beneficial owner or any withholding agent that can disburse or make payment of the income of which I am the beneficial owner.

*This declaration permits the Bank to confirm to US US authorities that the Bank's clients are not US citizens, not resident in the US, not liable to tax in this US, in order to obtain a favourable treatment with regards to Withholding tax on dividends of US shares for all clients of The Bank.

Please note that the declaration with regards to US tax status has to be confirmed every three years by mail.

日付と場所

サイン   サイン(※夫婦でアカウントを作る場合)

Account holders section

Individual Account Holder	Joint Applicant
Date and Place	Date and Place
Signature (X)	Signature (X)

Internaxx Bank S.A.

Date	
Signature	Signature

Terms & Conditions - Specific acceptance

The undersigned affirm(s) that he/she/they has/have read and accepted the General Terms and Conditions and the Terms and Conditions Securities and Investment Funds Custody and Trading as set forth in the application documentation, and has/have taken special note of the articles listed below, and declare(s) his/her/their express acceptance thereof.

General Terms and Conditions	Terms and Conditions Securities and Investment Funds Custody and Trading
3. Unicity of account, set off and interrelationship of operations 3.3. - 3.5. - 3.7.	1. Securities account 1.6.
4. Cash Account / Derivatives Collateral Account 4.6. - 4.7. - 4.9.	2. Orders 2.1. - 2.6.1. - 2.6.2. - 2.6.3. - 2.7.
5. Fees, Commissions, Duties 5.1. - 5.2.	
6. Provision of Information 6.1. - 6.2.	
7. Security Issues 7.2. - 7.4. - 7.5.	
8. Liability 9. Constitution of pledge	
10. Evidence and telephone recording 10.1.	
11. Instructions, Orders and Communication Means 12. Termination	
13. Electronic Data 13.1.	
14. Amendments 15. Jurisdiction and law applicable	

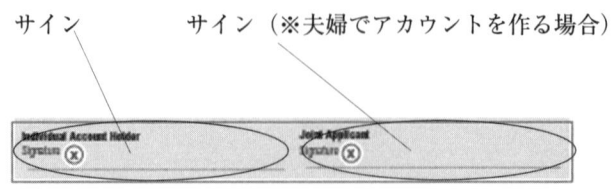

Standard Account

サイン   サイン（※夫婦でアカウントを作る場合）

Individual Account Holder
Signature ⊗

Joint Applicant
Signature ⊗

Derivatives Risk Warning Notice

This brief statement does not disclose all of the risks and other significant aspects of trading derivatives. In light of the risks, you should undertake such transactions only if you understand the nature of the contracts (and contractual relationship) into which you are entering and the extent of your exposure to risk. Trading derivatives is not suitable for many members of the public. You should carefully consider whether trading is appropriate for you in light of your experience, objectives, financial resources and other relevant circumstances.

1. The effect of "leverage" and "gearing"

Transactions in derivatives such as foreign exchange, CFD's and Futures carry a high degree of risk. The amount of initial margin is small relative to the value of the derivatives contract value so that transactions are "leveraged" or "geared". This means that a relatively small market move will lead to a proportionately much larger movement in the funds you have deposited or will have to deposit. This may work for, as well as against you. You may sustain a total loss of initial margin funds and any additional funds deposited with us to maintain your position. If the market moves against your position or margin levels are increased, you may be called upon to pay substantial additional funds on short notice to maintain your position. If you fail to comply with a request for additional funds within the time and with the means prescribed, your position may be liquidated at a loss and you will be liable for any resulting deficit. You may risk losing more than 100% of your initial investment and/or of any additional funds/assets deposited on your derivatives account and/or of any other account at the Bank, and subsequently be faced with a residual debt towards the bank.

2. Risk-reducing Orders or Strategies

The placing of certain orders (e.g. "stop-loss" orders where permitted under local law), which are intended to limit losses to certain amounts, may however not be effective because market conditions make it impossible to execute such orders. In the case of a simple stop loss order, Intermaxx will execute your order when it is reasonably able to do so, the order may be executed at less than your stop loss price, in the case of a long positions, or at more than your stop loss price, in the case of a short position.

3. Contingent liability transactions

CFD transactions will not be undertaken on a recognized investment exchange. Contracts for Differences can only be settled in cash. The trading structure will be established by Intermaxx. Intermaxx will execute equity CFD's at Intermaxx's quotation which may include a premium or a discount to the "underlying market". When the underlying market is illiquid, Intermaxx's quotation may be influenced by the weight of other Client's buying or selling with Intermaxx or its counterparts.

You will have to close any trade with Intermaxx if it was originally entered into with Intermaxx.

4. Suspension or Restriction of Trading

Market condition (e.g. illiquidity) and/or the operation of the rules of certain markets (e.g. the suspension of trading in any contract or contract month because of price limits or "circuit breakers") may increase the risk of loss by making it difficult or impossible to liquidate/offset positions.

Furthermore, normal pricing relationships between the underlying interest and the future, and the underlying interest and the option may not exist. This may occur when, for example, the futures contract underlying the option is subject to price limits when the option is not. The absence of an underlying reference price may make it difficult to judge fair value.

5. Commission and other Charges

Before trading, you should obtain a clear explanation of all commissions, fees and other charges for which you will be liable. These charges will affect your net profit (if any) or increase your loss. These charges are deemed to have been accepted by you upon opening an account with Intermaxx.

6. Currency Risks

The potential for profit and loss from transactions in foreign markets or in foreign denominated contracts will be affected by fluctuations in currency rates where there is a need to convert from the currency denomination of the contract to another currency.

7. Trading Facilities

Most open outcry and electronic trading facilities are supported by computer-based component systems for the order-routing, execution, matching, registration or clearing of trades. As with all facilities and systems they are vulnerable to temporary disruption or failure. Your ability to recover certain losses may be subject to limits on liability imposed by the system provider, the market, and/or clearing house.

8. Electronic Trading

Trading on an electronic trading system may differ from trading in an open-cry market and other electronic trading systems. If you undertake transactions on an electronic trading system, you will be exposed to risks associated with the system, including the failure of hardware and software. The result of any system failure may be that your order is either not executed according to your instructions or not executed at all.

9. Off-Exchange Transactions

In some jurisdictions, and only then in restricted circumstances, firms are permitted to effect off-exchange transactions. It may be difficult or impossible to liquidate an existing position, to assess the value, to determine a fair price or to access the exposure to risk. For these reasons, these transactions may involve increased risks. Off-exchange transactions may be less regulated or subject to a separate regulatory regime. Before you undertake such a transaction you should familiarise yourself with applicable rules and attendant risks.

10. Options

Transactions in options carry a high degree of risk. Purchasers and sellers of options should familiarise themselves with the type of option which they contemplate trading and the associated risks. You should calculate the extent to which the value of the options must increase for your position to become profitable, taking into account the premium and all transaction costs.

The purchaser of options may offset or exercise the options or allow the option to expire. The exercise of an option results either in a cash payment or in the purchaser acquiring or delivering the underlying interest. If the option is on a future, the purchaser will acquire a future position with associated liabilities for margin. If the purchased option expires worthless, you will suffer a total loss of your investment.

Selling an option generally entails considerably greater risk than purchasing options. Although the premium received by the seller is fixed, the seller may sustain a loss well in excess of that amount.

The seller will be liable for additional margin to maintain the position if the market moves unfavorably. The seller will also be exposed to the risk of the purchaser exercising the option and the seller will be obligated to either settle the option in cash or to acquire or deliver the underlying interest. If the option is on a future, the seller will acquire a position in a future with associated liabilities for margin. If the option is covered by the seller holding a corresponding position in the underlying interest or a future or another option, the risk may be reduced. If the option is not covered, the risk of loss can be unlimited.

サイン　　　　サイン（※夫婦でアカウントを作る場合）

I/we declare by my/our signature

- to have received, read and understood this Derivatives Risk Warning Notice and all of its contents;
- to have received, read and understood the product information material relating to the relevant product;
- to have received additional information about the product and the relevant possibilities and risks;
- to have received satisfactory answers to all my/our questions regarding the terms & conditions and other issues relating to the product;
- to have received, read and understood the contractual terms and conditions for the relevant product;
- that I have had the ample opportunity to present and discuss the entire basis of the product and the idea of the product with an experienced third party to acknowledge, recognise, understand and accept the inherent risks related to trading derivatives; and
- that the investment amount is chosen in the light of my total financial circumstances and is reasonably seen in this relation.

Individual Account Holder	Joint Applicant
Signature (X)	Signature (X)

本書の106～109ページの下部にXマークが書かれてある場所にパスポートと同じサインを、107ページには日付と場所（都道府県名、JAPAN）も記入してください。

　ご夫婦でジョイントアカウントを作る場合のために、最初から2人分の記入欄があります。その場合は、6ページ目にもサインを、3ページ目の個人情報にはお二人の内容について記入します。パスポートの認証書類も2人分用意すれば大丈夫です。

　意外と簡単ですよね。ここまでできたら、パスポートの認証書類を作ってもらいます。一般的には、公証人役場か行政書士の方にお願いすることになります。公証人役場の場合、慣れていないケースがあり、そのため予想以上に時間がかかってしまうことが多いので、海外口座開設のためにパスポートの認証を業務として行っている行政書士の方に依頼するのが時間的にも費用的にも効率のよい方法だと思います。

　ちなみに、たまたま私がお願いした行政書士の方がフットワークも費用も軽くてお世話になりましたので、連絡先を掲載しておきます。地方の方はお近くにいない場合は郵送でも受けていただけますので探すよりかえって早いかもしれません。

■横浜ベイサイドオフィス
　福間　健二
　〒233－0019
　神奈川県横浜市港南区丸山台4－9－12－201
　電話：045－841－5551
　URL：http://www.e-pass.jp/

■電話で聞かれる質問項目

　書類がそろったらルクセンブルクへ郵送します。DHLで郵便局から送るとよいでしょう。後はルクセンブルクからの電話を待つのみです。

　しかし、いつ電話が来るかわからずに待っていると気が気でなかったり、落ち着かなかったりすると思います。

　私は申し込み書類一式と「後で電話します」と書いたヘッダーをファックスで送り、またメールも同時に送りました［アプリケーションフォームを資料請求すると、郵送の場合、担当者の名刺（郵送の場合）が同封されてくるのでメールアドレスはわかります。メール添付で資料請求した場合は、向こうから送られてきたメールの本文の最後に必ず書いてあります］。そして、2時間後に自分から電話しました。そのメリットは、気持ちの準備ができていること、自分のペースで切り出せることにより英語が多少なりとも落ち着いて聞いて話せます。このやり方はお勧めです。

　電話をかけた時に聞かれる項目について、毎回同じとは限りませんが、大体次のような内容になるかと思います。

- ●生年月日（Date of birth）
- ●既婚か独身か（Married or Single）
- ●国籍（Nationality）
- ●職業（Profession）
- ●勤務先（Employer）
- ●住所（Residency）
- ● 現物株口座かデリバティブ口座か（Standard Account or

Derivative　Account）
●投資期間（Short／Midium／Long）
●投資スタイル（Growth／Value）
●投資可能金額
●年収

　おおよそこの範囲から大きく外れる質問はないかと思います。それではチャレンジしてみてください。基本的にわからないときは「Pardon？」あるいは「Please　once　more.」と言えばゆっくり丁寧に言ってくれますので大丈夫です。

■取引可能なマーケット

インターナックスで取引可能な市場は以下の通りです。

◎北米市場
・ニューヨーク（NYSE、Nasdaq、Amex）
・トロント（TSE）

◎ヨーロッパ
・フランクフルト（Xetra）
・ユーロネクスト・パリス
・ロンドン（LSE、AIM）
・ユーロネクスト・アムステルダム
・ユーロネクスト・ブリュッセル

・マドリード（IBEX）
・チューリッヒ（SWX）
・ストックホルム（SX）
・ミラノ

　資源株取引の観点でみると、フィリップ証券はオーストラリア株や中国、タイなどアジア・太平洋地区に強いといえます。
　一方で、インターナックス証券は、ヨーロッパに強みを持っていること、カナダ株が買えることが特徴と言えます。金鉱山、銀鉱山株を買うならカナダ株式市場にアクセスできたほうが有利です。

日本の証券会社を活用する

　これまでの「本気で海外投資シリーズ」の読者の方で、数多くの方がさまざまな国の証券口座の開設にチャレンジされて、実際に取引をされている人がたくさんいることも知っています。しかし、それ以上に、実は大半の読者の方が、さまざまな理由から海外に証券口座を作るまでに至らなかったり、口座は開いたものの、取引する前に挫折してしまったり、というケースに陥っていることもわかってきました。まだまだほとんどの日本人は、海外にお金を送金することすら怖いと感じていたり、面倒だと思っています。それは、我々が東京、大阪、名古屋、九州などでセミナーを開催してきてわかったことでもあります。我々のセミナーには海外投資の意識の高い方に数多く参加していただいていますが、それでも、口座を開いて実際に取引までしているレベルとなると、１割程度です。

　このような現実を踏まえて、「本気の海外投資シリーズ」の主旨には反するかもしれませんが、あえて日本国内の証券会社を通して世界資源株に投資する投資方法をご紹介したいと思います。

　フィリップ証券のところでも触れましたが、世界中の株式に投資するポイントは、「ADR証券に投資できる」ということが重要になってきます。中国株については、もはや説明するまでもなく、さまざまな証券会社で取り扱っていますからここでは説明はいたしません。

　さて、ADR証券の取り扱いですが、次の証券会社で取り扱いがあります。

【ADR証券の取り扱い証券会社】
・Eトレード証券
・楽天証券
・キャピタルパートナーズ証券

【ロシア株取り扱い証券会社】
・アルジゲート証券

　ただし、本書で紹介するような世界的な資源メジャーについては米国企業の取り扱いはあっても、それ以外の国となると、ほんの一部しか取り扱いがないケースが多いようです。

　特に、ロシア株の取り扱いが日本では少ないです。日本においてそれらを買うことができるのは、日本初のロシア株専門の証券会社である「アルジゲート証券」です。このあと紹介する世界の資源株を見るとわかるように、ロシア株は大変魅力的ですから、こちらで口座開設して、ロシアの資源株やその他の個別株に投資するのもおもしろいかと思います。また、アルジゲート証券は今年の年初からネット取引も開始しています。

　ロシア株を含め、英・豪、ブラジルの資源メジャーまで買える証券会社としては「キャピタル・パートナーズ証券」があります。ADRの取り扱いの銘柄数は少ないものの、世界資源株の中でも中心的な銘柄を買うことができます。ただし、米国、カナダのゴールド・シルバー鉱山企業の取り扱いはないようです。

　また、上記のいずれも中国株の取り扱いはしていません。とはいえ、今国内では数多くの証券会社で中国株の取り扱いをしていますので、ここではあえて省略させていただきます。

こうして見てみると、やはり香港のフィリップ証券は幅広くアジアから欧米の国々にまで投資ができて非常に優れた証券会社だということがおわかりいただけるかと思います。

■各社連絡先

・Eトレード証券
　URL：https://newtrading.etrade.ne.jp/ETGate
　TEL：0120-104-214（携帯電話の場合：03-5562-7250）

・楽天証券
　URL：http://www.rakuten-sec.co.jp/
　TEL：0120-188-547（携帯電話の場合：03-6739-3355）

・キャピタルパートナーズ証券
　URL：http://www.capital.co.jp/
　TEL：03-4543-1000（本店）

・アルジゲート証券
　URL：http://www.arujigate.co.jp/
　TEL：03-3206-3910（代表）

コーヒーブレイク

■香港人は大富豪好き！

　香港の人たちは皆、お金持ちになることを目指しています。そして、実際に事業や投資で成功してお金持ちになった人は、尊敬されます。日本人のように、妬まれたりはしません。

　香港には、多くの大富豪と呼ばれる人たちがいます。この人たちはどのようにして大富豪になったかというとパターンがあるようです。

　まずは、地道に働いて投資の種銭をつくり、ある程度溜まったら、将来大きく成長するであろうと確信した会社の株に集中投資するのです。

　そして、数年後に数倍になった株を売却して、今度は不動産に投資して、賃料収入をもらいながら、こちらも大きく価格が上がった段階で売却して、さらに大きな利益を手にするという具合にお金をどんどん成長させていきます。

　皆がお金持ちを目指して生活していますから、ほとんどの人がマネーマーケットの動きに関心を持っていて、日々というよりは、一日に何回も、世界中の株価インデックス、個別企業の株価、商品先物価格、主要通貨為替レートなどをチェックしています。また、こういうライフスタイルが、ステイタスになっています。

　また、金融機関のサービスもすばらしくて、ひとつの証券会社から香港、中国、米国、イギリス、タイ、シンガポール、オーストラリアなど世界各地の主要な証券取引所の

株式や債券およびこれらのデリバティブ商品へ投資することができます。また、銀行でも、かなりの証券、ファンドなどにも投資できます。また、魅力的なファンドを紹介するファイナンシャルアドバイザーも多数います。香港の金融街は、世界の投資商品のデパートのようなものなのです。

税制については、株式など有価証券の売却益には課税されません。これらのことから、香港は、相当、当投資環境に恵まれている国といえるでしょう。

ですから、先に述べたような方法で、多くの香港の人々が資産を増やし、大富豪といえる資産家がたくさん出現しているのです。

第4章

注目の
お勧め資源株16銘柄

概要（企業紹介を始める前に）

　この章では世界の資源メジャー企業の中のお勧め銘柄を紹介していきたいと思います。銘柄選択においては、以下の3つの点に注意しています。

1）資源ジャンルごとに時価総額が世界トップ10に入っているか、あるいはもう少しでトップ10入りを果たせそうなメジャー企業であること（理由は、全世界でトップ10に入るということは、母国では時価総額がナンバー1かそれに近い代表的な王道銘柄であるためです。つまり、その国の経済インフラの成長の恩恵や、海外からの資本流入が増加したときにまっさきに買われる銘柄だからです）。

2）IR（投資家向けの情報開示）に積極的でウェブサイトから得られる情報で大切な情報が得られること。大切な情報とはその企業の中長期のビジョンや戦略、短期（3年先）での事業計画などを投資家向けに公表しているレポートのことを指します［これが大切な理由は、IRに積極的な企業は投資家に対して公平であるため（＝特に機関投資家から買われやすいため）です］

3）生産量増加のための明確なビジョン、計画が存在していること。単にチャートを見て上がりそうだ、というのではなく、ファンダメンタルで見ても短期あるいは中長期で生産量の拡大戦略が明確な企業であること。

①石油・ガスメジャー

　米英による資源の支配の時代だった20世紀を象徴するオイルメジャー4社（エクソン、シェブロン、ロイヤルダッチ・シェル、BP）の存在はまだ大きいとはいえ、やはりBRICsの勢いにはかないません。

　なぜなら、ロシアやブラジルはもともと広大な国土に豊富な資源が存在し、それを開発しさえすれば原油や天然ガスがどんどん採れてしまうからです。

　中国の場合は、もともと原油輸出国でしたが、輸入国になることがわかってからは世界一積極的に、政府が音頭を取って世界中から原油をはじめとする資源を確保しようと突き進んでいます。

　こうした動きにインドだけは遅れていますが、インドは原油があまり採れないことから、例えば発電などについては、国内供給が可能な石炭と風力発電などに注目するなど、代替エネルギーの開発に新興国の中ではいち早く取り組んでいます。

　自国の資源確保だけで十分な潜在成長力を持つ中国のペトロチャイナ、世界一の天然ガス埋蔵量を保有し、世界生産の20%を占め、ヨーロッパへの輸出だけでなく今後はアジアおよび米国へも輸出しようとしているガスプロム、巨大な海底油田（Tupi：トゥピ油田）の発見により石油輸出国となるブラジルのペトロブラス、確認埋蔵量は世界第2位にもかかわらず生産量がまだ少ないために非常に割安に評価されているロシアのルクオイル。この4社をお勧め銘柄としてご紹介します。

　なお、付録として、237ページ以降に世界石油・ガスメジャー・トップ10の基礎情報も掲載していますので参考にしてみてください。

　オイルメジャーは比較的高配当の傾向がありますので、長期投

資が特にお勧めです。配当がたまってきたら再投資をすることで株数が増えますので資産形成には最適です。

ただし、本当の意味で長期投資ができない場合は、原油価格のピークアウトの時期には手放すのがいいと思います。1バレル100ドルを超えて、可能性としては400ドルという信じられないような話まで聞こえてきます。時期としては早ければ2012年、遅ければ2020年頃までにはピークを迎えるでしょうから、PERが50倍前後にまで達するようであれば、時期や原油価格に関係なく売却することをお勧めします。石油産業の平均PERは10倍～13倍程度ですから、この水準以下で買って5年程度で、あるいは割高になったら一部または全部売却する、という戦略で考えてもいいかもしれません。

②総合資源メジャー

総合資源についてもやはりBRICsの総合資源企業が躍進しています。これまで英国系の資源メジャー3社（BHPビリトン、リオ・ティント、アングロ・アメリカン）が上位を占めていたのですが、ここ数年で特に業績を伸ばしているのが鉄鉱石生産が世界第1位のブラジルのヴァーレ・ド・リオドセと、ニッケルおよびパラジウムの生産が世界第1位のロシアのノリリスク・ニッケルです。ノリリスク・ニッケルはニッケル（中国の急激な需要増加により価格が高騰しているステンレスの原料）が売上の7割以上を占めることと、低コストを実現しているため利益率が非常に高い（税引後利益率50％前後）ことが特長です。そして、投資家にとっての朗報は非常に割安（PER6.7倍）に評価されていることで

す。

　また、ブラジルのヴァーレは、鉄鉱石の需要の伸び率が少しペースダウンしようとしていた矢先にタイミングよく、ニッケル生産で世界第2位のカナダのインコを買収しました。インコはニッケル埋蔵量ではノリリスク・ニッケルを上回っており、今後リオドセがニッケル生産ナンバー1の会社になる可能性もあります。2007年の1年間で株価はおよそ2倍上がっていますが、業績の伸びを伴っているため割高感はありません（PER12倍台）。

　本書では、そのほかに、BHPビリトンとヴェダンタ・リソーシズも紹介しています。

　オーストラリアのBHPビリトンは世界第1位の総合資源企業として豊富な鉱区を持っているだけでなく、世界最大級の鉄鉱石鉱山であるピルバラ鉱山や、世界最大のウラニウム鉱山であるオリンピック・ダム鉱山、その他数多くのプロジェクトも抱えており、将来への布石は磐石とも言えます。資源企業を買うなら外せない銘柄のひとつと言えるでしょう。PER15倍は割高とも割安とも言えない水準です。

　最後に、インドの総合資源企業であるヴェダンタ・リソーシズ。この会社は世界ランキングのトップ10にはまだ入っていませんが、インドにおけるインフラ開発がまだ中国と比べて10年以上も遅れていることを考えれば、時間の問題でトップ10入り、そして上位にまで食い込んでくるのではないでしょうか。PER13倍前後、PBR2倍未満という水準は、今後のポテンシャルを考えれば十分割安な水準と言えると思います。

　同じく付録として、総合資源メジャー・トップ10の各社基礎情報を掲載していますのでご確認ください。ほかにもまだまだおもしろ

そうな銘柄がありますので、ご自分でも研究してみてください。

　商品価格のサイクルで言うと、やはり2020年までには供給が追いついてきてピークアウトするのは間違いないと思います。ですので明らかに相場が加熱してきた段階で、割高感が出てきておかしいと感じたら売るようにするのが良いと思います。

③ 金鉱山企業

　金鉱山企業の中からは、時価総額1位＆2位の2社と2006年末はまだ時価総額第9位だったところから6位にまで順位を上げたカナダの企業、そしてトップ10圏外だったところから一気に圏内に入ってきた新興企業1社をご紹介します。

　まずはカナダのプレーサードームを買収してナンバー1産金企業にのし上がったバリックゴールド。豊富な金鉱山を数多く抱えており、今後も安定的に業績を伸ばしていけるでしょう。

　次に今後5年間で年率50％以上のペースで産金量が増える計画を持っていることから株価が急上昇しているゴールドコープ。当社は今後2012年までに生産量が大幅に増えるだけでなくコスト削減の計画もあるため利益率の向上が実現されるでしょう。そうなると金価格が上がるときには株価もより上がりやすくなります。

　続いて2005年まで採掘量が少なく赤字経営だったところから、2006年から収益が黒字化し、2007年にはさらに業績を伸ばし、時価総額第6位にまで躍進したキンロス・ゴールド。2007年、ベマ・ゴールド社を買収したことでロシアの優良な金鉱山を手に入れました。コストをかけずに生産量の拡大が実現しそうな点など期待が持てます。

最後は2006年まで赤字だったこともあり、時価総額は10位以下だったところから、昨年急激に業績を伸ばし、第8位に入ってきましたヤマナゴールドです。特徴としては、南米特にブラジルにおける金鉱山の開発に強い点が挙げられます。あまり実績のなかったブラジルでの鉱山開発ですが、今後2年で大きく生産量が増えそうです。

　金鉱山企業の業績は、「（金価格）×（金生産量）」が売上となります。利益は操業コストが低いほど高まります。ですから、生産量の拡大基調と操業コストの削減計画の2つがより大きい会社ほど利益率が高まり、金価格の上昇時にはより大きく株価も上がることになります。この4社は特にこれらの条件を満たすことが明白な点でお勧めができます。

　また、折に触れて述べてきましたように、米国経済の短期的な景気後退、中長期的なUSドルの流通量の減少（大きな流れとしてはユーロ経済圏の拡大。そのほか、中東湾岸6カ国の共通通貨構想や、ロシアやイランなどがUSドル以外での決済へ切り替える動き）などにより、米ドルの価値が相対的に下落トレンドに入っています。特にサブプライムなどの経済ショックが起きたときには、一時的にポジション調整で金や石油などの商品価格とそれらを採掘する鉱山企業の株が下がるかもしれません。

　しかし、基本的に米ドルの下落は金価格の上昇につながります。それは同時に金鉱山企業の株価の上昇にもつながります。世界経済の波乱要因のリスクヘッジとしても、金鉱山企業は有望と言えるでしょう。

④ 銀鉱山企業

第2章で述べたとおり、銀は工業用需要に供給が追いついていません。さらに、2011年頃には各国政府が保有している在庫も底をつきそうな状況です。いつ銀価格が急騰してもおかしくない状況に近づきつつあります。一方で、ここでご紹介する4銘柄のうち3銘柄は大幅な銀の産出量の増加計画、またはポテンシャルを持っており、その恩恵を受けることができると思われます。

まずは、銀鉱山企業で時価総額第1位のシルバーウィートンです。この会社の特長は自社で銀を採掘していない点にあります。銀がそもそも金や銅などの副産物として産出されること、また銀のマーケット自体、金や銅と比べて非常に小さいため、銀採掘に特化している企業は非常に数が少ないのです。そこで、シルバーウィートンは、金鉱山会社と長期契約を結んで、そこで産出される銀を固定価格で買い取りさせてもらっています。その価格が今の相場に比べて低価格であるため、税引き後利益率50%という驚異的な収益率の高さを誇るようになっています。

続いて、上場企業としては世界で唯一、中国での銀鉱山開発に特化しているシルバーコープ・メタルです。この会社はまだジュニアカンパニー（ベンチャー）からメジャー入りしたばかりで明確な計画を公表するには至っていませんが、まだまだ開発が遅れている中国の銀鉱山のポテンシャルは、相当に大きなものだと期待させられます（開発が遅れてきた理由は、国営企業だったために非効率的であったこと、また1980年以来、銀価格がずっと低迷を続けていたためです）。中国の内陸部に銀鉱山があること、人件費も非常に安いこと（おそらく銀高山では世界一安い）などから、当社の税引き後利益率も50%という驚くべき高水準にあります。

3つ目は、世界銀生産量第9位のコードアレンです。当社は金鉱山企業として非常に長い歴史を持っています。世界最大級の銀鉱山を保有しており、今後2年で2倍以上に生産量が増え、採掘コストも大きく下がる見込みです。これまで業績があまり伸びてこなかったため、銀鉱山銘柄の中では割安に評価されています。

　4つ目は、銀生産で世界第4位のカザフスタンの総合資源企業であるカザフミス（ロンドン上場）です。基本的に当社のメイン事業は銅鉱山の開発と生産で、副産物として亜鉛、金、銀が産出されています。ただし、当社の売上・利益の伸びは注目に値します。中国と同じく、カザフスタンもこれまで開発があまり行われてこなかった国ですので、未知なるポテンシャルに魅力があります。また、同時にカザフスタンというロシアよりもさらに未知なる国ということでしょうか、利益の伸びに株価が追いついていません。非常に割安に評価されています。インドのヴェダンタリソーシズと時価総額は同じくらいですが、PERは半分以下しかありません。

　それでは、次ページ以降で各企業情報を紹介していきます。

ガスプロム【石油・ガスメジャー】

本社：ロシア・モスクワ
URL：http://www.gazprom.com/
上場市場：モスクワ（GAZP）、ロンドン（OGZD）、フランクフルト（GAZ）
決算日：12月末
生産鉱種：石油、天然ガス

◎株価指標

株価	RUB 342.88
株価収益率	13.0
純資産倍率	2.1
配当利益	0.67%
時価総額	461.2

※株価2008年1月7日

◎財務データ　　　　　（単位:RR million　RRはRussian Rubles）

	2007/6/30	2006年度	2005年度	2004年度	2003年度
総資産	6,678,701	5,308,935	4,339,084	3,205,789	2,764,087
総負債	2,736,100	1,960,105	1,620,360	1,067,765	894,164
時価株	3,942,601	3,349,830	2,718,734	2,138,024	1,86,923
売上高	1,143,894	2,152,111	1,383,545	976,776	819,753
当期利益	313,180	613,345	311,125	209,449	159,095
利益率	27.4%	28.9%	22.5%	21.4%	19.4%
ROA(%)	9.4%	11.6%	7.2%	6.9%	5.8%
ROE(%)	15.9%	18.3%	11.4%	9.8%	8.9%

※2007年は期中のため年率換算済み

◎5年チャート　　　　　　　　　　　　　　（出典：Bigcharts.com）

◎1年チャート　　　　　　　　　　　　　　（出典：Bigcharts.com）

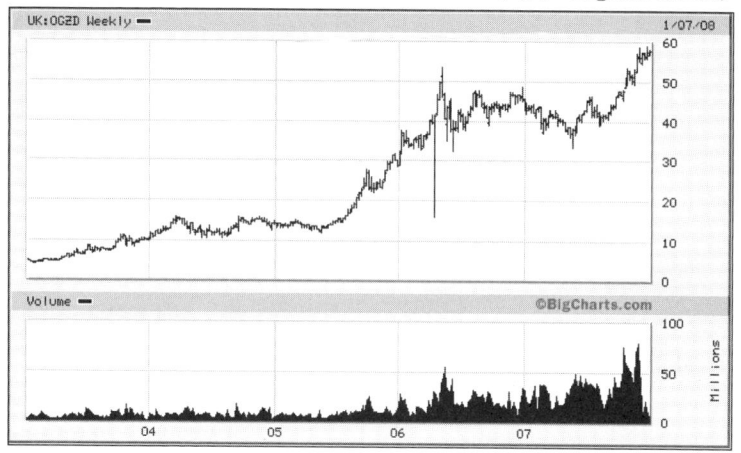

■企業概要

◎ガスプロムは、天然ガスおよび原油の地質学的調査、生産、伝送、保管、処理とマーケティングに事業を集中している世界最大のガス会社です。ロシア政府は、ガスプロムの50.002％の経営支配権を所有しています。

◎ガスプロムのミッション（使命）はロシアの顧客に対して効率的にガスを提供することです。また、ガスプロムはロシアの顧客と長期のガス輸出契約を結んでいます。

◎ガスプロムは、「新しい市場に入ってガス事業を多様化→ガス供給を確実に行うことで信用を得る→世界のエネルギー会社の間でリーディング・ポジションを獲得する」という戦略を採用しています。

◎ガスプロムは、天然ガスの確認埋蔵量において世界最大です。天然ガスの確認埋蔵量は29.85tcm（29.85兆立方メートル）と推定されています。

◎世界的に見るガス生産におけるガスプロムのシェアは、およそ20パーセントです。ロシアのガス生産におけるシェアは80％を占めています。2006年には、ガスプロムは556bcm（5560億立方メートル）のガス（2005年比＋1bcm）を生産しました。

◎ガスプロムは、世界最大のガスパイプラインを所有しています（15万6900kmの長さのロシアのUnified Gas Supply System）。

◎ガスプロムグループでは、パイプラインの51万4200km（80パーセント）を管理しています。

◎ガスプロムは旧ソビエト連邦および海外（計32カ国）に天然ガスを輸出しています。2006年にはCIS（独立国家共同体：旧ソ連のロシアを含む15カ国）とバルト諸国に101bcm、ヨーロッパ諸国に161.5bcmのガスを供給しました。

◎2005年に、ガスプロムはトルコにおいて「ブルー・ストリーム（Blue Stream）・ガスパイプライン」を施設しました。これは最大規模のキャパシティを誇っています。

◎2006年、「ノード・ストリーム（Nord Stream）ガスパイプライン」の建設も始まりました。パイプラインの誕生により、ヨーロッパへのガス供給の信頼性と柔軟性が強化されました。

◎2006年に、ガスプロムとイタリアのENIは、「サウス・ストリーム（South Stream）ガスパイプラインプロジェクト」の契約に署名しました。このプロジェクトも、ヨーロッパに対して継続的にエネルギーを供給することを目的としています。サウス・ストリームは、黒海の底を通ってブルガリアの海岸まで通ります。

■特徴

◎ガスプロムは世界最大の天然ガスのサプライヤーであり、需要は今後もますます高まると思われます。

◎海外へのマーケット開拓も株主でもあるロシア政府の後押しがあるため難なく進むでしょう。

◎政府が大株主である点はメリットもありますが、柔軟性の点ではデメリットとなることもあるでしょう（配当政策など）。

◎サハリンIIプロジェクトにより日本、韓国、中国、および米国へも輸出が可能となります。このことから、潜在的な成長の余地は大きいと言えます。

◎オイル・ガスメジャーの中で利益率が最も高いことは当社の財務面での強さの源泉となっています。

ペトロブラス【石油・ガスメジャー】

本社：ブラジル・リオデジャネイロ
URL：http://www2.petrobras.com.br/ingles/index.asp
上場市場：サンパウロ／ニューヨーク（PBR）
決算日：12月末
生産鉱種：石油、天然ガス

◎株価指標

株価	USD 107.6
株価収益率	21.0
純資産倍率	7.9
配当利益	n/a
時価総額	309.4

※株価2008年1月7日

◎財務データ (単位:USD million)

	2007/9/30	2006年度	2005年度	2004年度	2003年度
総資産	118,331	98,680	78,625	63,032	53,612
総負債	58,684	54,381	45,708	40,576	37,276
時価株	59,647	44,299	32,917	22,906	16,336
売上高	101,375	72,347	56,324	37,452	30,797
当期利益	16,819	12,826	10,344	6,190	6,559
利益率	16.6%	17.7%	18.4%	16.5%	21.3%
ROA (%)	19.0%	13.0%	13.2%	9.8%	12.2%
ROE (%)	37.6%	29.0%	31.4%	27.5%	40.2%

※2007年は期中のため年率換算済み

◎5年チャート (出典：Bigcharts.com)

◎1年チャート (出典：Bigcharts.com)

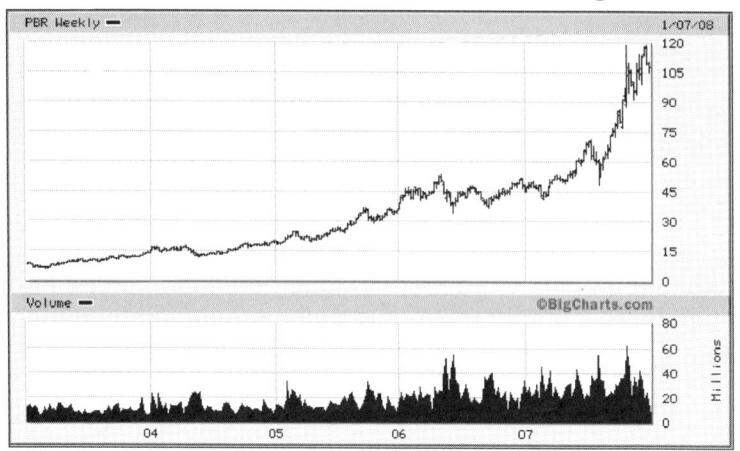

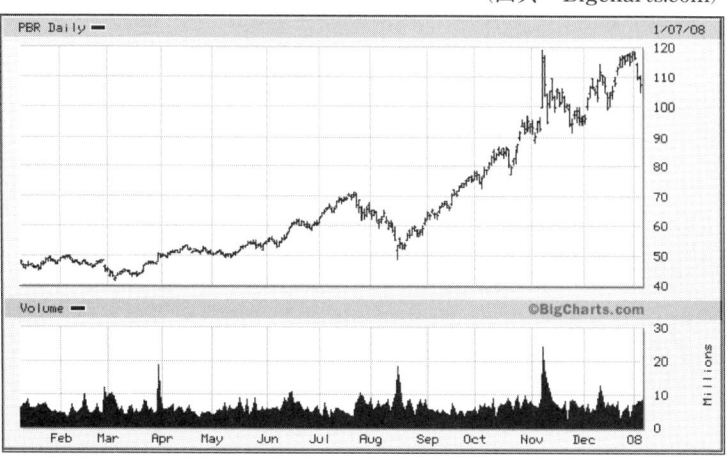

■企業概要

◎ブラジル石油公社ペトロブラスはブラジル政府に所有されている企業です。

◎ペトロブラスは、6つの部門（探査、生産、供給、配布、ガス・発電、国際）で事業を展開しています。

◎ガス・発電部門は、国内で生産される天然ガスや、ブラジルに輸入される天然ガスの購入、販売、輸送を行っています。

◎国際部門は探査を含みます。そして、生産、供給、配送とガス発電の活動はアルゼンチン、アンゴラ、ボリビア、コロンビア、エクアドル、赤道ギニア、イラン、リビア、メキシコ、モザンビーク、ナイジェリア、パラグアイ、ペルー、アメリカ合衆国、タンザニア、トルコ、ウルグアイとベネズエラで行いました。

◎2006年12月31日現在、ブラジルの原油および天然ガスの確認埋蔵箇量はおよそ105億7300万バレルの油等価物でした。

◎これらの原油は主にカンポス盆地にあります（カンポス盆地の36カ所から生産されています）。確認埋蔵量は78億5000万バレルでした。これは、全体の87.3%がカンポス盆地に存在することを表しています。

◎1日19億8600万バレルの処理能力で、ブラジルで11の石油精練所を所有、管理しています。ペトロブラスは、ブラジルの精製能力の98.4%を占めています。

◎「ペトロブラス・ディストリブイドラ（Distribuidora）」社（商標名：BR）を通して、ペトロブラスはブラジルの至るところに石油製品、バイオディーゼルとアルコール燃料を販売しています。

■特徴

◎2007年11月8日、サントス盆地のトゥピ（Tupi）においておよそ50億バレル〜80億バレルもの大規模の原油埋蔵量が確認されたと発表しました。さらに、ペトロブラスは、ブラジルの東南盆地とプレ・ソルト（Pre Salt）区域の原油埋蔵量の測定も終わりました。確認を終えれば、ブラジルの石油備蓄がかなり増えると言われています。そして、ブラジルは原油輸出国としての地位を確立するとも言われています（2007年11月初旬から株価は急騰しました）。

◎2007年11月、沖縄の南西石油の買収を発表。南西石油は日量10万バレルの精製設備を持つ石油精製専業会社として運営されてきましたが、簡易設備しか持たないことで「割高な軽質原油しか処理できない」制約があったため、住友商事（12.5％株主）とペトロブラス（87.5％株主）は、3年後を目処に精製設備を高度化するための設備投資を行う計画を立てています。このことにより、安価なブラジル産の重質原油を南西石油で処理することが可能となります。沖縄の地理的な優位性を生かし、需要が増加しているアジア諸国向けにも石油製品を輸出することを目指します。

◎日本、アジア地域でのバイオ・エタノールなどの新エネルギー事業においても南西石油をターミナルとして活用することが可能となります。

◎上記を踏まえ、原油採掘量および石油生産・販売量が今後大きく伸びていく可能性があります。

ペトロチャイナ【石油・ガスメジャー】

本社：中国・北京
URL：http://www.petrochina.cn/english
上場市場：ニューヨーク（PTR），香港H株（0857）
決算日：12月末
生産鉱種：石油、天然ガス

◎株価指標

株価	HKD 13.86
株価収益率	18
純資産倍率	23
配当利益	2.65%
時価総額	279.8

※株価2008年1月7日

◎財務データ　　　　（単位:RMB million　RMBは中国元のこと）

	2007/6/30	2006年度	2005年度	2004年度	2003年度
総資産	942,037	872,163	778,067	638,447	567,023
総負債	267,950	254,572	234,400	195,475	190,129
時価株	674,067	617,591	543,667	442,972	366,894
売上高	392,726	688,978	552,229	397,354	310,431
当期利益	86,316	149,397	139,642	107,646	71,897
利益率	22.0%	21.7%	25.3%	27.1%	23.2%
ROA(%)	18.3%	17.1%	17.9%	16.9%	12.9%
ROE(%)	25.6%	24.2%	25.7%	24.3%	19.6%

※2007年は期中のため年率換算済み

◎5年チャート (出典：Bigcharts.com)

◎1年チャート (出典：Bigcharts.com)

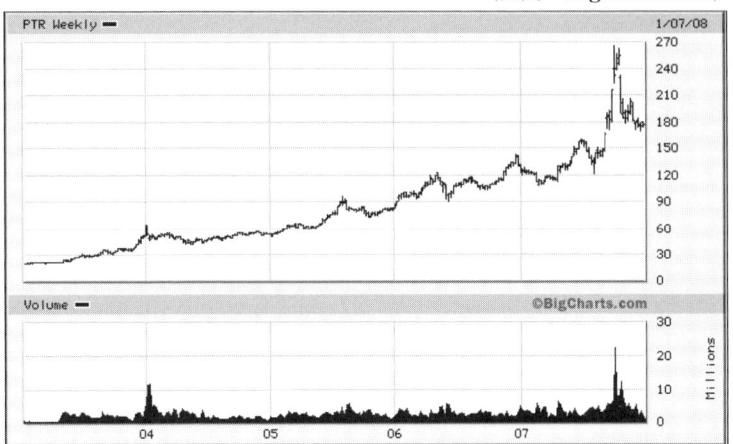

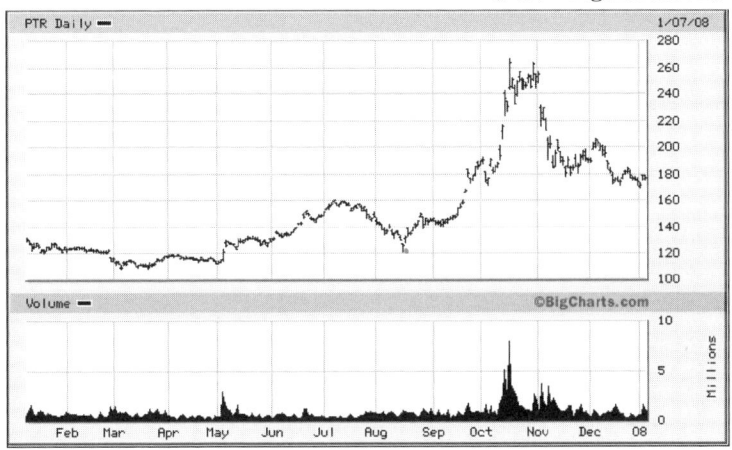

■企業概要

◎中国石油天然気集団公司(略称・中国石油集団、通称・ペトロチャイナ。以下、ペトロチャイナで表記)は、中華人民共和国の国有企業です。原油・天然ガスの生産と供給、および石油化学工業製品の生産・販売において中国最大の規模を誇っています。総本部は北京市にあります。

◎CNPC(中国石油有限公司)は事業再構築の過程で、中国国内の資産や事業のほとんどをペトロチャイナに分割・民営化しました。ペトロチャイナは2000年に香港証券市場およびニューヨーク証券市場に上場。CNPCはペトロチャイナの株式の88.21%を持っています。

◎CNPCは世界中で石油資源の獲得に全力を挙げています。具体的には、アゼルバイジャンやカナダ、インドネシア、ミャンマー、オマーン、ペルー、スーダン、タイ、トルクメニスタン、ベネズエラなどで30カ所以上の油田・ガス田の探査や開発にあたっています。2004年には、中東から新疆ウイグル自治区へのパイプライン建設を開始しました。

◎2005年8月、CNPCは「ペトロカザフスタン社(カナダのカルガリーに本社を置き、主にカザフスタンでの原油・天然ガス生産を行うカナダ企業)を41.8億米ドルで買収することで合意を交わした」と発表しました。ペトロチャイナはCNPCインターナショナル社(CNPCの子会社)からペトロ・カザフスタン社に対する67%の株式を取得しました。

◎2006年12月31日現在、松猟盆地は確認埋蔵量の42.8%を占めています。また、ここからは原油生産量の43.9%が産出されています。

◎渤海湾盆地は2006年12月31日現在、確認埋蔵量の19.2%と原油生

産の20.8%を占めました。
◎確認埋蔵量は、2006年12月31日現在、約116億1800万バレルの原油と、約53兆4692億立方フィートの天然ガスとなりました。

■**特徴**

◎世界一の石油消費国である中国の国営企業を親会社にもち、国策として世界中から原油・天然ガスの獲得を使命としている当社は中長期的に有望と言えるのは間違いないでしょう。
◎調べたところ、新規油田・ガス田の開発・生産計画に遅れが生じていることから、ここ数年の利益予想の伸びが鈍化しているようです。注意が必要かもしれません。
◎中国での株式投資ブームにより過熱しやすく、また逆により大きな下落にもつながりやすい環境にありますので、割安な水準のときに買うのが良いでしょう。

ルクオイル【石油・ガスメジャー】

本社：ロシア・モスクワ
URL：http://www.lukoil.com/
上場市場：モスクワ（LKOH）／ロンドン（LKOD）／フランクフルト（LUK）／ニューヨーク（LUKOY）
決算日：12月末
生産鉱種：天然ガス、石油

◎株価指標

株価	RUB 2072.43
株価収益率	8.3
純資産倍率	1.9
配当利益	1.07%
時価総額	120.4

※株価2008年1月7日

◎財務データ　　　　　　　　　　　　　　　（単位:USD million）

	2007/9/30	2006年度	2005年度	2004年度	2003年度
総資産	56,364	48,237	40,345	29,761	26,574
総負債	17,366	15,337	13,541	8,950	9,102
時価株	38,008	32,900	26,804	20,811	17,472
売上高	57,347	67,684	56,774	33,845	22,118
当期利益	6,298	10,477	9,388	6,034	4,587
利益率	11.0%	15.5%	16.8%	17.8%	20.7%
ROA（%）	15.2%	21.7%	23.3%	20.3%	17.3%
ROE（%）	22.1%	31.8%	36.0%	29.0%	26.3%

※2007年は期中のため年率換算済み

◎5年チャート (出典：Bigcharts.com)

◎1年チャート (出典：Bigcharts.com)

■企業概要

◎ルクオイルの事業は、石油探査・生産、精製、マーケティングと販売、および石油化学という3つの主要事業セグメントに分けられます。

◎探査活動は主にロシアで行われます。さらに、アゼルバイジャン、カザフスタン、ウズベキスタン、中東、コロンビアと北アフリカおよび西アフリカで探査活動が行われます。

◎その他のビジネスでは銀行のファイナンス業務を行っています。

◎同社の原油の確認埋蔵量は204億バレルです。これはエクソン・モービルに次ぎ、世界第2位を誇っています。

◎西シベリアの油田では、2006年には、同社の生産量のうち63.8%を生産しました。

◎2006年、コノコフィリップスから東欧を中心としたサービスステーション（ガソリンスタンド）・ネットワークを買収しました。それによりベルギー、チェコ共和国、スロバキア、ポーランド、ハンガリー、フィンランドにて原油を販売する小売ネットワークを手に入れました。

◎同社では2016年までに天然ガス生産を2006年の5倍に相当する年産2.5兆立方フィートに増加させる計画があります。その成長の源泉となる地域は2つあります。

①ボルシェクヘトスカヤ地区
確認埋蔵量は12.8兆立方フィート。2016年までに年産250億立方メートルの計画

②カスピ海北部
確認埋蔵量は5.8兆立方フィート。2016年までに年産170億立方メートルの計画

◎カスピ海北部にフィラノフスコゴ油田が2005年に発見されました。確認埋蔵量は13億バレルでした。カスピ海北部では6カ所の大きな油・ガス田が発見されており、確認埋蔵量と測定埋蔵量の合計は全体で18億7000万バレルの原油と17.1兆立方フィートになります。

◎2006年、採掘した原油のうち石油精製したのは50%にすぎませんが、2016年までには石油精製所の建設や買収を通じて精製比率を70%に引き上げる計画です。

■特徴

◎ルクオイルはロシア企業ではじめてロンドンに上場しました。ロシアでは最も開かれた企業として認知されています。

◎ルクオイルは原油の確認埋蔵量ではエクソン・モービルに次ぎ、世界第2位を誇っています。

◎2011年頃から、北カスピ海の巨大油田やウズベキスタンの天然ガスが生産量が大幅に拡大する計画です。

◎原油採掘コストは他社よりも低く抑えられています。

◎オイル・ガスメジャーの中でも最も割安に放置されています。

BHPビリトン【総合資源メジャー】

本社：英国・ロンドン、豪州・メルボルン
URL：http://www.bhpbilliton.com/bb/home.jsp
上場市場：シドニー／ニューヨーク（BHP）
決算日：6月末
生産鉱種：銅、亜鉛、鉛、金、銀、アルミニウム、ニッケル、マンガン、モリブデン、鉄鉱石、ダイヤモンド、石炭、石油、天然ガス

◎株価指標

株価	A$ 39.12
株価収益率	14.9
純資産倍率	4.8
配当利益	1.72%
時価総額	229.9

※株価2008年1月7日

◎財務データ (単位:USD million)

	2006年度	2005年度	2004年度	2003年度
総資産	58,168	48,516	41,843	31,179
総負債	28,486	24,283	24,268	16,101
時価株	29,682	24,233	17,575	15,078
売上高	47,473	39,099	31,150	24,943
当期利益	13,496	10,534	6,628	3,379
利益率	28.4%	26.9%	21.3%	13.5%
ROA(%)	23.2%	21.7%	15.8%	10.8%
ROE(%)	45.5%	43.5%	37.7%	22.4%

◎5年チャート　　　　　　　　　　　　　　（出典：Bigcharts.com）

◎1年チャート　　　　　　　　　　　　　　（出典：Bigcharts.com）

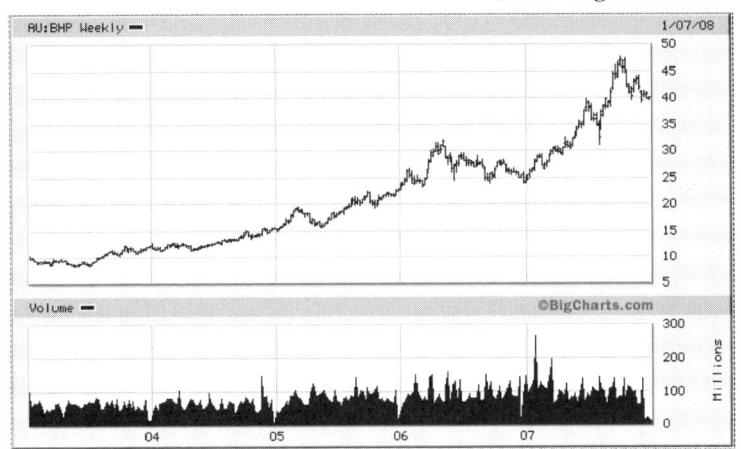

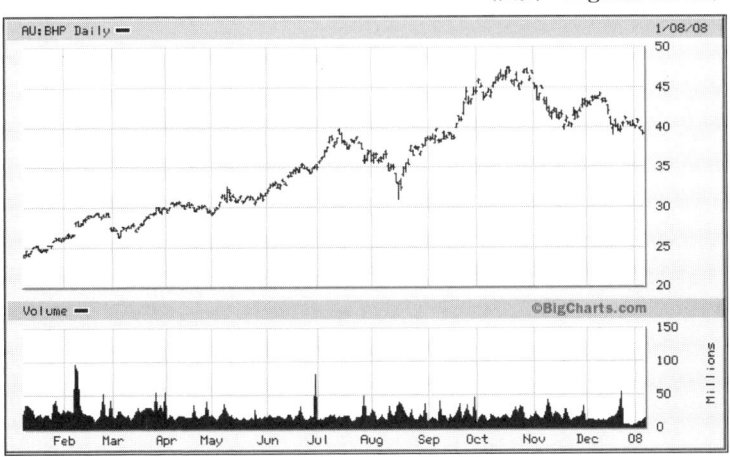

■企業概要

◎オーストラリアで鉄鉱石や石炭を生産し、石油・天然ガスなどのエネルギーを手がけるBHPと南アフリカでボーキサイトやニッケルなどを採掘するビリトンが、2001年に合併してできた世界最大の総合資源企業。売上、利益ともに世界一を誇っています。

◎2007年11月、第2位のリオ・ティントに対する買収提案をするものの、提示価格が安すぎると拒否されています。

◎当社はリオ・ティント社と比較して売上・利益・生産量が多いだけでなく、成長率も上回っています。

◎幅広くさまざまな資源に巨額の資金を投資（2001年から2007年までに112億ドル、リオ・ティントの2.2倍以上）しており、以下のように、世界最大級のプロジェクトをいくつも持っています。

①ピルバラ鉱山（鉄鉱石）

　70億トンもの埋蔵量（確認埋蔵量＋測定埋蔵量）かつ高品位の鉄鉱石が産出されています。鉄道などインフラの整備されている地域に当社の開発地は集中しているため、低コストで運搬が可能になります。また、港湾施設の規模拡張工事も進められています。2008年から一部操業開始。

②オリンピック・ダム鉱山（ウラニウム）

　世界最大規模（第2位から9位までの鉱山の合計埋蔵量相当）のウラニウム鉱山。また世界第4位の銅鉱山かつ世界第5位の金鉱山でもあります。2015年頃から生産開始。

③セロ・マトソ鉱山(ニッケル)

2013年から本格的に生産が開始されれば年間11万から13万トン規模になる予定。2006年6月期の生産量17万5000トンから大きく成長する見込み。

④油田開発プロジェクト

メキシコ湾、マレーシア、カナダ、南アフリカ、フォークランドなど複数の開発エリアを持っています。2010年までは年間10%超で生産量が増える見込み。

■特徴

◎世界最大の総合資源メジャーであるにもかかわらず、事業拡大に向けたリスクテイクに積極的であり、業績にも反映されています。今後も世界の資源供給のリーダー的役割を果たしていくでしょうし、それが業績にも反映されてくると思われます。
◎短期的に株価が下がったとしても気にせず中長期的に保有すれば中国の成長に伴うあらゆる資源の需給逼迫の恩恵を受けられるでしょう。

	2005	2004	2003	2005年度のシェア
銅鉱	1,268.1	1,034.0	954.4	第2位(6.4%)
銅地鉱	408.4	260.0	257.7	第1位(2.5%)
金鉱	6.7	3.9	3.6	
銀鉱	1,445.6	1,556.6	1,326.6	第2位(5.4%)
亜鉛鉱	109.1	105.4	159.2	第7位(1.2%)
ニッケル鉱	174.9	91.9	81.7	第3位(3.1%)
アルミナ	4,187.0	4,182.0	4,224.0	第5位(7.5%)
アルミニウム	1,362.0	1,330.0	1,256.0	第5位(5.8%)
鉄鉱	97,072.0	96,745.0	78,970.0	第5位(7.5%)

(出典：ＢＨＰ社資料より)

当社の開発プロジェクトが幅広く、かつ豊富にあるかを示しています。

　WA Iron Ore：ピルバラ鉱山

　Olympic Dam Expansion：オリンピックダム鉱山

　CMSA：セロ・マトソ鉱山

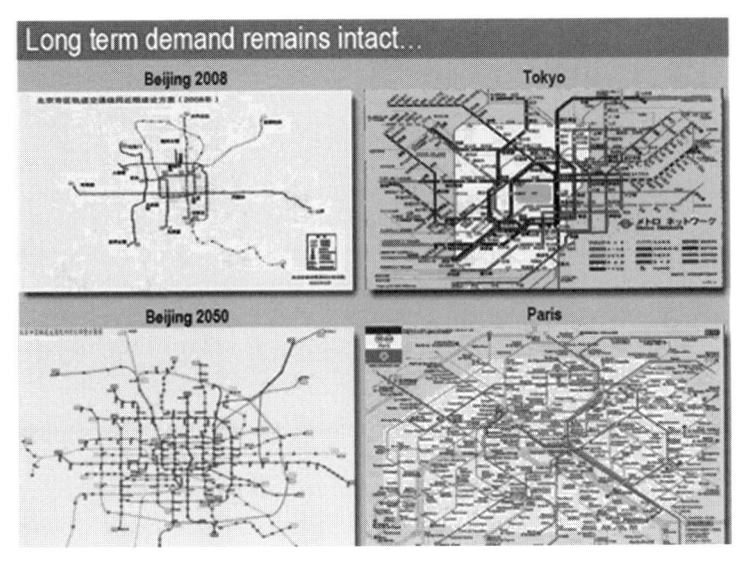

(出典：ＢＨＰ社資料より)

北京の鉄道ネットワーク網の計画図と東京、パリとの比較図。中国の発展がまだ始まったばかりであることがよくわかります。また北京だけでなく、大都市がほかにもたくさんあることから、資源需要が幾何級数的に増えることも想像に難くありません。

ヴァーレ【総合資源メジャー】

本社：ブラジル・リオデジャネイロ
URL：http://www.vale.com/
上場市場：ニューヨーク（RIO）／サンパウロ／マドリッド
決算日：12月末
生産鉱種：鉄鉱石、銅、ボーキサイト、マンガン、ニッケル

◎株価指標

株価	USD 31.53
株価収益率	12.6
純資産倍率	4.6
配当利益	0.80%
時価総額	155.1

※株価2008年1月7日

◎財務データ (単位:USD million)

	2007/9/30	2006年度	2005年度	2004年度	2003年度
総資産	73,411	60,954	22,644	15,715	11,434
総負債	39,859	41,181	10,667	8,324	6,550
時価株	33,552	19,773	11,977	7,391	4,884
売上高	24,708	20,363	13,405	8,479	5,545
当期利益	9,252	6,528	4,841	2,573	1,543
利益率	37.5%	32.1%	36.1%	30.3%	27.9%
ROA(%)	16.8%	10.7%	21.4%	16.4%	13.5%
ROE(%)	36.8%	33.0%	40.4%	34.8%	31.7%

※2007年は期中のため年率換算済み

◎5年チャート　　　　　　　　　　　　　　（出典：Bigcharts.com）

◎1年チャート　　　　　　　　　　　　　　（出典：Bigcharts.com）

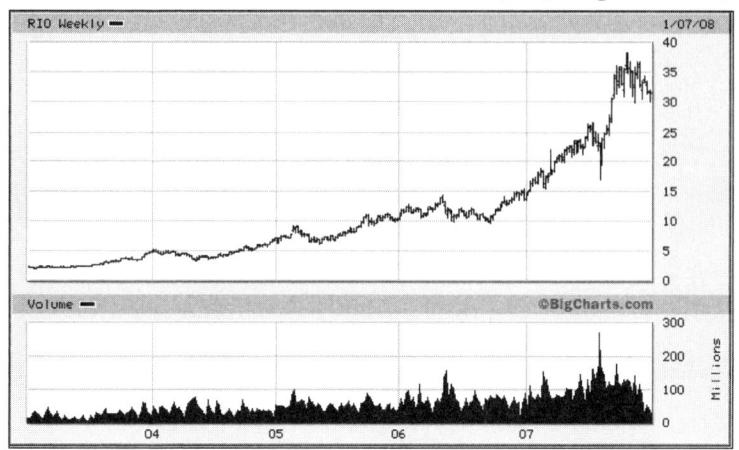

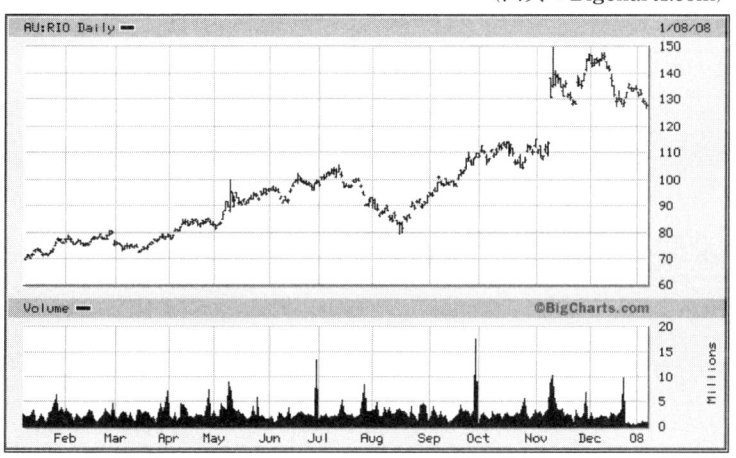

■企業概要

◎同社は1942年にブラジル政府によって"コンパンヒア・バレ・ド・リオ・ドセ（Companhia Vale do Rio Doce：CVRD)"として設立され、1997年に民営化されました。

◎鉄鉱石の生産・販売で世界一を誇る同社は、2006年にニッケル鉱・ニッケル地金の生産で世界第2位だったインコを買収したことで、育成中であったニッケル分野が一気に全売上高の20％を占めることになりました。もうひとつの発展部門である銅部門は3％から5％に、貴金属・コバルト・その他金属が2％加わり、総合資源メジャーの形が整いつつあります。

●ヴァーレの資源生産量

	2005	2004	2003	2005年度のシェア
鉄鉱石	240,413.0	218,010.0	195,312.0	第1位(8.4％)
マンガン鉱	3,032.0	2,732.0	2,244.0	第1位(0.8％)
銅鉱	107.0	73.0		第3位(1.5％)
ボーキサイト	6,884.0	6,700.0	5,762.0	
アルミナ	2,570.0	2,548.0	2,323.0	
アルミニウム	496.0	487.0	483.0	

●買収されたインコの資源生産量

	2005	2004	2003	2005年度のシェア
銅鉱	127	116	94	第3位(0.8％)
銅地鉱	126	124	91	第7位(0.8％)
ニッケル鉱	226	203	172	第2位(6.7％)
ニッケル地金	192	208	162	第2位(4.8％)
コバルト	1,694	1,542	903	第10位(3.2％)
プラチナ	5.35	5.69	2.58	第7位(2.0％)
パラジウム	6.84	6.87	3.14	第5位(2.0％)

◎同社の長期目標は、『世界最大の総合資源企業になること』です。
◎同社はブラジルにおいて鉱石を運搬するために鉄道や港湾設備を提供しています。それにより効率的でコスト削減に役立っています。
◎2007年から2012年にかけた生産拡大計画では、鉄鉱石は年率7.1％（3億トンから4億2200万トンへ）、ニッケルは年率14.3％（26万トンから50万トンへ）、銅地金は年率15.3％（29万トンから59万トンへ）、石炭は39.3％（290万トンから1520万トンへ）を目標に開発・生産を行うことになっています。
◎2000年以降、中国のステンレス生産は10倍のおよそ750万トンにまで増えています。さらに2009年までにステンレス生産規模を1500万トンに拡大させると見込まれています。このことから、ニッケルの需要はさらに拡大すると考えられます。
◎同社のニッケルの確認埋蔵量は1130万トンにのぼり、世界一の規模になっています。7つの生産プロジェクトと11個の開発プロジェクトがあります。

■**特徴**
◎資源大国ブラジルを代表する企業であり、2002年から年率65％以上のペースで時価総額が増えてきました。それでも割高感はありません。今後、世界一の座を狙ってさらに成長していくと思われます。
◎ブラジルの力強い経済成長および石油輸出国化に伴い、ブラジルレアル高の恩恵も期待できます。

ノリリスク・ニッケル【総合資源メジャー】

本社:ロシア・モスクワ
URL:http://www.nornik.ru/en/
上場市場:モスクワ(GMKN5 RM,GMKN4 RM)/ロンドン(MNOD)/ベルリン(NNIA)/ニューヨーク(NILSY)
決算日:12月末
生産鉱種:ニッケル、銅、金、パラジウム、プラチナ

◎株価指標

株価	USD 266.5
株価収益率	6.7E
純資産倍率	2.93
配当利益	2.81%
時価総額	50.4

※株価2008年1月7日

◎財務データ　　　　　　　　　　　　　　　(単位:USD million)

	2007/6/30	2006年度	2005年度	2004年度	2003年度
総資産	34,717	16,279	14,730	13,632	11,253
総負債	17,254	3,143	3,333	2,989	2,706
時価株	17,453	13,136	11,397	10,643	8,547
売上高	7,645	11,550	7,169	7,033	5,196
当期利益	3,808	5,965	2,362	1,832	861
利益率	49.8%	51.6%	32.8%	26.0%	16.6%
ROA(%)	21.9%	36.6%	16.0%	13.4%	7.7%
ROE(%)	43.6%	45.4%	20.6%	17.2%	10.1%

※2007年は期中のため年率換算済み

◎5年チャート

(出典：Bigcharts.com)

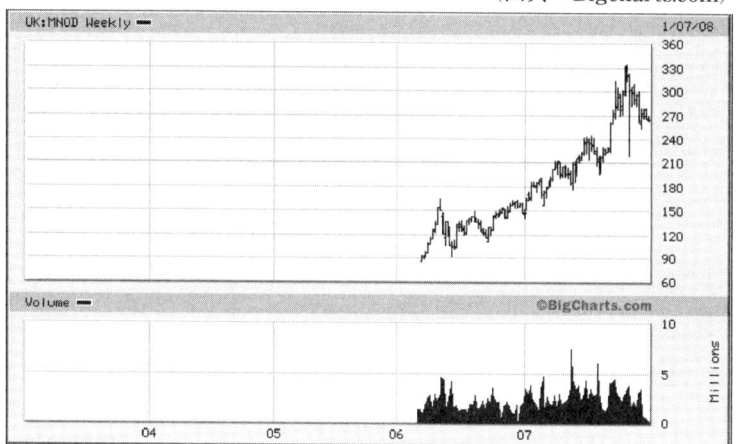

◎1年チャート

(出典：Bigcharts.com)

■企業概要

◎同社はロシアのリーディング・カンパニーであり、世界最大のニッケルおよびパラジウムの生産者でもあります。

◎プラチナ、銅、コバルトの生産においても世界的に上位に位置しています。

	2005	2004	2003	2005年度のシェア
ニッケル鉱	292	286	272	第1位 (21.8%)
ニッケル地金	243	243	239	第1位 (18.8%)
銅鉱	449	437	430	第9位 (3.0%)
銅地金	452	447	451	第9位 (2.7%)
金	37.0	37.9	30.1	第13位 (1.6%)
パラジウム	110.8	100.1	92.0	第1位 (42.4%)
プラチナ	27.3	22.7	20.5	第4位 (13.2%)

◎2007年6月カナダのリオン・オア（カナダ）を買収したことで、南半球（オーストラリア、南アフリカ、ボツワナ）において優良なニッケル鉱山を手に入れました。このことにより、今後数年で大きく生産量が増える可能性があります。

◎オーストラリアでは4つの鉱山をリオン・オアが操業しています。生産量は年間4万トンです。さらに、オーストラリアにて、もうひとつの開発プロジェクトがあります。

◎南アフリカではコマティ（NKomati）社（50%シェア）が年間5000トン生産しています。増産プロジェクトが完了すれば年産4万3000トンになります。

◎ボツワナでは タティ・ニッケル（Tati Nickel）社（85%シェア）が年間1万4000トンを生産しています。

◎2006年11月、OMグループを買収し、フィンランドにおいては2つの精錬工場を、オーストラリアにおいては3つの鉱山（年産

１万8500トン）を手に入れました。
◎ロシア最大の鉱山であるタイミール鉱山とコーラ半島鉱山の現状を維持するため、2007年から2010年にかけて年間10億ドルを投資します。
◎中国の国境に近いチタに銅鉱があります。今後、ここから産出される銅鉱生産が大きく増える可能性があります。

■**特徴**
◎同社の特長は「総合資源企業の中で最も低コスト」であることです。最も利益率の高い企業であるともいえます。
◎同社は今後の競争力を維持するために、「（１）既存の操業鉱山のさらなる開発」「（２）鉱山および企業の買収」「（３）海外での鉱山開発」に力を注いでいく方針です。
◎海外での鉱山開発において、特に中国とのＪＶ（ジョイントベンチャー）を図ろうとしています。
◎同社は収益性の面でも、成長性の面でみても割安に評価されています。ただし、ニッケルおよびパラジウムは値動きの激しい鉱物ですので、急騰したり急落する可能性もあります。

ヴェダンタ・リソーシズ【総合資源メジャー】

本社：英国・ロンドン
URL：http://www.vedantaresources.com/
上場市場：ロンドン（VED）
決算日：3月末
生産鉱種：銅、亜鉛、鉛、アルミニウム

◎株価指標

株価	GBP 21.28
株価収益率	12.9
純資産倍率	1.7
配当利益	0.75%
時価総額	12.0

※株価2008年1月7日

◎財務データ (単位:USD million)

	2007/9/30	2006年度	2005年度	2004年度	2003年度
総資産	14,646	8,071	6,235	4,578	2,997
総負債	10,984	3,920	3,896	2,831	2,011
時価株	3,662	4,151	2,339	1,747	986
売上高	3,887	6,502	3,701	1,884	1,289
当期利益	465	934	373	178	72
利益率	12.0%	14.4%	10.1%	9.4%	5.6%
ROA(%)	6.3%	11.6%	6.0%	3.9%	2.4%
ROE(%)	25.4%	22.5%	15.9%	10.2%	7.3%

※2007年は期中のため年率換算済み

◎5年チャート

(出典：Bigcharts.com)

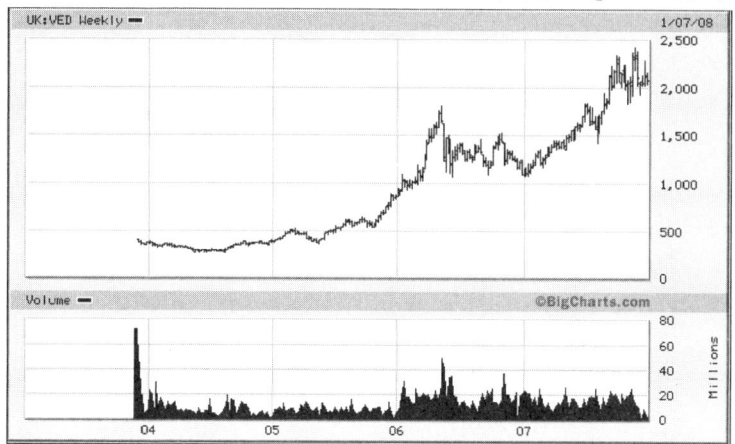

◎1年チャート

(出典：Bigcharts.com)

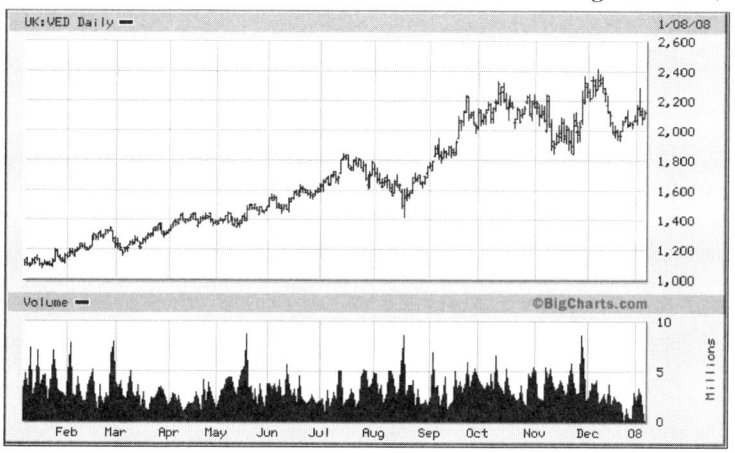

■**企業概要**

◎同社はインドの総合資源企業です。2003年12月にロンドン証券取引所に上場しました。

◎業務の大半はインドで行われています。アルミニウム、銅、亜鉛、鉛を主に生産しています。

◎ザンビアに銅生産を行う子会社があります。ザンビアのKCM社（Konkola Copper Mines）はザンビア最大の鉱山会社です。2007年3月期は22万トンの銅を生産し、売上は前年比44.4％、営業利益は153.6％増加しました。インドにおける銅生産はスターライト（Sterlite）が行っており、2007年3月期は49万トンの銅を生産しました。

◎アルミニウム事業はバルコ（BALCO）とマルコ（MALCO）の2社が行っています。2007年3月期は合計35万トンのアルミニウムを生産し、売上は前年比119％、営業利益は248％増加しました。

◎亜鉛事業はヒンドスタン・ジンク社（HZL）が行っています。HZLはインドにおける唯一の亜鉛統合会社です。2007年3月期は34万8000トンの亜鉛を生産し、インド市場の7割以上のシェアを占めました。売上は前年比115％、営業利益は186％増加しています。

◎将来のプロジェクトには以下のようなものが挙げられます。

①アルミニウム
- 2009年の第2四半期には年産25万トンのアルミニウム精錬工場と135MW×5機の発電所が、2010年末には年産25万トンのアルミニウム精錬工場と135MW×4機の発電所が立ち上がる計画。

②銅
　・25万トンの精錬所プロジェクトは2008年半ば完成予定（KCM：チャンガ精錬所）。
　・コンコーラ鉱山での銅鉱産出量を200万トンから600万トンへと増やすために1490メートルまで深堀するコンコーラ・ディープ・マイニング・プロジェクトは2010年完成予定。

③亜鉛
　・ランプラ・アグチャ鉱山の製粉容量を現在の350万トン／年から500万トン／年へと拡大するプロジェクトは2008年前半に完成予定。

④その他
　・80MWの石炭火力発電所2機
　・60MWの風力発電所1機

■**特徴**
◎同社はインド経済の高度成長に伴い、急速に成長を遂げています。
◎将来への投資も活発に行いながらコスト削減にも力を入れています。
◎精錬工場に必要な巨大な電力を石炭および風力発電によってまかなっており、石油価格の高騰によるコストアップに対してヘッジされています。
◎中国よりも10年以上インフラ整備が遅れていると言われるインドにおいて長期的に成長が見込めるでしょう。

バリック・ゴールド【金鉱山企業】

本社:カナダ・トロント
URL:http://www.barrick.com/
上場市場:ニューヨーク(ABX)/トロント(ABX)
決算日:12月末
生産鉱種:金、銅

◎株価指標

株価	USD 47.24
株価収益率	59.1
純資産倍率	2.3
配当利益	0.64%
時価総額	41.1

※株価2008年1月7日

◎財務データ (単位:USD million)

	2007/9/30	2006年度	2005年度	2004年度	2003年度
総資産	21,421	21,373	6,862	6,287	5,358
総負債	3,426	7,174	3,012	2,713	1,864
時価株	17,995	14,199	3,850	3,574	3,494
売上高	4,415	5,636	2,350	1,962	2,035
当期利益	582	1,506	401	250	200
利益率	13.2%	26.7%	17.1%	12.9%	9.8%
ROA(%)	3.6%	7.0%	5.8%	4.0%	3.7%
ROE(%)	4.3%	10.6%	10.4%	7.0%	5.7%

※2007年は期中のため年率換算済み

◎5年チャート　　　　　　　　　　　　　　（出典：Bigcharts.com）

◎1年チャート　　　　　　　　　　　　　　（出典：Bigcharts.com）

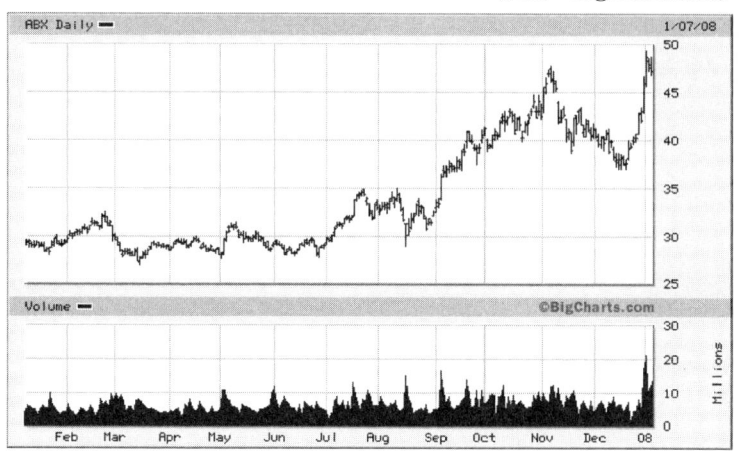

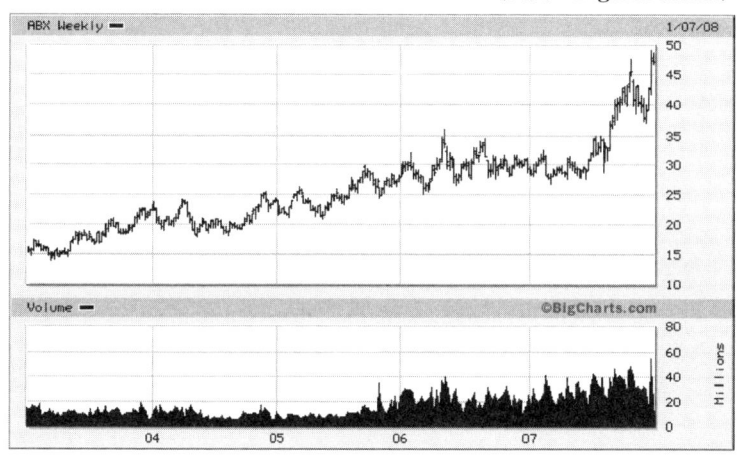

■企業概要

◎バリック・ゴールド社は金の鉱業会社です。金と銅の生産および販売から収益とキャッシュフローを生み出しています。

◎4つの地域(北アメリカ、南アメリカ、オーストラリアとアフリカ)のビジネス部門を持っています。

◎2006年1月に、プレイサードーム社(Placer Dome)の買収を完了し、その時点で産金メジャーの1位の座につきました。

◎プレイサー・ドーム社の獲得により、北米は10の操業中の鉱山と3つの開発鉱山を所有することになりました。4600万オンスの確認埋蔵量と1500万オンスの測定埋蔵量で、北アメリカは生産と埋蔵量において当社最大の地域です。

◎バリック・ゴールド社のメイン・オペレーションである「ゴールドストライク鉱山」における金の生産実績(累積)は3000万オンスです。ゴールドストライク鉱山はバリック・ゴールド社が所有する鉱山の中で最大の鉱山でもあります。

◎ドミニカ共和国では、プエブロ・ヴィエホ鉱山を60%所有しました。それは1810万オンスの埋蔵量を持っています。

◎2006年の南米における金の生産は210万オンスでした。パスキュア・ラーマ鉱山は、アルゼンチンとチリの間の境界にまたがる2国のプロジェクトです。パスキュア・ラーマは1700万オンスの金の埋蔵量を持っています。また、6億8900万オンスの銀と5億6500万ポンドの銅が金の埋蔵量の中に含まれています。

◎2006年にオーストラリアの部門は、「テスヤン・コッパー(Tethyan Copper)社」を買収するために「アントファガスタ(Antofagasta)社(豪)」と手を結びました。2006年に、当社はパキスタンで「テスヤン(Tethyan)」の持ち分でレコ・ディグ鉱山

の37.5%の利権を得ました。この鉱山には、120億ポンドの銅と1200万オンスの金の測定埋蔵量、150億ポンドの銅と1000万オンスの金の確認埋蔵量があります。

■特徴
◎プレイサー・ドーム社の買収により、優良な鉱山を数多く獲得しました。今後も安定的に金の生産量を増やしていけると思われます。
◎比較的高い利益率があります。こういう銘柄は米ドルの下落局面では特に株価が上昇しやすい傾向にあります。

ゴールド・コープ【金鉱山企業】

本社：カナダ・バンクーバー
URL：http://www.goldcorp.com/
上場市場：ニューヨーク（GG）／トロント（G）
決算日：12月末
生産鉱種：金、銅

◎株価指標

株価	USD 37.2
株価収益率	132.9
純資産倍率	2.1
配当利益	0.43%
時価総額	26.3

※株価2008年1月7日

◎財務データ　　　　　　　　　　　　　　　　（単位:USD million）

	2007/9/30	2006年度	2005年度	2004年度	2003年度
総資産	18,234	17,966	4,066	702	639
総負債	5,545	5,491	1,092	124	131
時価株	12,689	12,475	2,974	578	503
売上高	1,597	1,710	895	191	236
当期利益	204	444	293	57	84
利益率	12.8%	26.0%	33.3%	29.8%	35.8%
ROA(%)	1.5%	2.5%	7.3%	8.1%	13.1%
ROE(%)	2.1%	3.6%	10.0%	9.9%	16.9%

※2007年は期中のため年率換算済み

◎5年チャート　　　　　　　　　　　　（出典：Bigcharts.com）

◎1年チャート　　　　　　　　　　　　（出典：Bigcharts.com）

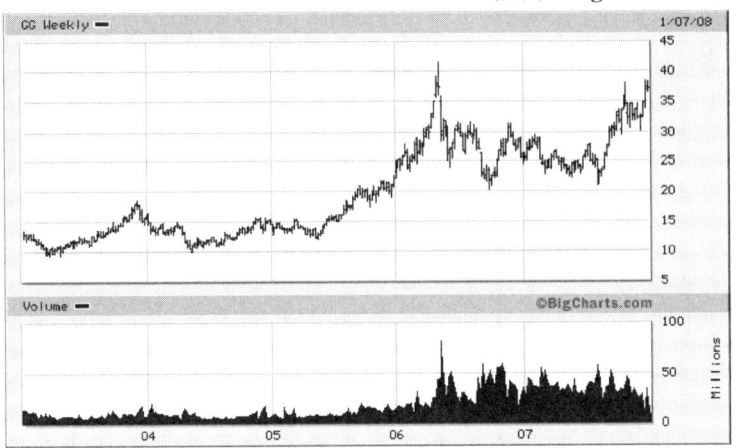

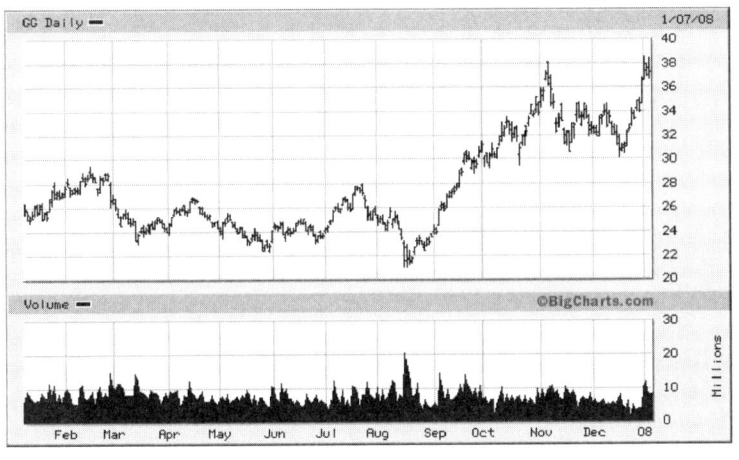

■企業概要

◎ゴールド・コープ社の前身は1954年11月に設立されたゴールドコープ・インベストメンツ社です。1991年8月30日にゴールドコープに社名変更しました。

◎ゴールド・コープ社は10の操業鉱山を持ち、同時に7つの開発プロジェクトを持っています。

◎ゴールド・コープ社の金埋蔵量の70％以上はNAFTA（北米自由貿易機構）にあります。これは、政治リスクが低いことを意味します。

◎2006年、バリックゴールド（旧プレーサードーム）とグラミスゴールドの鉱山を買収したことで、当社の金埋蔵量は500万オンスから1000万オンスへと倍増しました。

◎2007年、当社の金の生産量は対前年比＋35％の229万オンスとなりました。2008年の金生産量は260万オンス（対前年比＋14％）の予定です。

◎今後5年間で、年率50％以上のペースで金の生産量が増えると計画されています。2012年には400万オンスの生産を計画しています。以下の2つの鉱山が今後の成長の中心的な役割を果たします。

・エレノア（Eleonore）鉱山（カナダのケベック州）
・ペナスクイト（Penasquito）鉱山（メキシコのザカテカス州）

◎2007年6月、ペナスクイト鉱山の確認埋蔵量は以下の通りでした。

金：1,300万オンス
銀：8億6400万オンス
鉛：267万トン
亜鉛：581万トン

その後、金は39％増の1780万オンス、銀は55％増の13億オンスに増えました。最初の生産は2008年第4四半期から始まり、2009年後半からフル稼働の予定です。

◎同社は金生産企業の中ではコストが低い部類に入ります。2008年の1オンス当たりの生産コストは250USドルの予定です。2009年から生産コストは年々安くなり、2011年には200USドルを下回る計画です。

◎同社はシルバーウィートンの大株主（49％）です。2008年1月31日、同社はシルバーウィートンの持ち株すべてを3社の証券会社からなるシンジケートに売却する契約がまとまりました。これにより同社には15億6600万カナダドル（およそ1670億円）のキャッシュが入ります。入手したキャッシュは、財務面の強化や大規模鉱山の開発費に充てられます。

■特徴

◎2006〜2007年、買収などをきっかけに急激に業績を伸ばしました。また、金の確認埋蔵量も大幅に増加したため、PERが100倍を超えるほどに株価は加熱気味です。大規模金鉱山の生産開始が始まり、2012年までに生産量は＋74％、コストも低下傾向にあり、売上および利益・利益率の向上が見えています。高いPERはこの計画を織り込んでいると言えます。

◎利益率が高いため、金価格上昇時には株価は上がりやすい傾向にあります。

キンロス・ゴールド【金鉱山企業】

本社：カナダ・トロント
URL：http://www.kinross.com/
上場市場：ニューヨーク（KGC），トロント（K）
決算日：12月末
生産鉱種：金、銅

◎株価指標

株価	USD 20.38
株価収益率	51.0
純資産倍率	2.7
配当利益	N/A
時価総額	12.3

※株価2008年1月7日

◎財務データ (単位:USD million)

	2007/9/30	2006年度	2005年度	2004年度	2003年度
総資産	6,239	2,054	1,698	1,834	1,790
総負債	1,666	605	605	531	397
時価株	4,573	1,449	1,093	1,303	1,393
売上高	792	906	726	667	572
当期利益	161	117	-186	-42	-442
利益率	20.3%	12.9%	-25.6%	-6.3%	-77.3%
ROA(%)	3.4%	5.7%	-11.0%	-2.3%	-24.7%
ROE(%)	4.7%	8.1%	-17.0%	-3.2%	-31.7%

※2007年は期中のため年率換算済み

◎5年チャート　　　　　　　　　　（出典：Bigcharts.com）

◎1年チャート　　　　　　　　　　（出典：Bigcharts.com）

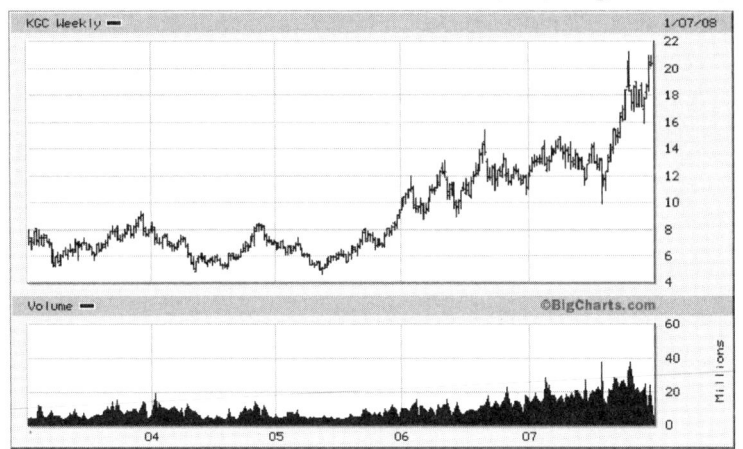

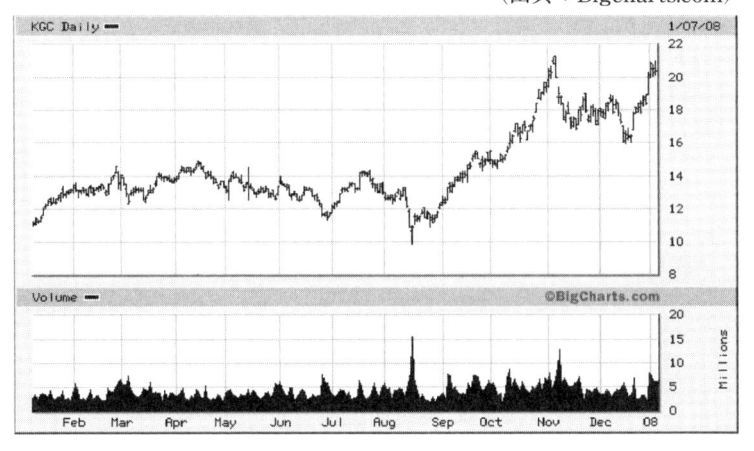

■**企業概要**

◎キンロス・ゴールド社は1993年に設立されました。近年、急激に成長を遂げ、金の確認埋蔵量では北米第3位の金鉱山企業になりました。

◎2006年12月31日時点で確認されているキンロスの金の埋蔵量は2790万オンスでしたが、2007年12月31日時点では4300万オンスにまで増えました。

◎9つの鉱山を持っています。2006年末にはそのうちの5つが操業し、2007年の金生産量は160万オンスでした。2007年末には操業鉱山が8つにまで増えます。その結果、2009年には260万オンスの生産規模となる予定です。このスピードはシニアの中では最も早いと言えるでしょう。

◎当社の鉱山はチリ（40％）、ブラジル（39％）、米国（13％）、ロシア（8％）の4カ国にフォーカスしています。

◎今後の高成長を支える新しい低コストの3つの鉱山が開発中。2008年から生産開始します。

①パラカトゥ鉱山（ブラジル；100％所有）
　年産55万オンス。埋蔵量は1640万オンス。2008年半ばから生産開始。

②クポル鉱山（ロシア；75％所有）
　年産41万オンス。埋蔵量は金330万オンス、銀4000万オンス。2008年半ばから生産開始。

③ケトルリバー（米国；100％所有）
　年産16万オンス。埋蔵量は94万オンス。2008年下半期から生産開始。

◎2007年2月28日、ベマ・ゴールド社を買収したことでロシアの極東部のクポル鉱山を手に入れました。クポル鉱山は金生産コストが1オンス当たり225ドル以下と予想されており、世界で最もコストが低い鉱山のひとつになるだろうと言われています。ちなみに、2007年第3四半期の当社の金生産コストは1オンス当たり353ドルでした。

■特徴
◎2009年まで、低コストの新しい鉱山から生産量の40％にあたる金が産出されます。コストは低下傾向になります。
◎埋蔵量は過去5年間で年間平均50％で増えているなど、急成長を遂げている新興の金生産会社です。2007年から2009年の2年間で生産量が60％増える予定です。
◎生産量が増えたこと、コストが低下したことなどにより、当社の利益と株価は順調に上がっていくと思われます。

ヤマナ・ゴールド【金鉱山企業】

本社：カナダ・トロント
URL：http://www.yamana.com/default.aspx
上場市場：ニューヨーク（AUY）／トロント（YRI）／ロンドン（YAU）
決算日：12月末
生産鉱種：金、銅

◎株価指標

株価	USD 14.36
株価収益率	37.0
純資産倍率	4.8
配当利益	0.28%
時価総額	8.9

※株価2008年1月7日

◎財務データ (単位:USD million)

	2007/9/30	2006年度	2005年度	2004年度	2003年度
総資産	2,517	2,181	458	177	7
総負債	658	465	153	17	3
時価株	1,859	1,716	315	160	4
売上高	529	169	46	32	0
当期利益	110	-88	-12	-1	-2
利益率	20.8%	-52.1%	-26.1%	-1.9%	
ROA(%)	4.4%	-4.0%	-2.6%	-0.3%	-28.6%
ROE(%)	5.9%	-5.1%	-3.8%	-0.4%	-50.0%

※2007年は期中のため年率換算済み

◎5年チャート　　　　　　　　　　　　（出典：Bigcharts.com）

◎1年チャート　　　　　　　　　　　　（出典：Bigcharts.com）

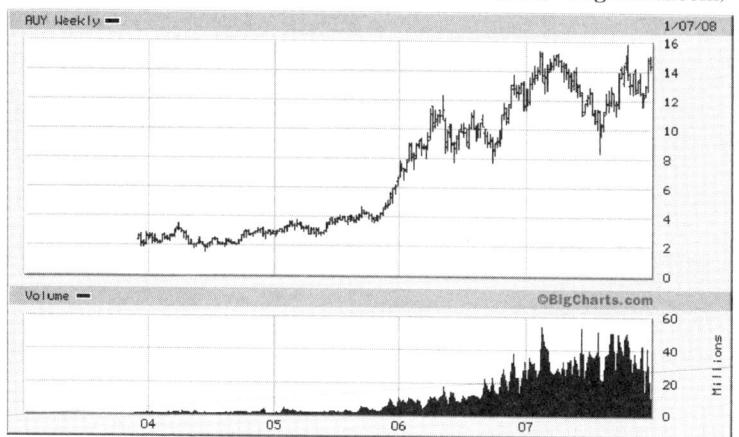

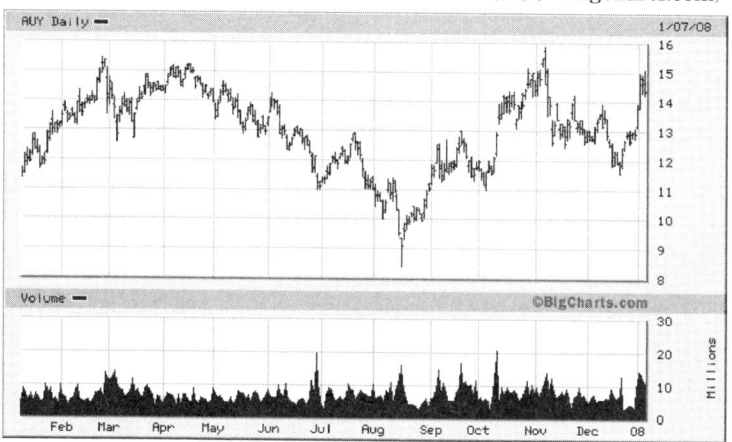

■企業概要

◎ヤマナ・ゴールド社は2003年に設立されたカナダの金鉱山会社です。北米および南米に金鉱山を持っています。割安に評価されているブラジルの鉱山開発に設立当初から力を入れ、利益を出すことに成功しました。

◎2007年は金生産量80万オンスでしたが、2008年は130万オンス、2009年には160万オンスを計画しており、最終的には2012年までに220万オンスの金生産を達成することが目的となっています。

◎2006年12月31日時点で、確認埋蔵量は680万オンス、測定埋蔵量1370万オンスでした。

◎11の操業鉱山と、8つの開発中の鉱山を持っています。同社の鉱山は米国、メキシコ、ホンジュラス、ブラジル、チリ、ペルー、アルゼンチンに分布しています。

◎2012年のゴールに向けて、以下の5つの鉱山(操業中)の生産量を増やす計画を進めています。

①チャパダ鉱山(ブラジル)

　年産20万オンス目標。ブラジルの3大鉱山のひとつで銅鉱も取れます。採掘可能年数は19年です。

②エル・ペニョン鉱山(チリ)

　年産50万～60万オンス目標。

③ハコビナ鉱山(ブラジル)

　年産25万オンス目標(2012年)。より高品位で低コストかつ生産量の増加が見込まれるカナビエラ鉱山(ハコビナ鉱山の近くにある鉱山のこと)へと開発を拡大する計画も進めています。

④セラ・ダ・ボルダ（ブラジル）

年産31万オンス目標（2012年）。4つの鉱山を含む地域を指します。4つの鉱山とは、高品位の金鉱山であるサオ・フランシスコ鉱山（16万オンス）、開発中のサオ・ビセンテ鉱山（5万オンス）、グアポール・ゴールドベルトにあるエルネスト鉱山＆パウ鉱山（10万オンス）です。

⑤グアルカマヨ鉱山（アルゼンチン）

年産20万オンス（2009年）～30万オンス（2012年）目標。

■**特徴**

◎2006年～2007年にかけてベンチャー企業からメジャー企業への仲間入りを果たした急成長を遂げる新興の金生産企業です。

◎南米の鉱山開発に強みを持ち、有望な案件をたくさん抱えています。

◎操業コストも最も低いグループに入ります。

◎生産量の拡大が見えており、利益も株価も順調に上がっていくものと思われます。

シルバーウィートン【銀鉱山企業】

本社：カナダ・バンクーバー
URL：http://www.silverwheaton.com
上場市場：ニューヨーク（SLW）、トロント（SLW）
決算日：12月末
生産鉱種：銀

◎株価指標

株価	USD 17.04
株価収益率	46.1
純資産倍率	5.0
配当利益	0.00%
時価総額	3.8

※株価2008年1月7日

◎財務データ (単位:USD million)

	2007/9/30	2006年度	2005年度	2004年度	2003年度
総資産	1,200	663	266	157	1
総負債	441	21	2	3	0
時価株	759	642	264	154	1
売上高	125.1	158.5	70.8	10.9	0.0
当期利益	66.9	85.2	25.2	1.7	59.0
利益率	53.5%	53.8%	35.6%	15.6%	n/a
ROA(%)	7.4%	12.9%	9.5%	1.1%	5900.0%
ROE(%)	11.8%	13.3%	9.5%	1.1%	5900.0%

※2007年は期中のため年率換算済み

◎5年チャート

(出典:Bigcharts.com)

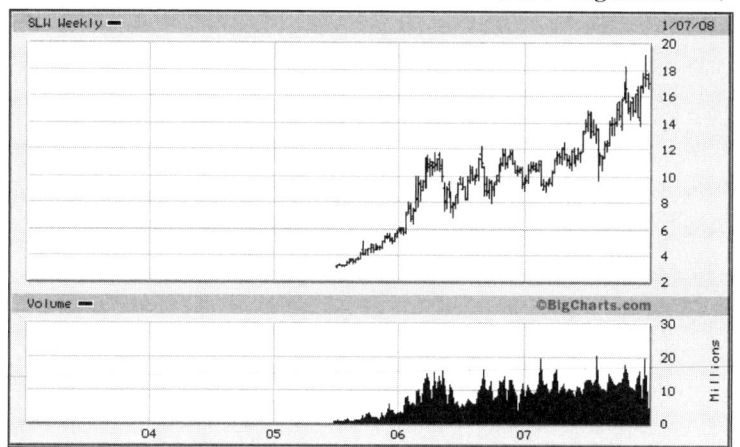

◎1年チャート

(出典:Bigcharts.com)

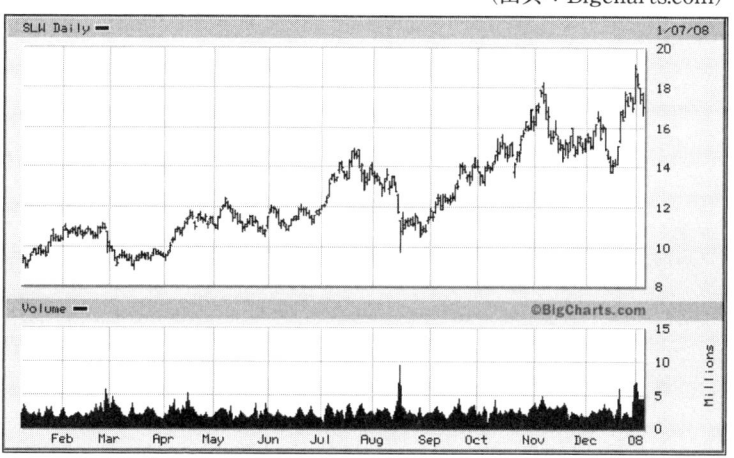

■**企業概要**

◎シルバーウィートン社は売上の100％が銀の販売収益による企業では世界最大です。シンプルなビジネスモデルで高収益を上げています。

◎5つの銀鉱山について購入契約を結んでいますが、実際は銀の採掘はしていません。その代わり、シルバーウィートン社は金や銅などの副産物として出てくる銀を買い付けるために、鉱山会社に契約金を前払いしています。この契約は長期契約であり、しかも銀の買い付け価格は固定（1オンスあたり3.90ドル、銀価格は2008年現在、約17ドルです）となっています。そのため、当社の利益率は非常に高くなっています（税引き後利益率：50％超）。

◎シルバーウィートン社が設立された2004年の銀の販売は220万オンスでしたが、2007年には1300万オンスにまで成長しています。2010年には2500万オンスの販売計画となっています（90％増）。

◎5つの銀鉱山契約は以下のようになっており、どれも高成長が約束されています。

①ルイスミン鉱山（メキシコ）

　年間700～1200万オンス。契約期間25年。銀採掘量の100％買い取り契約。ゴールドコープ所有の鉱山。

②ジンクグルバン鉱山（スウェーデン）

　年間200万オンス。契約期間期限なし。銀採掘量の100％買い取り契約。ルンディン・マイニング所有の鉱山。

③ヤウリヤク鉱山（ペルー）

　年間475万オンス。契約期間20年。年間475万オンスまでの買い取り契約。グレンコア所有の鉱山。

④ストラトーニ鉱山(ギリシャ)

　年間100〜200万オンス。契約期間期限なし。銀採掘量の100%買取り契約。ヨーロピアン・ゴールドフィールズ所有の鉱山。

⑤ペニャスクイト鉱山(メキシコ)

　年間50〜1000万オンス。契約期間期限なし。銀採掘量の25%買取り契約。ゴールドコープ所有鉱山。

■特徴

◎とてもシンプルなビジネスモデルで収益性が高く、銀価格の上昇率以上に株価は上昇してきました。

◎採掘をあえてしないことで経営資源を開発に伴う費用を削減できること、さまざまな問題(ストライキなど)から切り離し収益を上げることができます。そして、コストカットしたことで浮いたお金を長期的成長に向けて利用しています。

◎すべての買取契約はUSドル建てのため、為替リスクは限定的と言えます。

シルバー・コープ・メタル【銀鉱山企業】

本社：カナダ・バンクーバー
ＵＲＬ：http://www.silvercorp.com
上場市場：トロント（SUM）
決算日：3月末
生産鉱種：銀、亜鉛、鉛

◎株価指標

株価	CAD 9.60
株価収益率	38.4
純資産倍率	12.6
配当利益	1.56%
時価総額	1.4

※株価2008年1月7日

◎財務データ　　　　　　　　　　　　　　　（単位:USD million）

	2007/9/30	2006年度	2005年度	2004年度	2003年度
総資産	149	108	21	12	9
総負債	36	19	2	0	0
時価株	113	89	19	12	9
売上高	55	45	0	0	0
当期利益	33	25	-6	-1	-3
利益率	60.0%	55.6%	#DIV/0	#DIV/0	#DIV/0
ROA(%)	44.3%	23.1%	-28.6%	-6.7%	-32.6%
ROE(%)	58.4%	28.1%	-31.6%	-6.8%	-33.3%

※2007年は期中のため年率換算済み

◎5年チャート　　　　　　　　　　　　　　　（出典：Bigcharts.com）

◎1年チャート　　　　　　　　　　　　　　　（出典：Bigcharts.com）

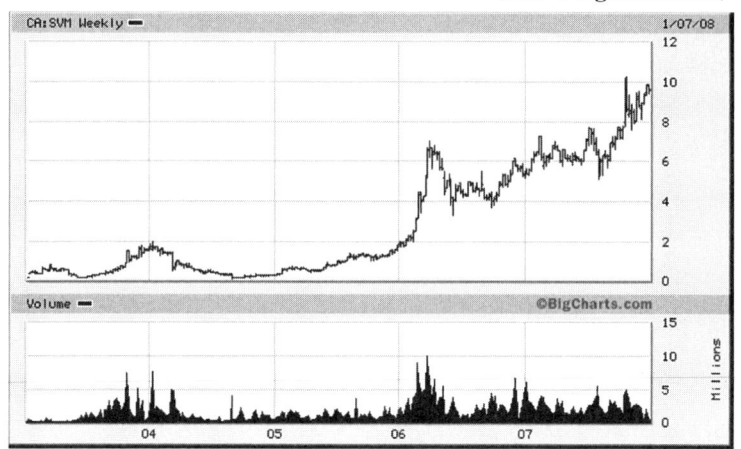

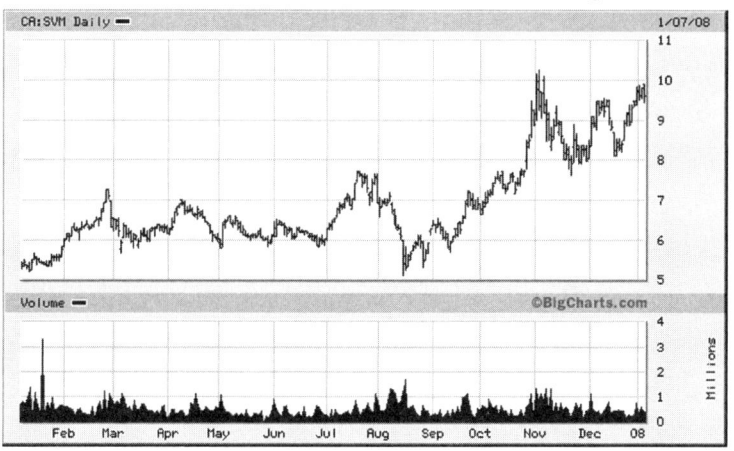

■企業概要

◎シルバーコープ社は中国での銀開発に照準を絞った唯一の上場企業です。本社はバンクーバーにあるカナダの会社です。

◎賃金の低い現地の中国人労働者を雇用することで非常に高い利益率となっています(税引き後利益率:50%超)。

◎中国は銀生産では世界第3位であり、世界的規模の大きな銀鉱山があるものの、資本を調達するための株式市場を(オーストラリアやカナダのように)上手に活用できていませんでした。また、過去を通して政府所有だったため、開発があまりなされてきませんでした。

◎カナダのジュニアカンパニーの基本的な考え方は、「確認埋蔵量を大きく成長させて資源メジャーやシニアカンパニー(大企業)への鉱山売却に特化すること」です。しかし、この考え方は中国では通用しないため、同社は以下のような現地密着型の戦略を採用し、成功してきました。

1) 現地人を雇用します。→地域住民の利益

2) 現地政府に税金を支払えるように、すべての調査が終わる前から、生産を開始し、売り上げを上げます(調査期間は収益を生まないため税金の支払いがない)。

　　→地方政府の利益

3) 利益は新たな鉱山開発のために使います。

　　→株主の利益

◎2007年度(2008年3月期)の銀生産量は385万オンスでした。2004年8月時点の埋蔵量ゼロからスタートして、2007年8月時点では銀の測定埋蔵量(確認埋蔵量ではありません)は1億2300万オンスへと増加しています。

■特徴

◎当社はまだジュニアカンパニーから急速に成長している段階にあります。

◎中国の現地政府からの新規鉱山買収の後押しがあったり、銀生産の歴史が長い中国人の高度な技術によって低コストが実現されているなど、大きなポテンシャルを秘めていると言えます。

◎ただし、企業としてはまだ未成熟な部分もあり、生産計画が立てられていない点が将来の価値を予測するうえでリスクといえるでしょう。

コードアレン【銀鉱山企業】

本社：米国・アイダホ
URL：http://www.coeur.com
上場市場：ニューヨーク（CDE）／トロント（CDM）
決算日：12月末
生産鉱種：金、銀、銅

◎株価指標

株価	USD 4.26
株価収益率	23.7
純資産倍率	1.9
配当利益	0.00%
時価総額	1.2

※株価2008年1月7日

◎財務データ　　　　　　　　　　　　　　（単位:USD million）

	2007/9/30	2006年度	2005年度	2004年度	2003年度
総資産	889	860	595	526	259
総負債	276	269	253	232	62
時価株	613	591	342	294	197
売上高	156.3	216.5	156.2	109.0	110.7
当期利益	295	884	105	-168	-662
利益率	19.0%	40.8%	6.7%	-15.4%	-59.8%
ROA（%）	4.4%	10.3%	1.8%	-3.2%	-25.6%
ROE（%）	6.4%	15.0%	3.1%	-5.7%	-33.6%

※2007年は期中のため年率換算済み

◎5年チャート

(出典:Bigcharts.com)

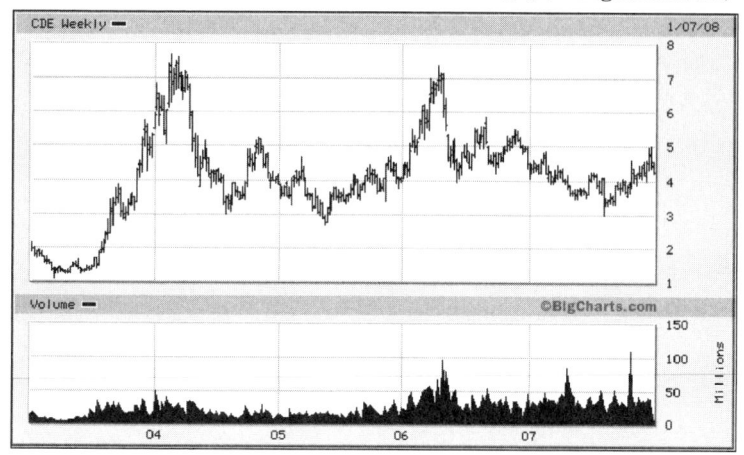

◎1年チャート

(出典:Bigcharts.com)

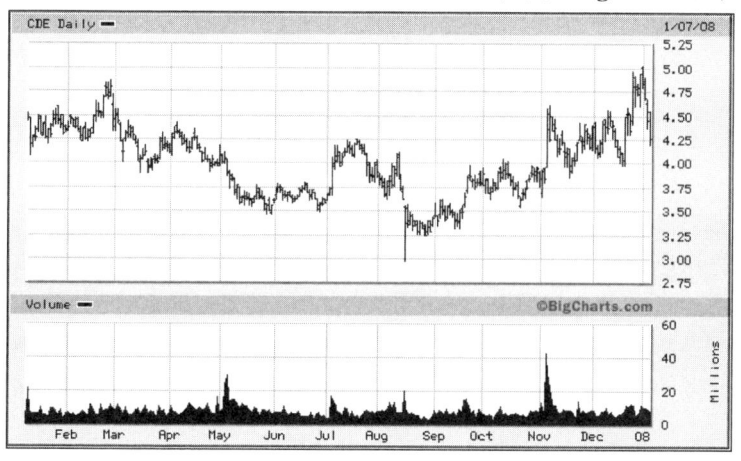

■企業概要
◎同社は世界を代表する銀鉱山企業のひとつです。
◎現在、世界最大級の銀鉱山開発が２つ進められています。この２つの鉱山での銀生産の開始により2007年から2009年の生産量の伸びは142％となり、2009年には年間およそ3000万オンスにまで達する計画です。(年間平均55.4％の伸び)

①サン・バルトロメ鉱山（ボリビア）
　世界最大の銀鉱山。2008年２月から生産開始予定。初年度の銀生産量900万オンス。鉱山生涯年数14年。2007年６月30日時点で確認埋蔵量は１億5540万オンス。

②パルマレホ鉱山（メキシコ）
　2009年から生産開始予定。測定埋蔵量8800万オンス。推定埋蔵量6100万オンス。

◎2009年には１オンス当たりの生産コストは1.73USドルにまで下がる計画です。
◎銀の確認埋蔵量＋推定埋蔵量の合計は４億オンスを超えています。

■特徴
◎同社はこれまで生産量が高いにもかかわらずコストが高く利益率が低かったため株価はあまり伸びていませんでした。
◎今後、２つの巨大プロジェクトが開始されることでコストも下がり、売上伸び率と利益率が大きく成長し、株価にも反映されてくると思われます。

カザフミス【銀鉱山企業（※実際は総合資源メジャー）】

本社：英国・ロンドン
URL：http://www.kazakhmys.com/kcci_home.php
上場市場：ロンドン（KAZ）
決算日：12月末
生産鉱種：銅、亜鉛、銀、金

◎株価指標

株価	GBP 13.19
株価収益率	3.8
純資産倍率	1.3
配当利益	1.02%
時価総額	12.1

※株価2008年1月7日

◎財務データ　　　　　　　　　　　　　　　　（単位:USD million）

	2007/9/30	2006年度	2005年度	2004年度	2003年度
総資産	5,743	5,120	3,280	2,562	2,076
総負債	1,041	1,228	653	738	209
時価株	4,707	3,897	2,627	1,814	1,867
売上高	2,789	5,047	2,598	1,260	836
当期利益	799	1,400	539	430	134
利益率	28.6%	27.7%	20.7%	34.1%	16.0%
ROA(%)	27.8%	27.3%	16.4%	16.8%	6.9%
ROE(%)	34.0%	36.0%	20.9%	23.7%	7.2%

※2007年は期中のため年率換算済み

◎5年チャート (出典:Bigcharts.com)

◎1年チャート (出典:Bigcharts.com)

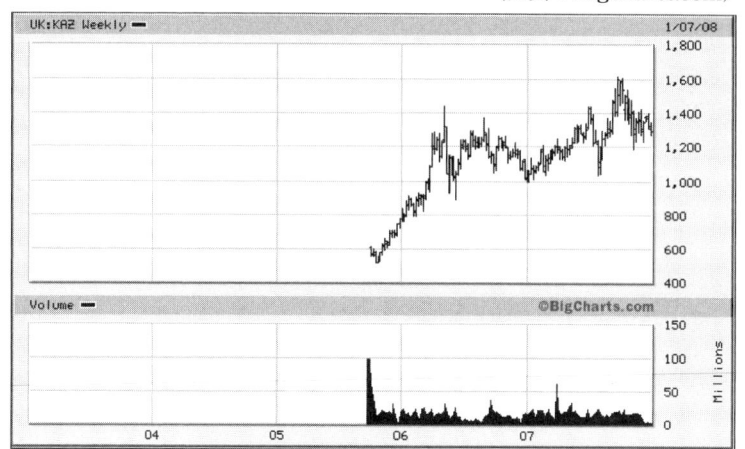

■企業概要

◎本社はロンドンにありますが、主な事業活動の中心はカザフスタンで行われています。事業活動は銅鉱の採掘および銅製品の生産・販売が中心ですが、副産物として亜鉛、金、銀も採取されています。

◎銀生産は世界第4位。2006年は2153万オンスでした。しかし、銀生産はあくまでも副産物として産出されるだけなので、2005年と比較すると4.9%増えただけでした。一方、銅地金生産は2006年は40万5000オンスで世界10位でした。

◎カザフスタンは鉱物資源に恵まれており、オーストラリアやブラジルと比較できます。政治的に安定しており、教育水準が高く、勤労意欲も高く、法整備・ビジネス環境の整備が急速に整えられています。また、地理的に中国とヨーロッパという2つの世界で最も重要な市場の変化に対応しやすい位置にいます。

◎2006年度は売上は対前年比+94%でした。当期利益は対前年比+156.6%、EPSは+132%、フリーキャッシュフローは+195%で13億27万ドルでした。

◎以下の4つの主要地域において、将来のプロジェクトが動いています。

① ゼズカズガン地区
　・東サリヨバ鉱山
　　3万4000トンの銅鉱埋蔵量（49万5000トンの銅地金）
② バルカシュ地区
　・ボシェクル鉱山
　　1億8600万トンの銅鉱埋蔵量（122万8000トンの銅地金）

・アクトガイ鉱山
   16億1399万トンの銅鉱埋蔵量（564万9000トンの銅地金）
③ 東部地区
・ニコラエフスコエ精錬所
   年間200万トンの処理工程規模を250万トンに拡張
④ カラゴンダ地区
・ヌルカズガン鉱山・精錬所
   2億815万トンの銅鉱埋蔵量（170万トンの銅地金）。年間400万トンの処理工程を新規に建設
・コスムルン精錬所
   年間200万トンの処理工程に拡張

■**特徴**

◎カザフスタンは資源が豊富な広大な国土（世界9番目の広さ）を有しています。その中で同社は潤沢なキャッシュを利用して新たな鉱山開発や資源企業を買収して規模の拡大を図っていく予定を立てています。

◎銀の生産拡大の目的で鉱山開発をしていませんが、亜鉛鉱山のアルテミイエスコエ鉱山は銀の含有量が特に高く、副産物としての銀生産量が増えていく可能性はあります。

◎カザフスタン企業はまだまったく注目されておらず特に割安に評価されています（PER5倍以下はあまりに低すぎます）。

コーヒーブレイク

■◆No.1オイルメジャーは未上場！？

オイルメジャーのリストを見て、不思議に思ったことはありませんか？　「世界の石油の6割は中東に埋蔵されているのに、どうしてアラブ諸国のオイル企業が出てこないのだろうか？」と。

世界最大の石油埋蔵量を誇るサウジアラビアには、実は世界最大の時価総額（推定）を誇る巨大な未上場オイルメジャーが存在します。サウジ・アラムコ（Saudi Aramco）

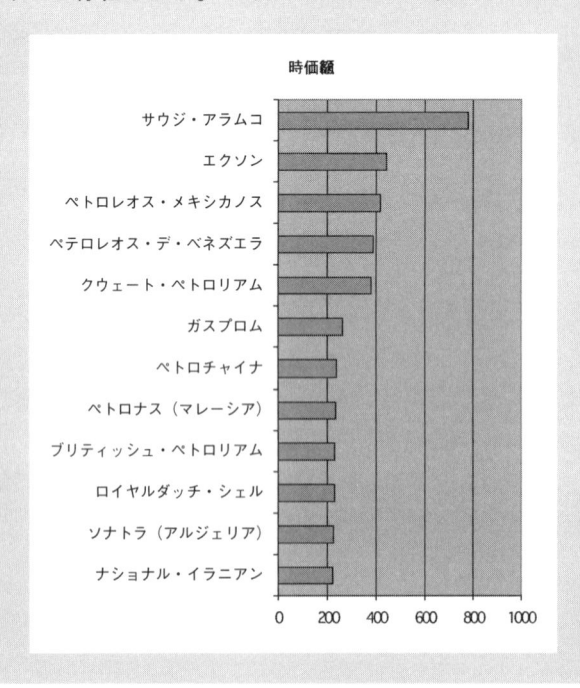

時価額

サウジ・アラムコ	~800
エクソン	~450
ペトロレオス・メキシカノス	~420
ペトロレオス・デ・ベネズエラ	~400
クウェート・ペトロリアム	~380
ガスプロム	~270
ペトロチャイナ	~240
ペトロナス（マレーシア）	~230
ブリティッシュ・ペトロリアム	~220
ロイヤルダッチ・シェル	~220
ソナトラ（アルジェリア）	~210
ナショナル・イラニアン	~210

と言い、国営企業で2005年末の推定時価総額は7810億ドル（およそ92兆円）にも及びます。2005年当時も世界一の時価総額であったエクソンモービルより77％も上回っています。この２年で原油価格はさらに上がり、原油の増産体制をサウジは継続していますから、さらに時価総額も増えていることでしょう。それにしてもすさまじいですね。ちなみに、サウジアラビアの株式市場の時価総額は2006年末でおよそ40兆円ですから、いかに巨大な規模かわかりますね。
※ 2005年12月末の為替レート　1USD＝117.73円　を使用

第5章

世界資源株の情報収集の方法

MarketWatch from DOWJONESを利用しよう！

　世界の資源株のニュースや株価をまとめたWEBサイトはあまりありません。なくはないのですが、金鉱山や銀鉱山に特化したものが多いと言えます。

　そこで、お勧めしたいのが「マーケット・ウォッチ」です。自分のチェックしたい銘柄を登録すれば、株価や銘柄基礎情報はもちろん、最新のニュースまで、このサイトひとつで確認することができます。

　まずURLですが、Bigchartsという株価検索サイト（こちらもマーケット・ウォッチの提供している）から登録をします。

1．http://bigcharts.marketwatch.com/にアクセスし、「Advanst Tools」をクリックします。

2) 以下の画面が出てきますので「SIGN UP」をクリックします。

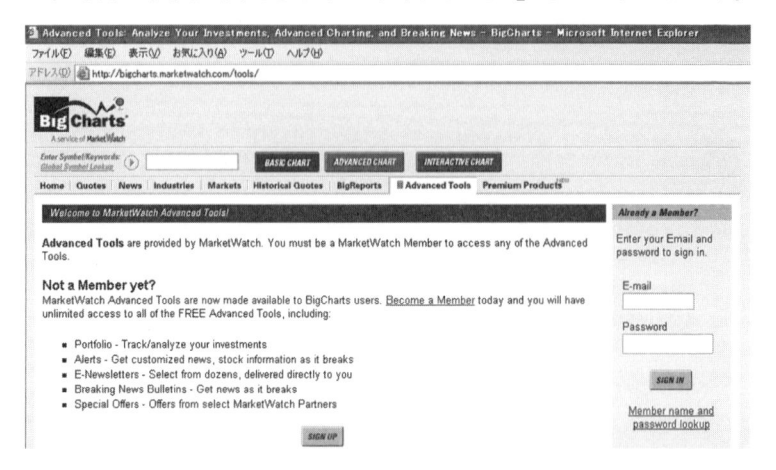

3) すると、以下の画面になります。メールアドレスを入力。「NO I need to create a free member account」を選択し、「Continue」をクリックします。

4）登録画面が出てきますので、必要事項を入力します。入力が終わったら「Sign me up」をクリックします。

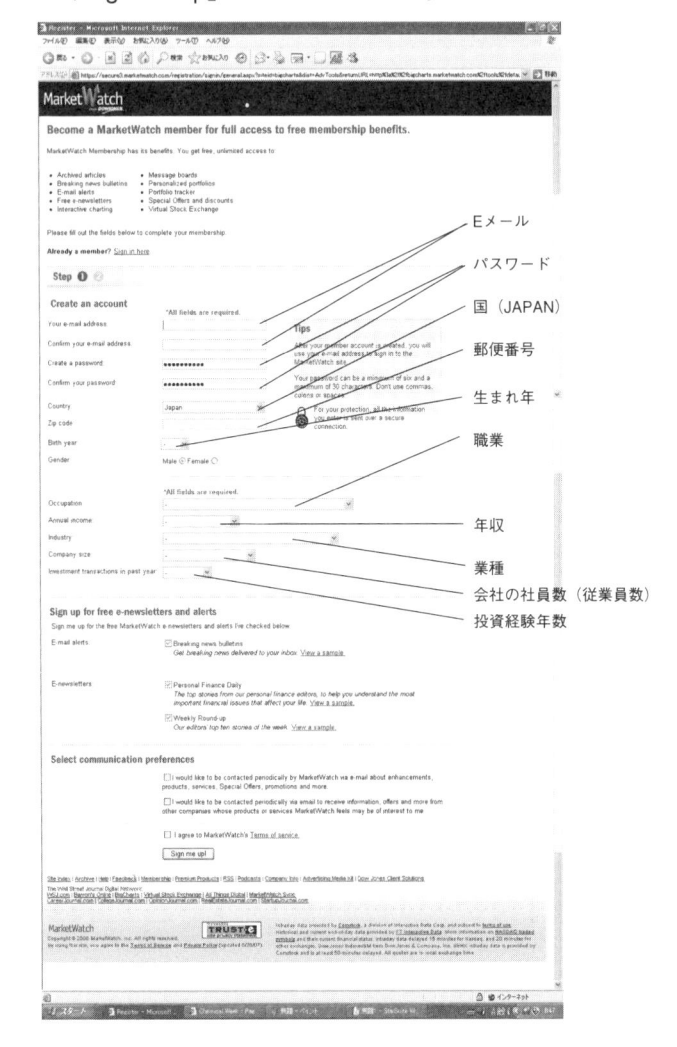

- Eメール
- パスワード
- 国（JAPAN）
- 郵便番号
- 生まれ年
- 職業
- 年収
- 業種
- 会社の社員数（従業員数）
- 投資経験年数

5）購読したいニュースがある場合は必要事項を入力し、そうでない場合は「No Thanks」をクリック（登録完了です！）

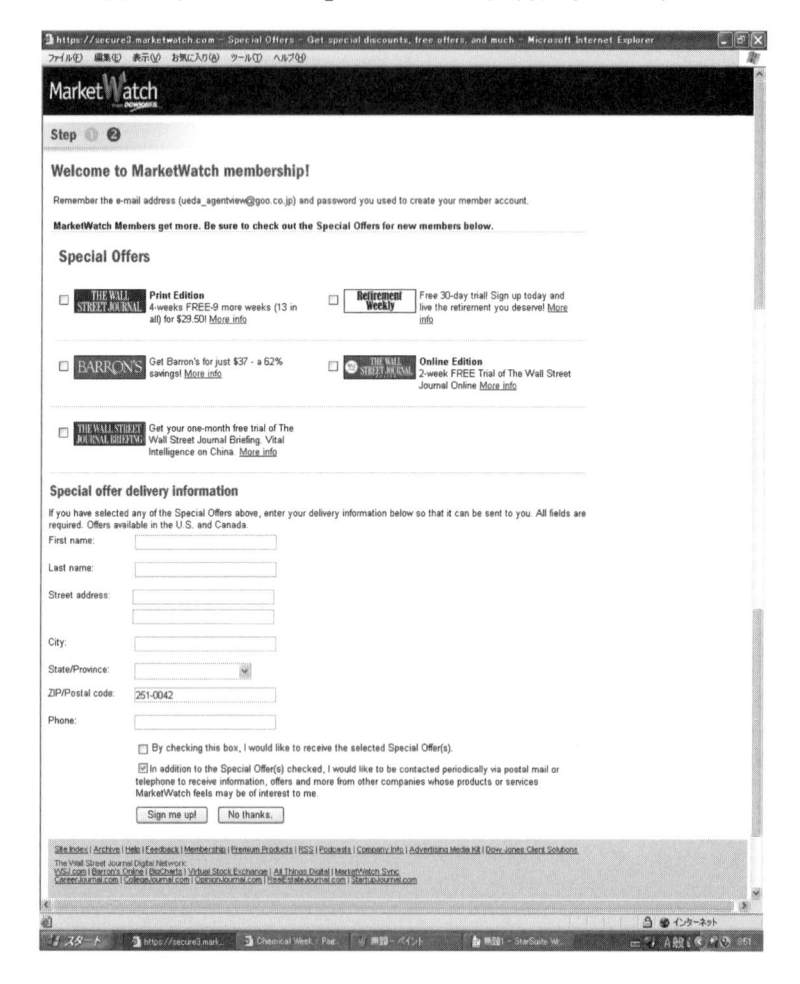

6）登録が完了すると、以下の画面になりますので、「My Portfolio」をクリックします。

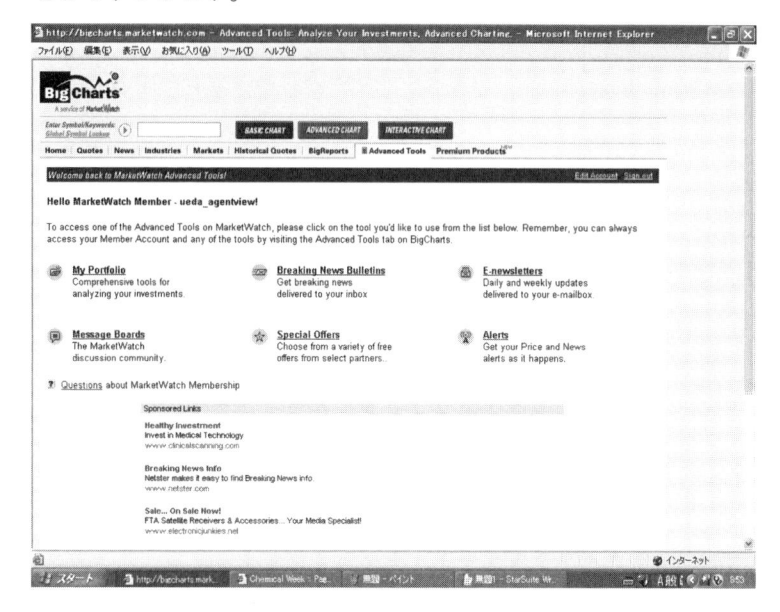

7）以下の画面に換わったら、ポートフォリオの名前を決めて入力し、次に「Add ticker symbols」にティッカーコードを入力し、最後に「finish」をクリックします。

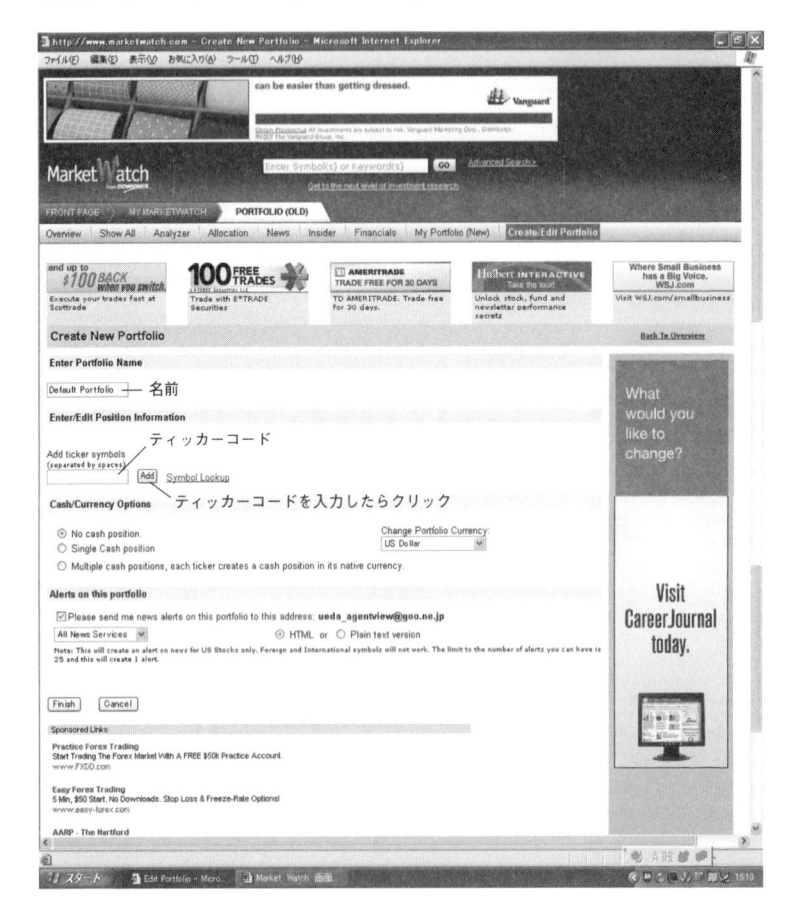

9) するとポートフォリオのパフォーマンスが一目でわかります。

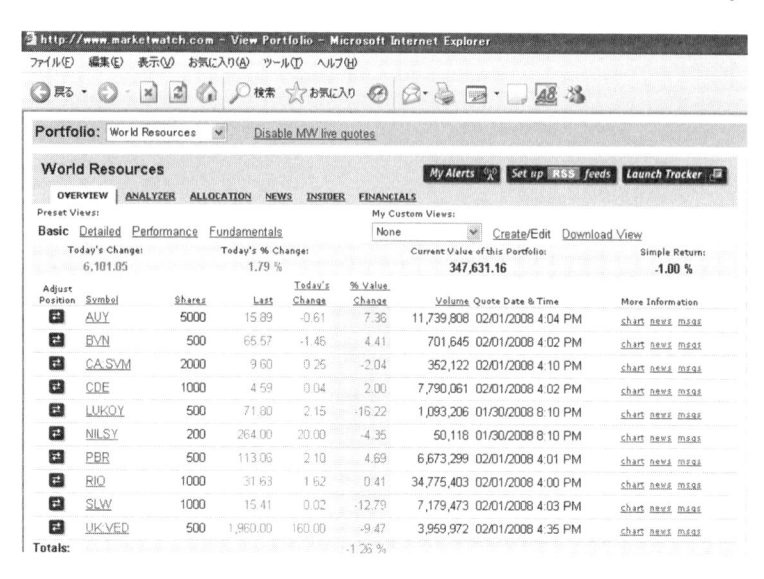

■ANALYZERを選ぶとこのような画面になります。

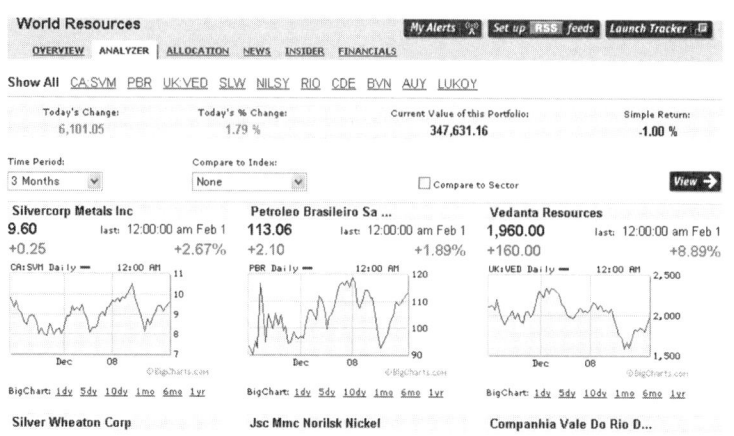

■ALLOCATIONを選ぶとポートフォリオのアセットアロケーションがわかります。

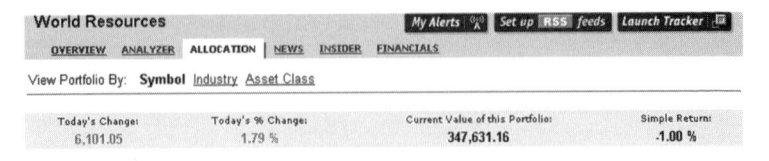

World Resources				My Alerts	Set up RSS feeds	Launch Tracker
OVERVIEW	ANALYZER	**ALLOCATION**	NEWS	INSIDER	FINANCIALS	

View Portfolio By: **Symbol** Industry Asset Class

Today's Change:	Today's % Change:	Current Value of this Portfolio:	Simple Return:
6,101.05	1.79 %	347,631.16	-1.00 %

Investment By POSITION

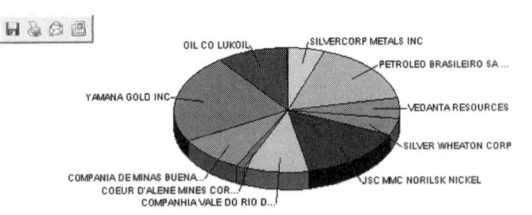

[Pie chart showing: OIL CO LUKOIL, SILVERCORP METALS INC, PETROLEO BRASILEIRO SA..., YAMANA GOLD INC, VEDANTA RESOURCES, SILVER WHEATON CORP, COMPANIA DE MINAS BUENA..., COEUR D'ALENE MINES COR..., COMPANHIA VALE DO RIO D..., JSC MMC NORILSK NICKEL]

■NEWSを選ぶと日々のさまざまなニュースがアップデートされているのがチェックできます。

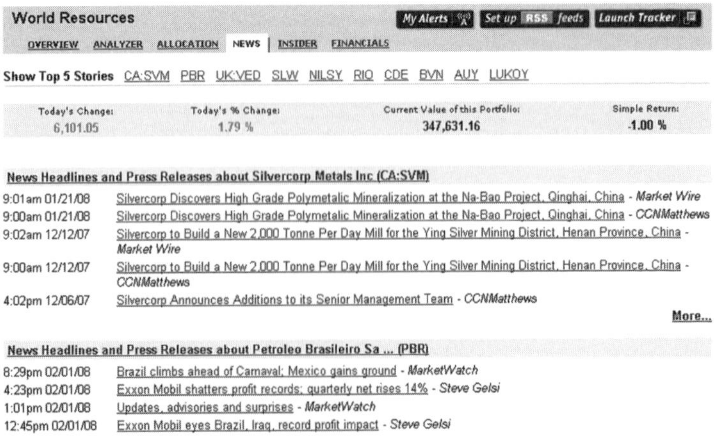

World Resources					My Alerts	Set up RSS feeds	Launch Tracker
OVERVIEW	ANALYZER	ALLOCATION	**NEWS**	INSIDER	FINANCIALS		

Show Top 5 Stories CA:SVM PBR UK:VED SLW NILSY RIO CDE BVN AUY LUKOY

Today's Change:	Today's % Change:	Current Value of this Portfolio:	Simple Return:
6,101.05	1.79 %	347,631.16	-1.00 %

News Headlines and Press Releases about Silvercorp Metals Inc (CA:SVM)

9:01am 01/21/08	Silvercorp Discovers High Grade Polymetalic Mineralization at the Na-Bao Project, Qinghai, China - *Market Wire*
9:00am 01/21/08	Silvercorp Discovers High Grade Polymetalic Mineralization at the Na-Bao Project, Qinghai, China - *CCNMatthews*
9:02am 12/12/07	Silvercorp to Build a New 2,000 Tonne Per Day Mill for the Ying Silver Mining District, Henan Province, China - *Market Wire*
9:00am 12/12/07	Silvercorp to Build a New 2,000 Tonne Per Day Mill for the Ying Silver Mining District, Henan Province, China - *CCNMatthews*
4:02pm 12/06/07	Silvercorp Announces Additions to its Senior Management Team - *CCNMatthews*

More...

News Headlines and Press Releases about Petroleo Brasileiro Sa ... (PBR)

8:29pm 02/01/08	Brazil climbs ahead of Carnaval; Mexico gains ground - *MarketWatch*
4:23pm 02/01/08	Exxon Mobil shatters profit records; quarterly net rises 14% - *Steve Gelsi*
1:01pm 02/01/08	Updates, advisories and surprises - *MarketWatch*
12:45pm 02/01/08	Exxon Mobil eyes Brazil, Iraq, record profit impact - *Steve Gelsi*

■「Overview」の「Symbol」の欄から自分の見たいティッカーコードを選ぶと個別銘柄の現状がわかります。

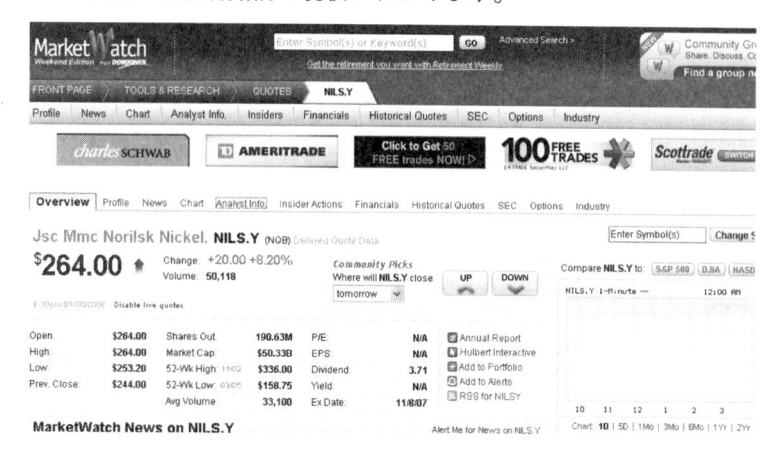

■「Analyst info」を選ぶとAnalystの評価が掲載されています。ちなみに、ノリリスクニッケルは平均推奨は「オーバーウェイト」で買い推奨になっていることがわかります。

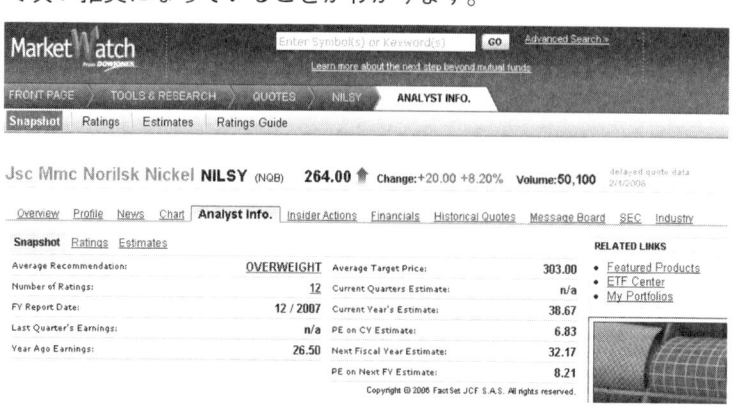

■「Analyst info」の中のRatingsを選ぶとさらに詳しく何人のアナリストがどのような評価をしているのか、過去（1カ月前、3カ月前）してきたのかがわかります。

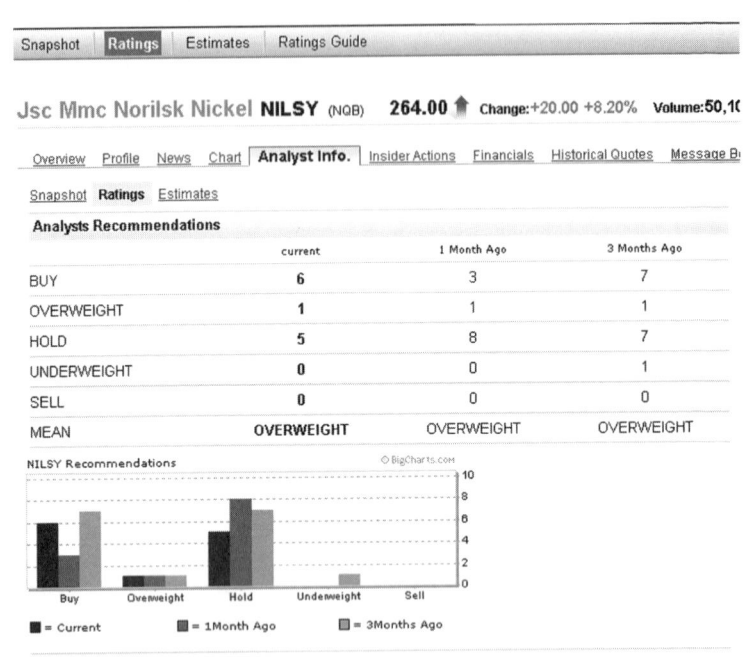

| Snapshot | Ratings | Estimates | Ratings Guide |

Jsc Mmc Norilsk Nickel **NILSY** (NQB)　**264.00** 🔺 Change:+20.00 +8.20%　Volume:50,1(

Overview　Profile　News　Chart　**Analyst Info.**　Insider Actions　Financials　Historical Quotes　Message B(

Snapshot　**Ratings**　Estimates

Analysts Recommendations

	current	1 Month Ago	3 Months Ago
BUY	6	3	7
OVERWEIGHT	1	1	1
HOLD	5	8	7
UNDERWEIGHT	0	0	1
SELL	0	0	0
MEAN	**OVERWEIGHT**	OVERWEIGHT	OVERWEIGHT

NILSY Recommendations

■ = Current　　■ = 1Month Ago　　■ = 3Months Ago

Mean Recomendation Conversion Table

JOGMECをチェックしよう！

　JOGMECとは正式名称は「独立行政法人　石油・天然ガス・金属鉱物資源機構」という政府機関で石油公団の機能と金属鉱物事業団の機能が集約されたもので、2004年2月29日に設立されました。

　特に、「World Resource Watch」のコーナーでは世界中の資源に関するさまざまなレポートが実に豊富に日本語で提供されています。定期的にこのサイトをチェックすることでも英語のニュースソースよりは2～3カ月遅れるかもしれませんが、確実により深く理解できますので押さえておきたいですね。

　URL：http://www.jogmec.go.jp/

コーヒーブレイク

■オーストラリアのペニーストックが凄い！

ペニー（penny）とはアメリカ、カナダでは1セント銅貨のことを指します。イギリスでは100ペンス（ペニーの複数形）で1ポンドになります。ペニー・ストックとは株価が1ドル以下の株のことを指します。

資源探鉱会社でまだ売上がなく、探鉱調査によって有望鉱山を探し当てた段階で株価が高騰するケースもあります。特にカナダやオーストラリアにはこうしたペニーストックが上場できるベンチャー市場があり、数百社も上場してい

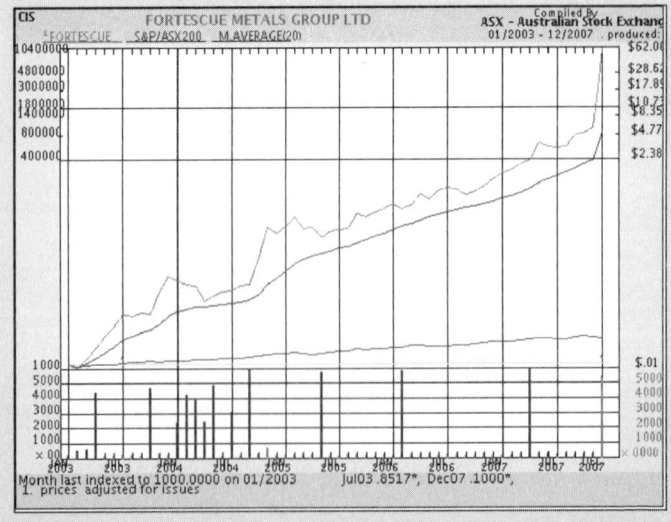

（出典：ASX：オーストラリア証券取引所

ると言われています。なかでも、オーストラリアの（フォーテスキュー・メタル・グループ（Fortescue Metal Group）はこの５年で株価が200倍にもなっています。

しかし、まだ売上高はゼロ。鉄鉱石の巨大な確認埋蔵量と今年から始まる操業を見込んでの株価の高騰なのです。「すごいですね」としか言えません。ただこうした銘柄は素人が手を出すにはリスクが高いと思います。

昨年からオーストラリアに足を運んで調査中ですのでまたの機会をお待ちください。

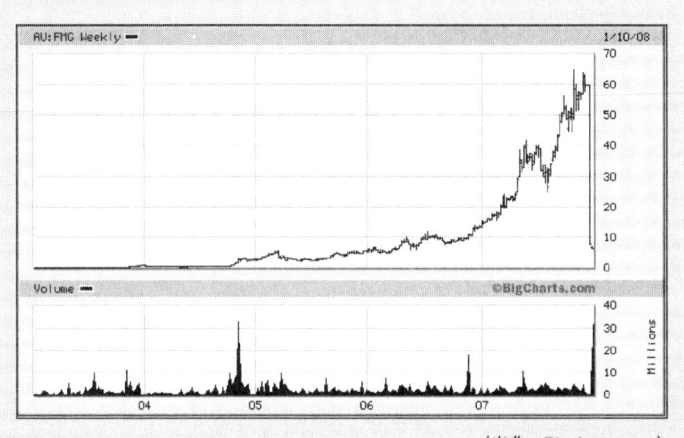

（出典：Bigcharts.com）

第6章

投資信託を通じて資源株に投資する

FPIの月掛けプランと一時払いプランを利用する

　英国の大手生命保険会社「Friends Provident社」の資産運用子会社である「Friends Provident International社（FPI）」には、150本以上ものミューチュアルファンド群から10本まで選んで毎月積立投資ができるプランと、通常の投資信託、あるいは変額年金のように一時払いした金額の中でポートフォリオの組み換えが可能なプランがあります。

　以下に、FPIのファンド群の中から資源関連のファンドをご紹介します。

◎**Investec GS Global Energy**
　世界の石油・ガス企業に投資するファンド

◎**Martin Currie GF Global Resources**
　世界の石油・ガスおよびベースメタル企業を中心に、資源関連産業銘柄にも投資するファンド

◎**Merril Lynch World Mining**
　世界の鉄・非鉄金属の採掘企業に投資するファンド

◎**Merril Lynch World Gold**
　金鉱山企業を中心に貴金属採掘企業に投資するファンド

また資源国・地域に投資する以下のようなファンドもあります。

◎Baring Australia
資源の宝庫オーストラリアの株式市場に投資するファンド

◎Baring Eastern Europe
ロシアを50％以上組入れた東欧の株式市場に投資するファンド

◎Schroder Latin America
ブラジルを中心としたラテンアメリカの株式市場に投資するファンド

次ページ以降のファクトシートをご覧いただければ、いずれも資源高を追い風に優れたパフォーマンスを安定的に計上していることがわかります。

また、ファンドの組入れ銘柄トップ10をご覧頂ければ、本書の中でご紹介した資源メジャーが組入れられていることも確認できます。

FRIENDS PROVIDENT INTERNATIONAL

INTERNATIONAL FUNDS
ISLE OF MAN

INVESTEC GS GLOBAL ENERGY

FUND OBJECTIVE
The fund seeks to achieve capital growth principally through investment in companies throughout the world involved in the exploration, production or distribution of oil, gas and other energy sources.

KEY FACTS
Fund Code: P47
Currency: USD
Launch Date: Dec, 2004
Risk Profile: 4
Dealing: Daily

FUND COMMENTARY
The Fund fell 4.8% in dollar terms in November, in line with the Index. Within the Fund, November's stronger performers were Occidental, Total, Peabody, Sasol and Hess. Poorer performers were Ensign, Petro-Canada, Nexen, Pioneer and Helix.

PORTFOLIO BREAKDOWN as at 30/11/2007

Integrated	42.5%
E&P/Oil Sands	15.5%
Exploration & Production	14.8%
Equipment & Services	11.5%
Emerging Markets	9.5%
E&P/Refining	3.5%
Coal Mining	2.5%
Cash	0.3%

TOP HOLDINGS as at 30/11/2007
BP PLC
CHEVRON CORP
ENI
EXXON MOBIL CORP
OCCIDENTAL PETE CORP
PETROLEO BRASILEIRO
ROYAL DUTCH SHELL
STATOILHYDRO ASA
TOTAL
TRANSOCEAN INC

DEFINITION OF A MIRROR FUND
For each fund managed by external investment managers, Friends Provident International Limited has set up its own fund which invests exclusively in the underlying fund, apart from a proportionately small amount which may be held as a cash balance. This means that the price of the Friends Provident International Limited fund will be different from the corresponding fund but will move mainly in line with it. These mirror funds can only be accessed using Friends Provident International Limited Investment plans. Please note that there are fees charged to investments in the mirror funds that will affect their return. For further details, please refer to the relevant product brochure. Fund Commentary, Portfolio Breakdown and Top Holdings is the latest data available which is supplied by the external investment manager.

Friends Provident International Limited
Registered & Head Office : Royal Court, Castletown, Isle of Man, British Isles, IM9 1RA
Telephone: + 44 1624 821212 Facsimile: +44 1624 824405
Incorporated company limited by shares. Registered in the Isle of Man No 11494

Authorised by the Isle of Man Insurance & Pensions Authority and regulated by the Financial Services Authority
for the conduct of investment business in the UK. Provider of life assurance and investment products.

The rules and regulations made by the Financial Services Authority for the protection of investors will not normally apply to persons resident outside the United Kingdom.

FRIENDS PROVIDENT INTERNATIONAL

INTERNATIONAL FUNDS
ISLE OF MAN

INVESTEC GS GLOBAL ENERGY

PERCENTAGE GROWTH SINCE LAUNCH
as at 30/11/2007

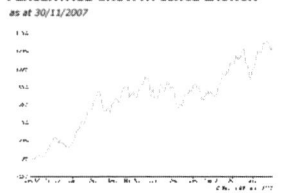

as at 30/11/2007	% growth
Since Launch	121.8%
3 Months	15.9%
6 Months	7.7%
1 Year	25.8%
3 Year	121.8%
5 Year	-

PERCENTAGE GROWTH OVER ONE YEAR ROLLING PERIODS
as at 30/9/2007

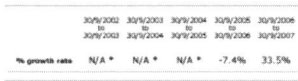

	30/9/2002 to 30/9/2003	30/9/2003 to 30/9/2004	30/9/2004 to 30/9/2005	30/9/2005 to 30/9/2006	30/9/2006 to 30/9/2007
% growth rate	N/A *	N/A *	N/A *	-7.4%	33.5%

* This fund was not available

Figures are for periods from Quarter 3 to Quarter 3 of following year

STANDARD DEVIATION OVER THREE YEARS
as at 30/11/2007

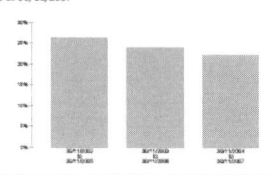

IMPORTANT NOTES

This fact sheet is for information only and should not be considered a financial promotion. The information should not be relied upon for buying and selling decisions. Fund prices may go down or up depending upon investment performance. Past performance is not necessarily a guide to the future. Fund prices and performance figures are net of all charges. Please note that securities held within a fund may not be denominated in the currency of that fund and, as a result, fund prices may rise and fall purely on account of exchange rate fluctuations.

Source: Financial Express Ltd, on a bid to bid basis, with net income reinvested. Figures to 30/11/2007

Friends Provident International Limited
Registered & Head Office : Royal Court, Castletown, Isle of Man, British Isles, IM9 1RA
Telephone: +44 1624 821212 Facsimile: +44 1624 824405
Incorporated company limited by shares. Registered in the Isle of Man No 11494

Authorised by the Isle of Man Insurance & Pensions Authority and regulated by the Financial Services Authority
for the conduct of investment business in the UK. Provider of life assurance and investment products.

The rules and regulations made by the Financial Services Authority for the protection of investors will not normally apply to persons resident outside the United Kingdom.

FRIENDS PROVIDENT INTERNATIONAL

INTERNATIONAL FUNDS
ISLE OF MAN

MARTIN CURRIE GF GLOBAL RESOUCES FUND

FUND OBJECTIVE
Unconstrained by any benchmark, the fund aims to provide capital growth by investment primarily in equities in the energy and basic materials sectors worldwide.

KEY FACTS
Fund Code: P60
Currency: USD
Launch Date: April, 2006
Risk Profile: 4
Fund Key: 1
Dealing: Daily

FUND COMMENTARY
Against a falling sector, the fund finished the month in the top quartile of its peer group.

Our holding in Bumi, Indonesia's biggest coal producer, did particularly well this month. Spot markets and early contract settlements point to even higher coal and iron ore prices than are factored into analysts' forecasts.

Samsung Heavy, the Korean shipyard, provided the greatest drag on returns. In our view the investment case – earnings momentum and valuation – is intact and we retain our position. Yamana Gold did nearly as much damage, giving back some of October's gains.

We locked in some profit from our holding in Rio Tinto, one of our largest positions, following the bid for the company by BHP. We see some value in combining the two companies and expect BHP to return with an improved offer. But we fear the process could be protracted and suspect that the degree of media and investor attention paid to such a high-profile deal will limit available returns. We opened a new position in OSG, a tanker operator.

PORTFOLIO BREAKDOWN *as at 30/11/2007*

Basic materials	34.5%
Energy	33.9%
Utilities	17.5%
Industrials	8.6%
Cash	5.5%

TOP HOLDINGS *as at 30/11/2007*
E.On
El Paso
Enel
NRG Energy
Repsol
Rio Tinto
RWE
SeaDrill
Xstrata
Yamana Gold

DEFINITION OF A MIRROR FUND
For each fund managed by external investment managers, Friends Provident International Limited has set up its own fund which invests exclusively in the underlying fund, apart from a proportionately small amount which may be held as a cash balance. This means that the price of the Friends Provident International Limited fund will be different from the corresponding fund but will move mainly in line with it. These mirror funds can only be accessed using Friends Provident International Limited Investment plans. Please note that there are fees charged to investments in the mirror funds that will affect their return. For further details, please refer to the relevant product brochure. *Fund Commentary, Portfolio Breakdown and Top Holdings is the latest data available which is supplied by the external investment manager.*

Friends Provident International Limited
Registered & Head Office : Royal Court, Castletown, Isle of Man, British Isles, IM9 1RA
Telephone: + 44 1624 821212 Facsimile: +44 1624 824405
Incorporated company limited by shares. Registered in the Isle of Man No 11494

Authorised by the Isle of Man Insurance & Pensions Authority and regulated by the Financial Services Authority
for the conduct of investment business in the UK. Provider of life assurance and investment products.

The rules and regulations made by the Financial Services Authority for the protection of investors will not normally apply to persons resident outside the United Kingdom.

FRIENDS PROVIDENT INTERNATIONAL

INTERNATIONAL FUNDS
ISLE OF MAN

MARTIN CURRIE GF GLOBAL RESOUCES FUND

PERCENTAGE GROWTH SINCE LAUNCH
as at 30/11/2007

as at 30/11/2007	% growth
Since Launch	53.7%
3 Months	10.3%
6 Months	7.3%
1 Year	34.7%
3 Year	–
5 Year	–

PERCENTAGE GROWTH OVER ONE YEAR ROLLING PERIODS
as at 30/9/2007

	30/9/2002 to 30/9/2003	30/9/2003 to 30/9/2004	30/9/2004 to 30/9/2005	30/9/2005 to 30/9/2006	30/9/2006 to 30/9/2007
% growth rate	N/A *	N/A *	N/A *	N/A *	55.8%

* This fund was not available

Figures are for periods from Quarter 3 to Quarter 3 of following year

IMPORTANT NOTES

This fact sheet is for information only and should not be considered a financial promotion. The information should not be relied upon for buying and selling decisions. Fund prices may go down or up depending upon investment performance. Past performance is not necessarily a guide to the future. Fund prices and performance figures are net of all charges. Please note that securities held within a fund may not be denominated in the currency of that fund and, as a result, fund prices may rise and fall purely on account of exchange rate fluctuations.

FUND KEY

1: Funds not authorised in Hong Kong and not available to residents of Hong Kong.

Source: Financial Express Ltd, on a bid to bid basis, with net income reinvested. Figures to 30/11/2007

Friends Provident International Limited
Registered & Head Office : Royal Court, Castletown, Isle of Man, British Isles, IM9 1RA
Telephone: +44 1624 821212 Facsimile: +44 1624 824405
Incorporated company limited by shares. Registered in the Isle of Man No 11494

Authorised by the Isle of Man Insurance & Pensions Authority and regulated by the Financial Services Authority
for the conduct of investment business in the UK. Provider of life assurance and investment products.

The rules and regulations made by the Financial Services Authority for the protection of investors will not normally apply to persons resident outside the United Kingdom.

FRIENDS PROVIDENT INTERNATIONAL

INTERNATIONAL FUNDS
ISLE OF MAN

MERRILL LYNCH WORLD MINING FUND

FUND OBJECTIVE

The Fund seeks to maximise total return. The Fund invests globally at least 70% of its total net assets in the equity securities of mining and metals companies whose predominant economic activity is the production of base metals and industrial minerals such as iron ore and coal. The Fund may also hold the equity securities of companies whose predominant economic activity is in gold or other precious metal or mineral mining. The Fund does not hold physical gold or metal.

KEY FACTS

Fund Code:	P70
Currency:	USD
Launch Date:	23/10/2006
Risk Profile:	5
Dealing:	Daily

FUND COMMENTARY

The Fund outperformed its benchmark over the month*. Concerns over the impact of the credit crisis and its potential to derail global growth again weighed on equity markets during the month. However, the mining sector was buoyed up by the announcement early in November of an approach by BHP Billiton to Rio Tinto with a view to the two companies merging. This merger, if completed, would create the world's largest diversified mining group. In our view, the bid approach highlights the value to be found in mining equities and the fact that it remains cheaper for companies to grow through M&A as they struggle to grow organically.

Looking to the portfolio, the major contributors to positive performance included Eramet, the French non-ferrous metals group, and Sterlite Industries, the Indian copper and aluminium producer. Eramet made gains on the positive outlook for stainless steel demand while Sterlite advanced on the announcement that it was intending to sell its energy business and the valuation the market attributed to this.

While the market continues to focus on the global credit crisis and its potential impact on global growth, volatility will continue. However, over the medium term we believe that demand for metals and minerals will not be severely derailed. We are therefore bullish on the outlook for mining equities.

*Reported Fund performance over the month was positively affected by the timing differential between pricing of the Fund and its benchmark.

PORTFOLIO BREAKDOWN as at 30/11/2007

Diversified	49.7%
Gold	11.8%
Platinum	7.5%
Copper	6.9%
Cash	5.8%
Aluminium	4.7%
Other	3.9%
Zinc	3.9%
Nickel	2.7%
Coal	2.4%

TOP HOLDINGS as at 30/11/2007

Alcoa
Anglo American
Barrick Gold
BHP Billiton
CVRD
Impala
Norilsk Nickel
Rio Tinto
Teck Cominco
Xstrata

DEFINITION OF A MIRROR FUND

For each fund managed by external investment managers, Friends Provident International Limited has set up its own fund which invests exclusively in the underlying fund, apart from a proportionately small amount which may be held as a cash balance. This means that the price of the Friends Provident International Limited fund will be different from the corresponding fund but will move mainly in line with it. These mirror funds can only be accessed using Friends Provident International Limited Investment plans. Please note that there are fees charged to investments in the mirror funds that will affect their return. For further details please refer to the relevant product brochure. *Fund Commentary, Portfolio Breakdown and Top Holdings is the latest data available which is supplied by the external investment manager.*

Friends Provident International Limited
Registered & Head Office : Royal Court, Castletown, Isle of Man, British Isles, IM9 1RA
Telephone: +44 1624 821212 Facsimile: +44 1624 824405
Incorporated company limited by shares. Registered in the Isle of Man No 11494

Authorised by the Isle of Man Insurance & Pensions Authority and regulated by the Financial Services Authority
for the conduct of investment business in the UK. Provider of life assurance and investment products.

The rules and regulations made by the Financial Services Authority for the protection of investors will not necessarily apply to persons resident outside the United Kingdom.

FRIENDS PROVIDENT INTERNATIONAL

INTERNATIONAL FUNDS
ISLE OF MAN

MERRILL LYNCH WORLD MINING FUND

PERCENTAGE GROWTH SINCE LAUNCH
as at 30/11/2007

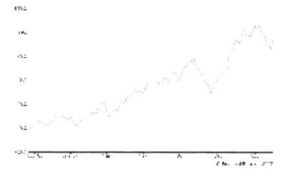

as at 30/11/2007	% growth
Since Launch	74.7%
3 Months	27.0%
6 Months	26.2%
1 Year	66.0%
3 Year	-
5 Year	-

PERCENTAGE GROWTH OVER ONE YEAR ROLLING PERIODS
as at 30/9/2007

	30/9/2002 to 30/9/2003	30/9/2003 to 30/9/2004	30/9/2004 to 30/9/2005	30/9/2005 to 30/9/2006	30/9/2006 to 30/9/2007
% growth rate	N/A *	N/A *	N/A *	N/A *	N/A *

* This fund was not available

Figures are for periods from Quarter 3 to Quarter 3 of following year

IMPORTANT NOTES

This fact sheet is for information only and should not be considered a financial promotion. The information should not be relied upon for buying and selling decisions. Fund prices may go down or up depending upon investment performance. Past performance is not necessarily a guide to the future. Fund prices and performance figures are net of all charges. Please note that securities held within a fund may not be denominated in the currency of that fund and, as a result, fund prices may rise and fall purely on account of exchange rate fluctuations.

Source: Financial Express Ltd, on a bid to bid basis, with net income reinvested. Figures to 30/11/2007

Friends Provident International Limited
Registered & Head Office : Royal Court, Castletown, Isle of Man, British Isles, IM9 1RA
Telephone: +44 1624 821212 Facsimile: +44 1624 824405
Incorporated company limited by shares. Registered in the Isle of Man No 11494

Authorised by the Isle of Man Insurance & Pensions Authority and regulated by the Financial Services Authority
for the conduct of investment business in the UK. Provider of life assurance and investment products.

The rules and regulations made by the Financial Services Authority for the protection of investors will not normally apply to persons resident outside the United Kingdom.

FRIENDS PROVIDENT INTERNATIONAL

INTERNATIONAL FUNDS
ISLE OF MAN

MLIIF WORLD GOLD

FUND OBJECTIVE
The Fund seeks to maximise total return. The Fund invests globally at least 70% of its total net assets in the equity securities of companies whose predominant economic activity is gold-mining. It may also invest in the equity securities of companies whose predominant economic activity is other precious metal or mineral and base metal or mineral mining. The Fund does not hold physical gold or metal.

KEY FACTS
Fund Code:	M82
Currency:	USD
Launch Date:	Oct, 2003
Risk Profile:	4
Dealing:	Daily

FUND COMMENTARY
The Fund outperformed its benchmark over the month*. The price of gold bullion declined over the month as a whole but was generally range-bound, trading at around US$800/oz. The World Gold Council's quarterly review highlighted that the ongoing financial crisis has sparked bullion purchases by investors seeking "safe havens". Inflows into gold ETFs (Exchange Traded Funds) rose to a new record of 138 tonnes in the third quarter. The ETFs now have more than 800 tonnes of gold, valued at over US$20bn. Looking to the portfolio, the major positive contributors to performance included Highland Gold and Industrias Penoles. Highland Gold, a gold mining company with assets in the former Soviet Union, made gains following speculation about a takeover. We remain confident about the long-term outlook for prices. Strong jewellery demand, a growing interest in gold as a diversifier and stagnant mine supply look set to drive the price going forward. News that Chinese officials are signalling plans to diversify their foreign exchange reserves, which currently amount to around US$1.43 trillion, may also support the gold price. Only 1%-2% of these reserves are in gold bullion so any allocation into the metal could have a positive impact on pricing. It is worth remembering the gold market frequently performs well in the final quarter of the year.

*Reported Fund performance over the month was positively affected by the timing differential between pricing of the Fund and its benchmark.

PORTFOLIO BREAKDOWN as at 30/11/2007
Gold	81.5%
Platinum	8.3%
Silver	5.7%
Cash	3.2%
Diamonds	1.3%

TOP HOLDINGS as at 30/11/2007
Barrick Gold
Gold Fields
Goldcorp
Impala
INDS Penoles
Kinross Gold
Lihir Gold
Minas Buenaventura
Newcrest Mining
Zijin Mining

DEFINITION OF A MIRROR FUND
For each fund managed by external investment managers, Friends Provident International Limited has set up its own fund which invests exclusively in the underlying fund, apart from a proportionately small amount which may be held as a cash balance. This means that the price of the Friends Provident International Limited fund will be different from the corresponding fund but will move mainly in line with it. These mirror funds can only be accessed using Friends Provident International Limited Investment plans. Please note that there are fees charged to investments in the mirror funds that will affect their return. For further details, please refer to the relevant product brochure. Fund Commentary, Portfolio Breakdown and Top Holdings is the latest data available which is supplied by the external investment manager.

Friends Provident International Limited
Registered & Head Office : Royal Court, Castletown, Isle of Man, British Isles, IM9 1RA
Telephone : +44 1624 821212 Facsimile: +44 1624 824405
Incorporated company limited by shares. Registered in the Isle of Man No 11494

Authorised by the Isle of Man Insurance & Pensions Authority and regulated by the Financial Services Authority
for the conduct of investment business in the UK. Provider of life assurance and investment products.

The rules and regulations made by the Financial Services Authority for the protection of investors will not normally apply to persons resident outside the United Kingdom.

FRIENDS PROVIDENT INTERNATIONAL

INTERNATIONAL FUNDS
ISLE OF MAN

MLIIF WORLD GOLD

PERCENTAGE GROWTH SINCE LAUNCH
as at 30/11/2007

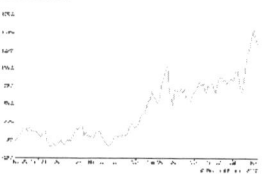

as at 30/11/2007	% growth
Since Launch	137.4%
3 Months	37.2%
6 Months	32.4%
1 Year	32.8%
3 Year	95.6%
5 Year	-

PERCENTAGE GROWTH OVER ONE YEAR ROLLING PERIODS
as at 30/9/2007

	30/9/2002 to 30/9/2003	30/9/2003 to 30/9/2004	30/9/2004 to 30/9/2005	30/9/2005 to 30/9/2006	30/9/2006 to 30/9/2007
% growth rate	N/A *	N/A *	19.5%	27.0%	39.3%

* This fund was not available

Figures are for periods from Quarter 3 to Quarter 3 of following year

STANDARD DEVIATION OVER THREE YEARS
as at 30/11/2007

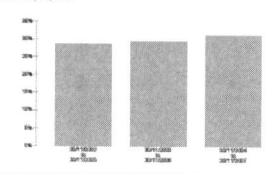

IMPORTANT NOTES

This fact sheet is for information only and should not be considered a financial promotion. The information should not be relied upon for buying and selling decisions. Fund prices may go down or up depending upon investment performance. Past performance is not necessarily a guide to the future. Fund prices and performance figures are net of all charges. Please note that securities held within a fund may not be denominated in the currency of that fund and, as a result, fund prices may rise and fall purely on account of exchange rate fluctuations.

Source: Financial Express Ltd, on a bid to bid basis, with net income reinvested. Figures to 30/11/2007

Friends Provident International Limited
Registered & Head Office : Royal Court, Castletown, Isle of Man, British Isles, IM9 1RA
Telephone : +44 1624 821212 Facsimile: +44 1624 824405
Incorporated company limited by shares. Registered in the Isle of Man No 11494

Authorised by the Isle of Man Insurance & Pensions Authority and regulated by the Financial Services Authority
for the conduct of investment business in the UK. Provider of life assurance and investment products.

The rules and regulations made by the Financial Services Authority for the protection of investors will not normally apply to persons resident outside the United Kingdom.

FRIENDS PROVIDENT INTERNATIONAL

INTERNATIONAL FUNDS
ISLE OF MAN

MARTIN CURRIE GF GLOBAL RESOUCES FUND

FUND OBJECTIVE
Unconstrained by any benchmark, the fund aims to provide capital growth by investment primarily in equities in the energy and basic materials sectors worldwide.

KEY FACTS
Fund Code: P60
Currency: USD
Launch Date: April, 2006
Risk Profile: 4
Fund Key: 1
Dealing: Daily

FUND COMMENTARY

Against a falling sector, the fund finished the month in the top quartile of its peer group.

Our holding in Bumi, Indonesia's biggest coal producer, did particularly well this month. Spot markets and early contract settlements point to even higher coal and iron ore prices than are factored into analysts' forecasts.

Samsung Heavy, the Korean shipyard, provided the greatest drag on returns. In our view the investment case – earnings momentum and valuation – is intact and we retain our position. Yamana Gold did nearly as much damage, giving back some of October's gains.

We locked in some profit from our holding in Rio Tinto, one of our largest positions, following the bid for the company by BHP. We see some value in combining the two companies and expect BHP to return with an improved offer. But we fear the process could be protracted and suspect that the degree of media and investor attention paid to such a high-profile deal will limit available returns. We opened a new position in OSG, a tanker operator.

PORTFOLIO BREAKDOWN as at 30/11/2007

Sector	%
Basic materials	34.5%
Energy	33.9%
Utilities	17.5%
Industrials	8.6%
Cash	5.5%

TOP HOLDINGS as at 30/11/2007

E.On
El Paso
Enel
NRG Energy
Repsol
Rio Tinto
RWE
SeaDrill
Xstrata
Yamana Gold

DEFINITION OF A MIRROR FUND

For each fund managed by external investment managers, Friends Provident International Limited has set up its own fund which invests exclusively in the underlying fund, apart from a proportionately small amount which may be held as a cash balance. This means that the price of the Friends Provident International Limited fund will be different from the corresponding fund but will move mainly in line with it. These mirror funds can only be accessed using Friends Provident International Limited Investment plans. Please note that there are fees charged to investments in the mirror funds that will affect their return. For further details, please refer to the relevant product brochure. *Fund Commentary, Portfolio Breakdown and Top Holdings is the latest data available which is supplied by the external investment manager.*

FRIENDS PROVIDENT INTERNATIONAL

INTERNATIONAL FUNDS
ISLE OF MAN

BARING AUSTRALIA

PERCENTAGE GROWTH OVER FIVE YEARS
as at 30/11/2007

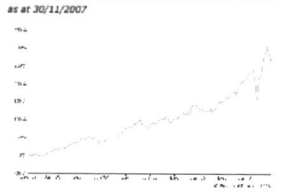

as at 30/11/2007	% growth
Since Launch	1086.6%
3 Months	23.3%
6 Months	19.5%
1 Year	46.4%
3 Year	107.2%
5 Year	272.7%

PERCENTAGE GROWTH OVER ONE YEAR ROLLING PERIODS
as at 30/9/2007

	30/9/2002 to 30/9/2003	30/9/2003 to 30/9/2004	30/9/2004 to 30/9/2005	30/9/2005 to 30/9/2006	30/9/2006 to 30/9/2007
% growth rate	29.2%	22.7%	38.9%	7.2%	59.7%

* This fund was not available

Figures are for periods from Quarter 3 to Quarter 3 of following year

STANDARD DEVIATION OVER THREE YEARS
as at 30/11/2007

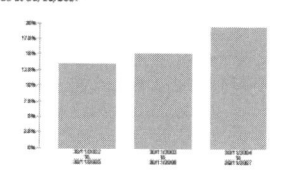

IMPORTANT NOTES

This fact sheet is for information only and should not be considered a financial promotion. The information should not be relied upon for buying and selling decisions. Fund prices may go down or up depending upon investment performance. Past performance is not necessarily a guide to the future. Fund prices and performance figures are net of all charges. Please note that securities held within a fund may not be denominated in the currency of that fund and, as a result, fund prices may rise and fall purely on account of exchange rate fluctuations.

Source: Financial Express Ltd, on a bid to bid basis, with net income reinvested. Figures to 30/11/2007

Friends Provident International Limited
Registered & Head Office : Royal Court, Castletown, Isle of Man, British Isles, IM9 1RA
Telephone : +44 1624 821212 Facsimile: +44 1624 824405
Incorporated company limited by shares. Registered in the Isle of Man No 11494

Authorised by the Isle of Man Insurance & Pensions Authority and regulated by the Financial Services Authority
for the conduct of investment business in the UK. Provider of life assurance and investment products.

The rules and regulations made by the Financial Services Authority for the protection of investors will not normally apply to persons resident outside the United Kingdom.

FRIENDS PROVIDENT INTERNATIONAL

INTERNATIONAL FUNDS
ISLE OF MAN

BARING EASTERN EUROPE

FUND OBJECTIVE

To achieve long-term capital appreciation through investment in a diversified portfolio of securities of issuers located in or with a significant exposure to the emerging markets of Europe. Investors should be aware of the additional risks associated with funds which invest in emerging and developing markets.

KEY FACTS

Fund Code:	P48
Currency:	USD
Launch Date:	Dec, 2004
Risk Profile:	5
Dealing:	Daily

FUND COMMENTARY

Emerging European markets experienced a turbulent period during the month of November as global risk aversion increased and investors reduced their exposure to riskier asset classes. As it appeared that global growth was slowing whilst inflationary pressures were rising in November, this triggered a decline in investors' appetite for risk. All markets declined during the month, although the Russian market proved its more defensive growth qualities in such a volatile investment environment, as it did not decline by as much as other equity markets in the region. In comparison, markets such as Poland and Hungary fell sharply as their economies were perceived by investors as having a direct exposure to a slow-down in global growth.

PORTFOLIO BREAKDOWN as at 30/11/2007

Russia	62.1%
Turkey	11.3%
Poland	9.1%
Hungary	7.8%
Czech Republic	5.7%
Cash & Others	2.7%
UK	1.1%
Austria	0.6%
Kazakhstan	0.6%

TOP HOLDINGS as at 30/11/2007

CEZ AS
Gazprom
JSC MMC Norilsk
Lukoil Holdings
Mobile Telesystem
OTP Bank
RAO Unified Energy
Sberbank Russia
Sistema JSFC
Vimpel Comms

DEFINITION OF A MIRROR FUND

For each fund managed by external investment managers, Friends Provident International Limited has set up its own fund which invests exclusively in the underlying fund, apart from a proportionately small amount which may be held as a cash balance. This means that the price of the Friends Provident International Limited fund will be different from the corresponding fund but will move mainly in line with it. These mirror funds can only be accessed using Friends Provident International Limited Investment plans. Please note that there are fees charged to investments in the mirror funds that will affect their return. For further details, please refer to the relevant product brochure. Fund Commentary, Portfolio Breakdown and Top Holdings is the latest data available which is supplied by the external investment manager.

Friends Provident International Limited
Registered & Head Office : Royal Court, Castletown, Isle of Man, British Isles, IM9 1RA
Telephone: + 44 1624 821212 Facsimile: +44 1624 824405
Incorporated company limited by shares. Registered in the Isle of Man No 11494

Authorised by the Isle of Man Insurance & Pensions Authority and regulated by the Financial Services Authority
for the conduct of investment business in the UK. Provider of life assurance and investment products.

The rules and regulations made by the Financial Services Authority for the protection of investors will not normally apply to persons resident outside the United Kingdom.

FRIENDS PROVIDENT INTERNATIONAL

INTERNATIONAL FUNDS
ISLE OF MAN

BARING EASTERN EUROPE

PERCENTAGE GROWTH SINCE LAUNCH
as at 30/11/2007

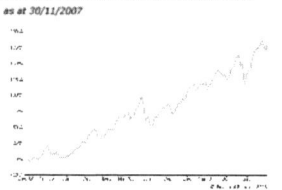

as at 30/11/2007	% growth
Since Launch	179.7%
3 Months	21.0%
6 Months	22.4%
1 Year	40.1%
3 Year	179.7%
5 Year	-

PERCENTAGE GROWTH OVER ONE YEAR ROLLING PERIODS
as at 30/9/2007

	30/9/2002 to 30/9/2003	30/9/2003 to 30/9/2004	30/9/2004 to 30/9/2005	30/9/2005 to 30/9/2006	30/9/2006 to 30/9/2007
% growth rate	N/A *	N/A *	N/A *	20.2%	47.6%

* This fund was not available

Figures are for periods from Quarter 3 to Quarter 3 of following year

STANDARD DEVIATION OVER THREE YEARS
as at 30/11/2007

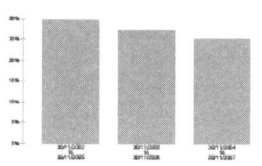

IMPORTANT NOTES

This fact sheet is for information only and should not be considered a financial promotion. The information should not be relied upon for buying and selling decisions. Fund prices may go down or up depending upon investment performance. Past performance is not necessarily a guide to the future. Fund prices and performance figures are net of all charges. Please note that securities held within a fund may not be denominated in the currency of that fund and, as a result, fund prices may rise and fall purely on account of exchange rate fluctuations.

Source: Financial Express Ltd, on a bid to bid basis, with net income reinvested. Figures to 30/11/2007

Friends Provident International Limited
Registered & Head Office : Royal Court, Castletown, Isle of Man, British Isles, IM9 1RA
Telephone: +44 1624 821212 Facsimile: +44 1624 824405
Incorporated Company limited by shares. Registered in the Isle of Man No. 11494

Authorised by the Isle of Man Insurance & Pensions Authority and regulated by the Financial Services Authority
for the conduct of investment business in the UK. Provider of life assurance and investment products.

The rules and regulations made by the Financial Services Authority for the protection of investors will not normally apply to persons resident outside the United Kingdom.

FRIENDS PROVIDENT INTERNATIONAL

INTERNATIONAL FUNDS
ISLE OF MAN

SCHRODER LATIN AMERICAN

FUND OBJECTIVE
To provide long-term capital growth through investment in equity-related and debt securities benefiting from the economic growth of Latin America.

KEY FACTS
Fund Code: J37
Currency: USD
Launch Date: Oct, 1995
Risk Profile: 5
Dealing: Daily

FUND COMMENTARY
Smaller companies in the US have had a difficult time during the latest quarter. Investors have become concerned over the state of the US economy due to a tightening in credit markets and a decline in the US housing market. This has had a knock-on effect on the US stockmarkets. However, the fund has performed well relative to the index, with a number of companies announcing positive financial results or sales growth over the quarter.

Within the fund, we combine three distinctly different types of stocks: (1) 'mis-priced' growth opportunities, which are companies that demonstrate strong growth trends and improving levels of cash; (2) 'steady eddies', which generate dependable earnings and revenues; and (3) turnarounds, which are companies that are undergoing positive change that is not being recognised by the market. By doing so, we believe we can reduce overall risk and improve returns for our investors.

The fund has performed well despite the recent tougher market conditions. This was due to good stock selection, where we recognised undervalued investment opportunities. Our focus remains on companies operating within a niche, that have a durable competitive advantage and that should be able to withstand a slow down in the broader economy.

PORTFOLIO BREAKDOWN as at 30/11/2007

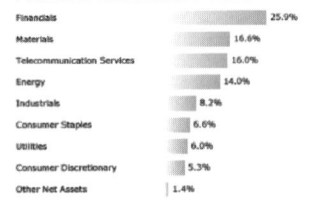

Financials	25.9%
Materials	16.6%
Telecommunication Services	16.0%
Energy	14.0%
Industrials	8.2%
Consumer Staples	6.6%
Utilities	6.0%
Consumer Discretionary	5.3%
Other Net Assets	1.4%

TOP HOLDINGS as at 30/11/2007
All America Latina Logistica
America Movil
Banco Bradesco SA
Bradespar
Cia Vale do Rio Doce
Eletropaulo Metrolpol.pnb
Investimentos Itau
Petrobras SA
Uniao de Bancos Brasileiros SA
Wal-Mart De Mexico

DEFINITION OF A MIRROR FUND
For each fund managed by external investment managers, Friends Provident International Limited has set up its own fund which invests exclusively in the underlying fund, apart from a proportionately small amount which may be held as a cash balance. This means that the price of the Friends Provident International Limited fund will be different from the corresponding fund but will move mainly in line with it. These mirror funds can only be accessed using Friends Provident International Limited Investment plans. Please note that there are fees charged to investments in the mirror funds that will affect their return. For further details, please refer to the relevant product brochure. *Fund Commentary, Portfolio Breakdown and Top Holdings is the latest data available which is supplied by the external investment manager.*

Friends Provident International Limited
Registered & Head Office : Royal Court, Castletown, Isle of Man, British Isles, IM9 1RA
Telephone: +44 1624 821212 Facsimile: +44 1624 824405
Incorporated company limited by shares. Registered in the Isle of Man No 11494

Authorised by the Isle of Man Insurance & Pensions Authority and regulated by the Financial Services Authority for the conduct of investment business in the UK. Provider of life assurance and investment products.

The rules and regulations made by the Financial Services Authority for the protection of investors will not normally apply to persons resident outside the United Kingdom.

FRIENDS PROVIDENT INTERNATIONAL

INTERNATIONAL FUNDS
ISLE OF MAN

SCHRODER LATIN AMERICAN

PERCENTAGE GROWTH OVER FIVE YEARS
as at 30/11/2007

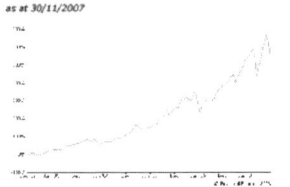

as at 30/11/2007	% growth
Since Launch	451.7%
3 Months	20.5%
6 Months	13.7%
1 Year	51.0%
3 Year	254.1%
5 Year	596.2%

PERCENTAGE GROWTH OVER ONE YEAR ROLLING PERIODS
as at 30/9/2007

	30/9/2002 to 30/9/2003	30/9/2003 to 30/9/2004	30/9/2004 to 30/9/2005	30/9/2005 to 30/9/2006	30/9/2006 to 30/9/2007
% growth rate	45.2%	35.7%	76.9%	21.2%	66.8%

* This fund was not available

Figures are for periods from Quarter 3 to Quarter 3 of following year

STANDARD DEVIATION OVER THREE YEARS
as at 30/11/2007

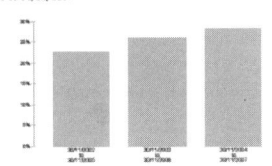

IMPORTANT NOTES

This fact sheet is for information only and should not be considered a financial promotion. The information should not be relied upon for buying and selling decisions. Fund prices may go down or up depending upon investment performance. Past performance is not necessarily a guide to the future. Fund prices and performance figures are net of all charges. Please note that securities held within a fund may not be denominated in the currency of that fund and, as a result, fund prices may rise and fall purely on account of exchange rate fluctuations.

Source: Financial Express Ltd, on a bid to bid basis, with net income reinvested. Figures to 30/11/2007

Friends Provident International Limited
Registered & Head Office : Royal Court, Castletown, Isle of Man, British Isles, IM9 1RA
Telephone: +44 1624 821212 Facsimile: +44 1624 824405
Incorporated company limited by shares. Registered in the Isle of Man No 11494

Authorised by the Isle of Man Insurance & Pensions Authority and regulated by the Financial Services Authority
for the conduct of investment business in the UK. Provider of life assurance and investment products.

The rules and regulations made by the Financial Services Authority for the protection of investors will not normally apply to persons resident outside the United Kingdom.

月掛けプランは毎月およそ3万円ずつ10年〜25年までの期間、積立ながらファンドに投資できるため、ドルコスト平均法による平均買付け価格を安く抑える効果と、長期間にわたる複利の効果が得られます。そのため、非常に効率的に資産形成ができる人気商品です。

　毎月3万円ずつ20年間、仮に積み立てたとして、複利運用の利回りがどのくらいの結果の違いをもたらすか、ご存知でしょうか？

利回り0％・・・720万円
利回り6％・・・およそ1400万円
利回り9％・・・およそ2000万円
利回り12％・・・およそ2500万円
利回り15％・・・およそ4200万円

　これほど結果に違いが出てくるのです。
　そして2008年現在、中国を中心とした新興国経済の高度成長の恩恵を受け、世界的に経済が発展している状況にあります。要するに、株式ファンド、特に新興国の株式ファンドや資源関連のファンドなどを中心に運用すれば、年間利回りが１０％を超えるのは容易な環境にあるのです。
　しかも、毎月一定金額を投資して買っていきますから、ドルコスト平均法が効いてきます。つまり、相場の下落局面においても買い続けることで買付けコストを引き下げ、買付数量が増える効果が得られます。これは長期的にみて非常に効果的な資産形成プランになりますので、若い人たちにとっても自分の老後の年金準

備として効果的でしょう。

■FPI社のURL
http://www.fpinternational.com/

■取扱IFA
Amici International Corp
http://www.amicifinancial.com/disclaimer.htm

アルテミスシルバー・ファンドを利用する

　ゴールドに特化したファンドはよく見かけますが、シルバーに特化したファンドはこのアルテミスシルバー・ファンド以外にはありません。主な投資対象はシルバーエクイティ（銀鉱山株）と銀地金ですが、一部はその他の貴金属でも運用する仕組みとなっています。

◎銘柄の選定方法

　世界には約150銘柄のシルバーエクイティが存在します。その中からアルテミス独自の評価モデル（RVM）によって8〜15銘柄に絞込みます。

　RVMの評価項目は各社が開示する財務報告書はもちろんのこと、成長性、過去の株価や業績、鉱山を保有する国々の政治リスク、経営力、財務力など多岐にわたります。これらのさまざまな要素を吟味し、厳格なデューデリジェンス（資産評価）を行ったうえで銘柄を絞り込むのです。

◎リスクマネジメント

　運用する銘柄については1銘柄が運用総額の15％を上回らないように管理して、リスク分散を図っています。また、1銘柄あたりの時価総額は5000万〜3億ドルの範囲内に限定しています。

　このほか、価格下落リスクを抑えるため、ポジションごとに5〜20％の下落が生じた場合はストップロス（損切り）をかけ、市場に極端なボラティリティが生じた場合は最大50％まで現金化するルールも定めています。

ARTEMIS SILVER FUND

Think Silver.

November, 2007

MANAGED ACCOUNT

Fund's Description
Artemis Silver Fund is aiming to provide long-term capital appreciation by investing in a portfolio consisting primarily of silver mining and precious metal-related securities, and silver bullion. The focus of the Fund is to increase gains to the rising price of silver. The Fund's underlying philosophy is that every investor should have some exposure to precious metals. Within the precious metals sector, the Fund believes that silver offers the brightest potential for growth.

Monthly Market Overview
Silver started November strongly, launching upwards from $14.36 to an intraday high of $16.27 6 days later. It appeared that silver had broken above a very important resistance level at $15, but that was not to be the case. From November 7 silver prices declined for the rest of the month, closing at $14.23. Dollar strength contributed to the fall, as the dollar staged a rally after falling continuously since August. Silver's short term direction will again be driven by movements both in gold and the dollar. Our view is that the current dollar rally will end shortly, and the dollar will continue its descent towards the 72 level on the dollar index. In line with the fall, we expect silver will again challenge the $15 level, and upon successfully clearing that, will start a rapid rise towards the $20 level in the months ahead. Near term support levels stand at $13.50 and $13.00 to the downside.

Geographical Diversification
- N. America 70%
- Rest of the World 10%
- Latin America 10%
- China 10%

Asset Allocation
- Silver Equities 80%
- Other Precious Metals 10%
- Cash Options and Futures 5%
- Silver Bullion (ETF) 5%

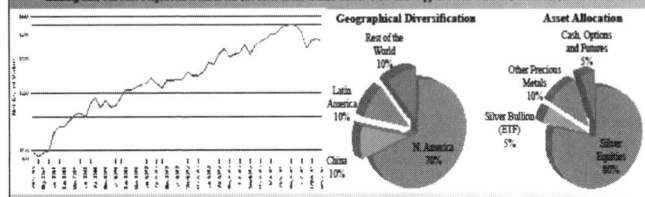

Month and Performance (Net of Fees)

Year	Jan	Feb	Mar	Apr	May	Jun	Jul	Aug	Sep	Oct	Nov	Dec	Year
2007	6.10%	0.75%	6.82%	2.98%	1.61%	(1.60%)	(7.57%)	(17.62%)	10.43%	1.94%	(3.27%)		(2.51%)
2006	12.80%	(2.83%)	13.29%	7.30%	(10.81%)	4.02%	1.54%	10.16%	(10.19%)	10.64%	4.90%	2.63%	47.89%
2005	1.86%	6.34%	(5.80%)	(1.57%)	9.60%	(0.36%)	1.55%	(2.57%)	9.64%	(4.33%)	(0.24%)	4.72%	16.46%
2004	(4.61%)	18.59%	6.65%	(11.67%)	9.48%	(7.64%)	1.41%	10.97%	8.97%	(0.41%)	3.76%	2.80%	40.34%
2003			(2.90%)	(4.55%)	5.20%	2.56%	24.53%	6.57%	8.17%	7.65%	7.81%	1.61%	56.60%

Month end NAV Net of Fees

Year	Jan	Feb	Mar	Apr	May	Jun	Jul	Aug	Sep	Oct	Nov	Dec
2007	401.61	404.63	432.21	445.10	452.28	445.05	411.35	338.88	374.22	381.50	369.04	
2006	284.71	280.47	317.76	340.95	304.09	316.31	321.19	353.83	317.79	351.60	368.82	378.53
2005	223.86	238.05	224.23	211.74	232.07	231.24	234.89	233.55	256.08	245.00	244.41	255.95
2004	149.38	177.14	188.93	166.88	182.66	161.71	171.08	189.85	206.89	206.04	213.79	219.77
2003			97.10	92.37	97.17	99.66	124.41	132.57	132.80	142.96	154.12	156.6

Statistics

Returns
Since Inception	369.04%
Average annually	31.64%
YTD	-2.51%
Largest monthly return	24.83%
% of positive months	66.67%

Risk
Largest Monthly Loss/2nd	-17.62%/-11.67%
Sharpe(3.00%)	1
Sortino(3.00%)	1.56
Average Standard Deviation p.a.	26.18%
Maximum Drawdown	-25.07%
Maximum months off peak	4

Correlations
Silver Spot Price	0.59
Gold Price Index	0.34
CRB Index	0.27
US TB 90	-0.12
CSFB-Tremont Hedge Fund Index	0.43
Dow Jones Industrial Average	0.25

General
Minimum Investment	25,000
Subscription charges	Up to 4%
Management fee	3% p.a.
Incentive fee	25%

Fund
Base Currency	USD
Liquidity	Monthly
Domicile	Cayman Islands
Contact	info@artemissilver.com

Service Providers
Administrator	Citi Hedge Fund Services (Cayman) Ltd.
Auditor	Deloitte & Touche
Legal Advisor	Walkers
Fund Advisor	Artemis Capital Management
Prime Broker	MAN Financial Canada

通常はレバレッジをかけずに運用しますが、上昇トレンドが加速した場合は、状況に応じて最大1.5倍までのレバレッジを掛けることもあります。
　ショートポジションについては、オプションと先物に限定して、総資産の最大10%まで行うこともあります。
　価格下落リスクを最小限に抑えながら、相場が好調なときには、できるだけ多くのリターンを追及する仕組みとなっています。

◎アセットアロケーション
　積極的に運用する場合は、シルバーエクイティの割合が全体の80%、銀地金が10%、その他の貴金属エクイティと現金の割合が10%というモデル比率をベースに分散投資します。相場が不安定なときは現金の割合を40～50%まで増やし、オプション取引の割合も含めて価格下落リスクをヘッジします。

◎運用目標
　投資の基本は、価格が安いときに買い、高いときに売ることです。アルテミスは、この基本に忠実にシルバーエクイティや現物のシルバーの相場を見極めながら、より大きなリターンを追及しています。目標リターンは年率35%以上に設定しています。
　最低投資額は2万5000ドル。FPIと同じく、シンガポールの「Amici　International　Corp」にて取扱しています。

■Amici　International　Corp
URL：http://www.amicifinancial.com/disclaimer.htm

コーヒーブレイク

■日本もかつては産銀メジャー国！

　日本はかつてマルコポーロを通じて「黄金の国ジパング」と紹介されました。しかし、実は金よりも銀産出国として名実ともに有名だったことはご存知でしょうか？

　2007年に世界遺産にも登録された島根県太田市大森を中心とした石見国の石見銀山（当時）から大量の銀が産出し、時の権力者達がこの地を奪い合ったほどです。豊臣秀吉の朝鮮出兵の軍資金のもとになったと言われています。

　16世紀後半からマカオを拠点に来航するようになったポルトガルや17世紀初めに来航したオランダ東インド会社、さらには中国密貿易商人らとの交易も支えたようです。

　当時の銀の産出量は年間一万貫（およそ38トン）と言われており、これは当時の世界全体の3分の1に達していたそうです。スペインのペルー副王の領土ポトシ（現在のボリビア，世界遺産）のセロ・リコと並ぶ世界的な銀産地だったのです。

付録 1

世界資源メジャーデータ集

オイルガスメジャー

		企　業	国籍	時価総額 (US$Billion)
1	石油・ガス	エクソンモービル	米国	498.4
2		ガスプロム	ロシア	461.2
3		ペトロブラス	ブラジル	309.4
4		ペトロチャイナ	中国	279.8
5		ロイヤルダッチ・シェル	英国	262.3
6		ブリテッシュ・ペトロリアム	英国	236.5
7		トータル	フランス	206.0
8		シェブロン	米国	194.5
9		コノコ・フィリップス	米国	135.0
10		ルクオイル	ロシア	120.4

総合資源メジャー

		企　業	国籍	時価総額 (US$Billion)
1	石油・ガス	BHPビリトン	英国	222.9
2		リオ・ティント	英国	156.4
3		リオドセ	ブラジル	155.1
		インコ（現：リオドセ）	カナダ	
4		中国神華能源	中国	105.3
5		アングロ・アメリカン	英国	74.1
6		エクストラータ	スイス	62.9
		ファルコン・ブリッジ（現：エクストラータ）	カナダ	
7		ノリリスク・ニッケル	ロシア	50.4
8		三菱商事	日本	45.8
9		フリーポート・マクモラン	米国	36.5
		フェルプス・ドッジ（現：フリーポート・マクモラン）	米国	
10		テック・コミンコ	カナダ	14.7

世界産金メジャー

		企 業	国籍	時価総額 (US$Billion)
1	金	バリック・ゴールド	カナダ	41.1
2		ゴールド・コープ	カナダ	26.3
3		ニューモント・マイニング	米国	22.4
4		ニュークレスト・マイニング	豪州	16.7
5		アングロゴールド・アシャンティ	南ア	12.6
6		キンロス・ゴールド	カナダ	12.3
7		ゴールド・フィールズ	南ア	10.3
8		ヤマナ・ゴールド	カナダ	8.9
9		ポリュス・ゴールド	ロシア	8.8
10		ブエナベンチュラ	ペルー	8.7

＊時価総額2008年1月7日時点

世界産銀量トップ10

		企 業	国籍	時価総額 (Million oz)
1	銀	ペニョーレス	メキシコ	46.3
2		KGHM ポルスカ・ミエズ	ポーランド	39.9
3		BHPビリトン	豪州	37.0
4		カザフミス	カザフスタン	21.5
5		ポリメタル	ロシア	17.3
6		ブエナベンチュラ	ペルー	17.0
7		グルポ・メヒコ	メキシコ	16.2
8		リオ・ティント	豪州	14.0
9		コード・アレン	米国	13.6
10		ゴールド・コープ	カナダ	13.4

＊時価総額2006年末時点

世界産銀メジャー

		企 業	国籍	時価総額 (US$Billion)
1	銀	シルバー・ウィートン	カナダ	3.8
2		パン・アメリカン・シルバー	カナダ	2.7
3		シルバー・スタンダード	カナダ	2.2
4		シルバー・コープ・メタル	カナダ	1.4
5		コードアレン	米国	1.2

エクソン・モービル(石油・ガスメジャー)

本社:米国・テキサス
URL:http://www.exxonmobil.com/corporate/
上場市場:ニューヨーク(XOM)
決算日:12月末
生産鉱種:石油、天然ガス

◎株価指標

株価	USD 91.22
株価収益率	13.2
純資産倍率	4.2
配当利益	1.53%
時価総額	498.4

※株価2008年1月7日

◎財務データ (単位:USD million)

	2007/9/30	2006年度	2005年度	2004年度	2003年度
総資産	236,611	219,015	208,335	195,256	174,278
総負債	118,058	105,171	97,149	93,500	84,363
時価株	118,553	113,844	111,186	101,756	89,915
売上高	278,363	365,467	358,955	291,252	237,054
当期利益	28,950	39,500	36,130	25,330	20,510
利益率	10.4%	10.8%	10.1%	8.7%	8.7%
ROA(%)	16.3%	18.0%	17.3%	13.0%	11.8%
ROE(%)	32.6%	34.7%	32.5%	24.9%	22.8%

※2007年は期中のため年率換算済み

◎5年チャート (出典:Bigcharts.com)

◎1年チャート (出典:Bigcharts.com)

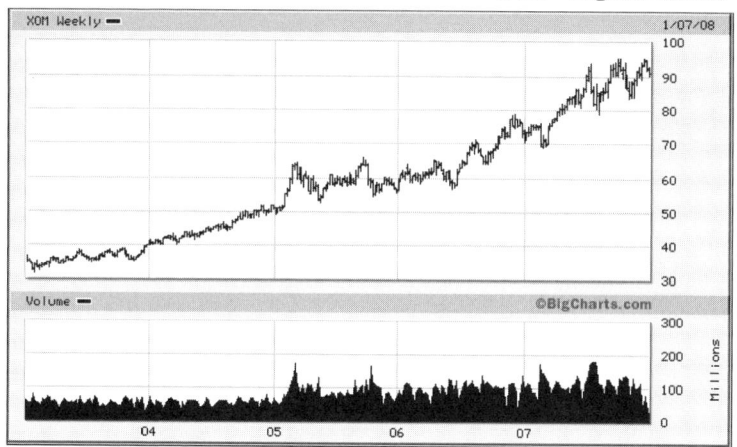

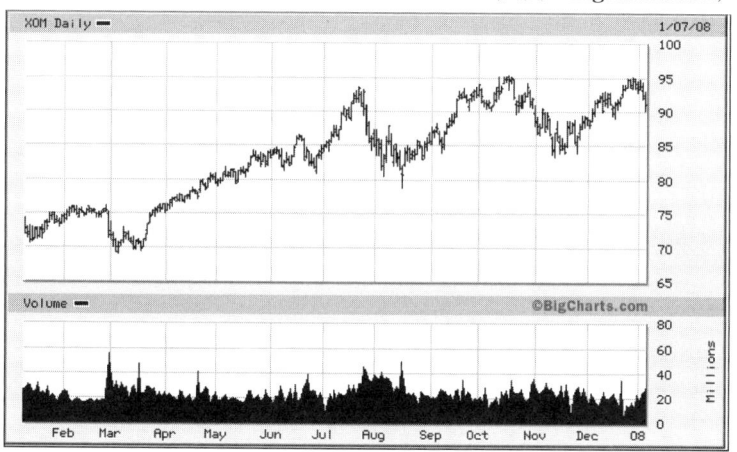

ロイヤル・ダッチ・シェル（石油・ガスメジャー）

本社：英国・ロンドン／オランダ・アムステルダム
URL：http://www.shell.com/
上場市場：ロンドン／アムステルダム／ニューヨーク
（RDSA・RDSB）
決算日：12月末
生産鉱種：石油、天然ガス

◎株価指標

株価	GBP 21.60
株価収益率	10.8
純資産倍率	1.7
配当利益	3.39%
時価総額	262.3

※株価2008年1月7日

◎財務データ (単位:USD million)

	2007/9/30	2006年度	2005年度	2004年度	2003年度
総資産	251,529	235,276	219,516	187,446	169,766
総負債	131,563	120,331	121,592	96,063	91,515
時価株	120,026	114,945	97,924	91,383	78,251
売上高	246,079	318,845	306,731	266,386	195,236
当期利益	22,864	26,311	26,261	19,275	12,322
利益率	9.3%	8.3%	8.6%	7.2%	6.3%
ROA(%)	12.1%	11.2%	12.0%	10.3%	7.3%
ROE(%)	25.4%	22.9%	26.8%	21.1%	15.7%

※2007年は期中のため年率換算済み

◎5年チャート

(出典：Bigcharts.com)

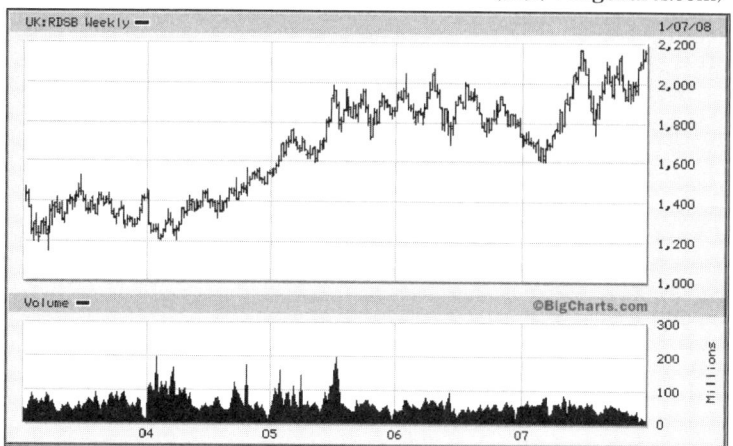

◎1年チャート

(出典：Bigcharts.com)

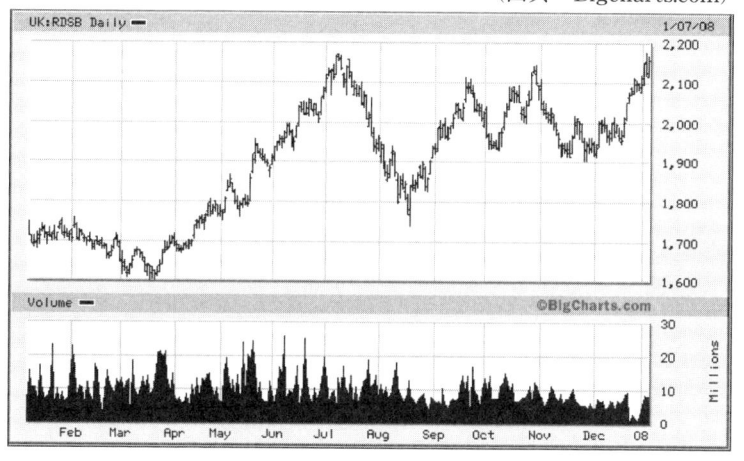

ブリティッシュ・ペトロリアム（石油・ガスメジャー）

本社：英国・ロンドン
URL：http://www.bp.com/
上場市場：ロンドン／ニューヨーク（BP）
決算日：12月末
生産鉱種：石油、天然ガス

◎株価指標

株価	GBP 6.37
株価収益率	11.9
純資産倍率	1.6
配当利益	3.33%
時価総額	236.5

※株価2008年1月7日

◎財務データ　　　　　　　　　　　　　　　　　　　　（単位:USD million）

	2007/6/30	2006年度	2005年度	2004年度	2003年度
総資産	221,894	217,601	206,914	194,630	172,491
総負債	133,345	132,977	127,253	117,738	103,362
時価株	88,549	84,624	79,661	76,892	691,139
売上高	137,108	274,316	245,486	196,604	168,508
当期利益	11,199	21,116	19,642	17,088	12,939
利益率	8.2%	7.7%	8.0%	8.7%	7.7%
ROA(%)	10.1%	9.7%	9.5%	8.8%	7.5%
ROE(%)	253%	250%	247%	222%	187%

※2007年は期中のため年率換算済み

◎5年チャート　　　　　　　　　　　　（出典：Bigcharts.com）

◎1年チャート　　　　　　　　　　　　（出典：Bigcharts.com）

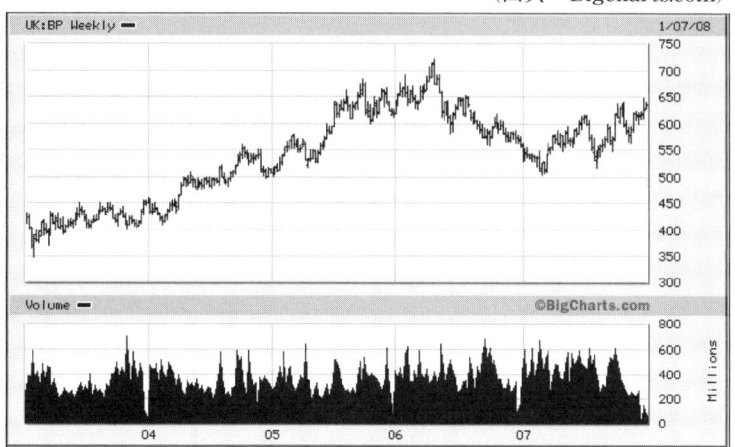

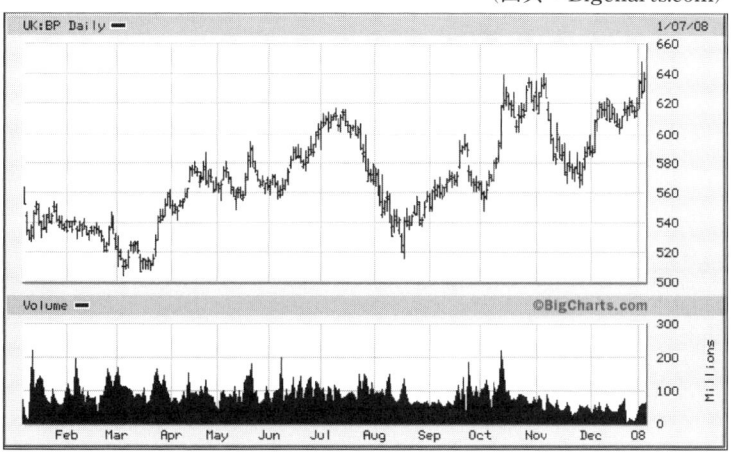

トータル（石油・ガスメジャー）

本社：フランス・パリ
URL：http://www.total.com/
上場市場：ニューヨーク／ロンドン（TOT）
決算日：12月末
生産鉱種：石油、天然ガス

◎株価指標

株価	USD 86.1
株価収益率	12.2
純資産倍率	5.5
配当利益	3.28%
時価総額	206.0

※株価2008年1月7日

◎財務データ　　　　　　　　　　　　　　　　（単位:USD million）

	2007/9/30	2006年度	2005年度	2004年度	2003年度
総資産	115,940	139,156	140,972	122,237	79,963
総負債	73,122	67,271	67,917	57,129	49,161
時価株	42,818	71,884	73,095	65,108	30,802
売上高	99,127	132,669	117,057	95,325	86,565
当期利益	9,561	11,400	11,596	7,221	6,103
利益率	9.7%	8.6%	9.9%	7.6%	7.1%
ROA(%)	11.0%	8.2%	8.2%	5.9%	7.6%
ROE(%)	29.8%	15.9%	15.9%	11.1%	19.8%

※2007年は期中のため年率換算済み

◎5年チャート　　　　　　　　　　　　　（出典：Bigcharts.com）

◎1年チャート　　　　　　　　　　　　　（出典：Bigcharts.com）

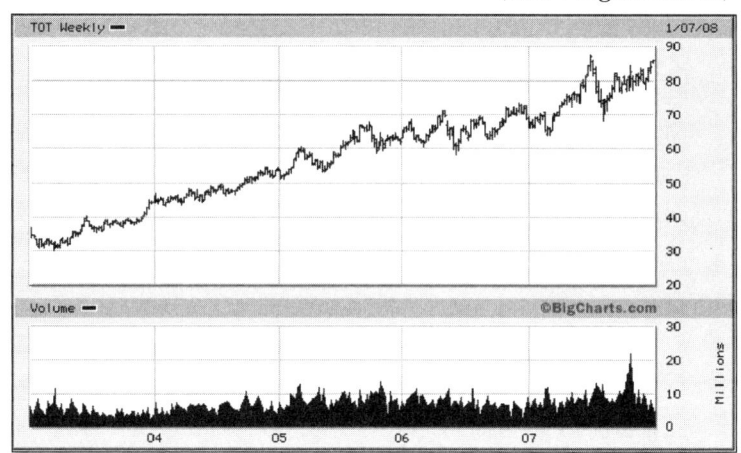

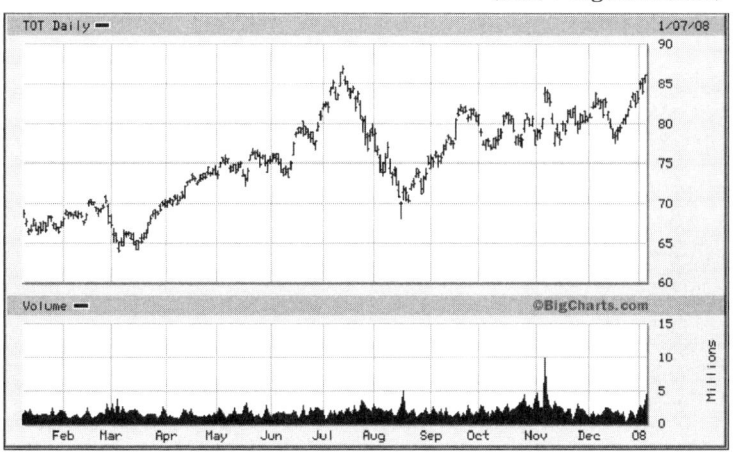

シェブロン（石油・ガスメジャー）

本社：米国・カリフォルニア
URL：http://www.chevron.com/
上場市場：ニューヨーク（CVX）
決算日：12月末
生産鉱種：石油、天然ガス

◎株価指標

株価	USD 92.13
株価収益率	11.2
純資産倍率	2.6
配当利益	2.52%
時価総額	194.5

※株価2008年1月7日

◎財務データ （単位:USD million）

	2007/9/30	2006年度	2005年度	2004年度	2003年度
総資産	139,554	132,628	125,833	93,208	81,420
総負債	64,610	63,693	63,157	47,978	45,175
時価株	74,944	68,935	62,676	45,230	36,295
売上高	159,494	210,118	198,200	156,300	121,277
当期利益	13,809	17,138	14,099	13,328	7,230
利益率	8.7%	8.2%	7.1%	8.6%	6.0%
ROA(%)	13.2%	12.9%	11.2%	14.3%	8.9%
ROE(%)	24.6%	24.9%	22.5%	29.5%	19.9%

※2007年は期中のため年率換算済み

◎5年チャート (出典：Bigcharts.com)

◎1年チャート (出典：Bigcharts.com)

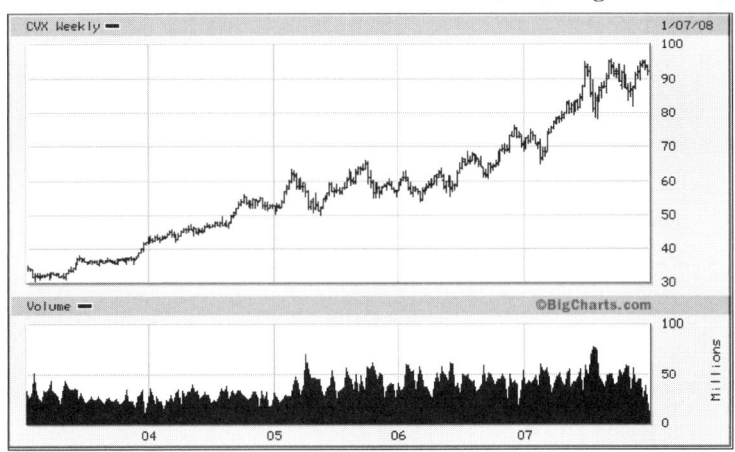

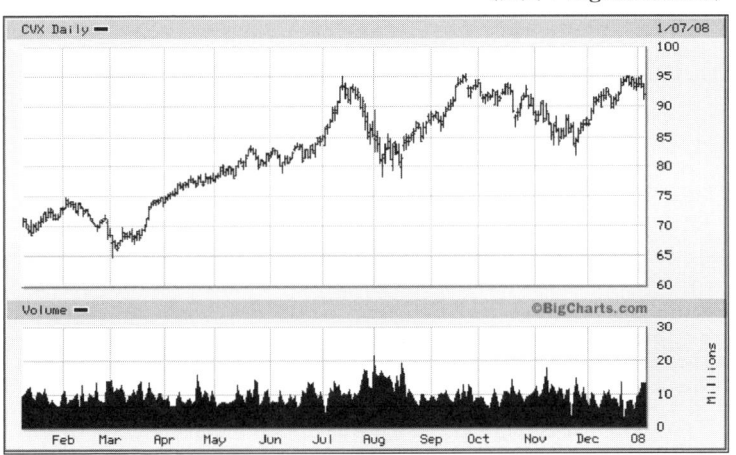

コノコ・フィリップス（石油・ガスメジャー）

本社：米国・ヒューストン
URL：http://www.conocophillips.com/index.htm
上場市場：ニューヨーク（COP）
決算日：12月末
生産鉱種：石油、天然ガス

◎株価指標

株価	USD 84.39
株価収益率	13.1
純資産倍率	1.6
配当利益	1.94%
時価総額	135.0

※株価2008年1月7日

◎財務データ (単位:USD million)

	2007/9/30	2006年度	2005年度	2004年度	2003年度
総資産	173,427	164,781	106,999	92,861	82,455
総負債	86,494	82,135	54,268	50,138	48,059
時価株	86,933	82,646	52,731	42,723	34,366
売上高	140,197	188,523	183,364	136,916	105,097
当期利益	7,520	15,550	13,529	8,129	4,736
利益率	5.4%	8.2%	7.4%	5.9%	4.9%
ROA(%)	5.8%	9.4%	12.8%	8.8%	5.7%
ROE(%)	11.9%	18.8%	25.7%	19.0%	13.8%

※2007年は期中のため年率換算済み

◎5年チャート (出典：Bigcharts.com)

◎1年チャート (出典：Bigcharts.com)

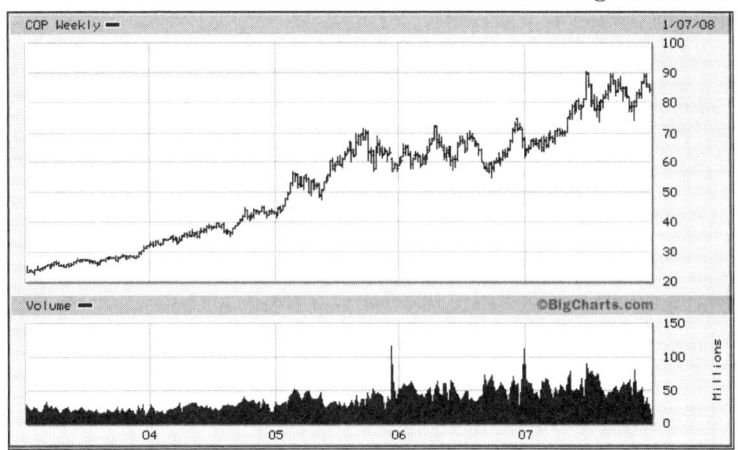

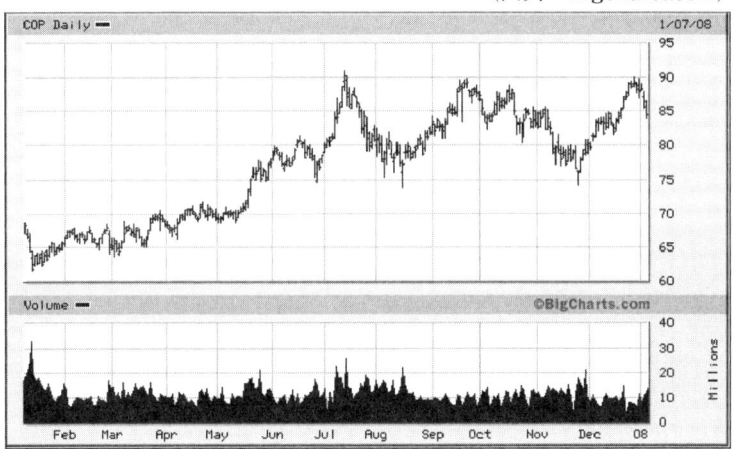

リオ・ティント（総合資源メジャー）

本社：英国・ロンドン、豪州・メルボルン
URL：http://www.riotinto.com/
上場市場：ロンドン／シドニー（RIO）／ニューヨーク（RTP）
決算日：12月末
生産鉱種：銅、亜鉛、鉛、金、銀、アルミニウム、ニッケル、モリブデン、鉄鉱石、ダイヤモンド、石炭、ウラン

◎株価指標

株価	A$ 127.50
株価収益率	20.5
純資産倍率	6.2
配当利益	1.13%
時価総額	156.4

※株価2008年1月7日

◎財務データ　　　　　　　　　　　　（単位:USD million）

	2007/6/30	2006年度	2005年度	2004年度	2003年度
総資産	37,373	34,494	29,803	26,308	24,081
総負債	16,742	16,262	14,855	14,431	14,044
時価株	20,631	18,232	14,948	11,877	10,037
売上高	12,055	25,440	20,742	14,530	11,755
当期利益	3,253	7,867	5,498	3,244	1,506
利益率	27.0%	30.9%	26.5%	22.3%	12.8%
ROA(%)	17.4%	22.8%	18.4%	12.3%	6.3%
ROE(%)	31.5%	43.1%	36.8%	27.3%	15.0%

※2007年は期中のため年率換算済み

◎5年チャート　　　　　　　　　　　　　（出典：Bigcharts.com）

◎1年チャート　　　　　　　　　　　　　（出典：Bigcharts.com）

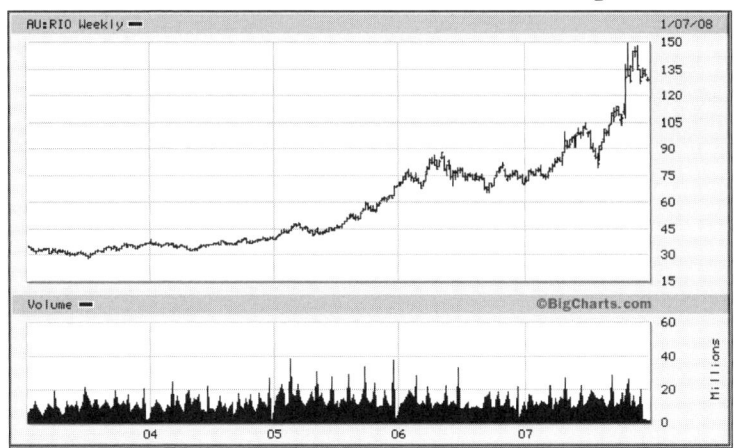

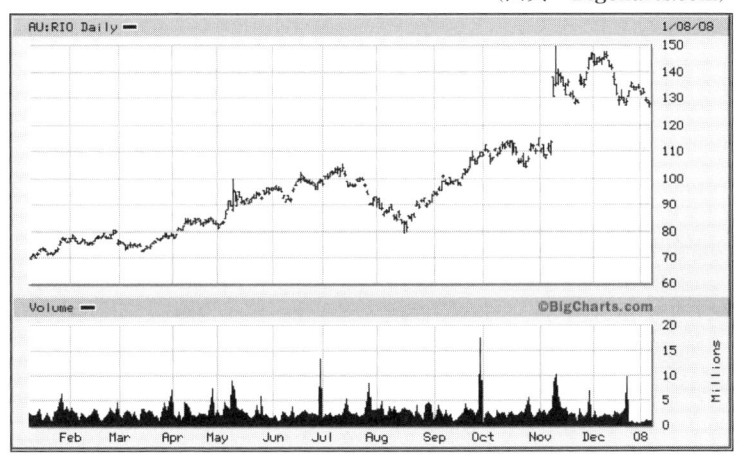

中国神華能源(総合資源メジャー)

本社:中国・北京
URL:http://www.shenhuachina.com
上場市場:香港H株(1088)/上海(601088)
決算日:12月末
生産鉱種:石炭

◎株価指標

株価	HKD 45.5
株価収益率	39.8
純資産倍率	10.8
配当利益	2.07%
時価総額	105.3

※株価2008年1月7日

◎財務データ (単位:RMB million)

	2007/9/30	2006年度	2005年度	2004年度	2003年度
総資産	171,975	163,148	142,269	111,470	94,611
総負債	101,267	96,377	84,650	86,026	78,142
時価株	70,708	66,771	57,619	25,444	16,469
売上高	38,331	64,240	52,242	39,267	26,995
当期利益	10,315	17,450	15,619	8,934	2,901
利益率	26.9%	27.2%	29.9%	22.8%	10.7%
ROA(%)	12.0%	10.7%	11.0%	8.0%	3.1%
ROE(%)	29.2%	26.1%	27.1%	35.1%	17.6%

※2007年は期中のため年率換算済み

◎5年チャート

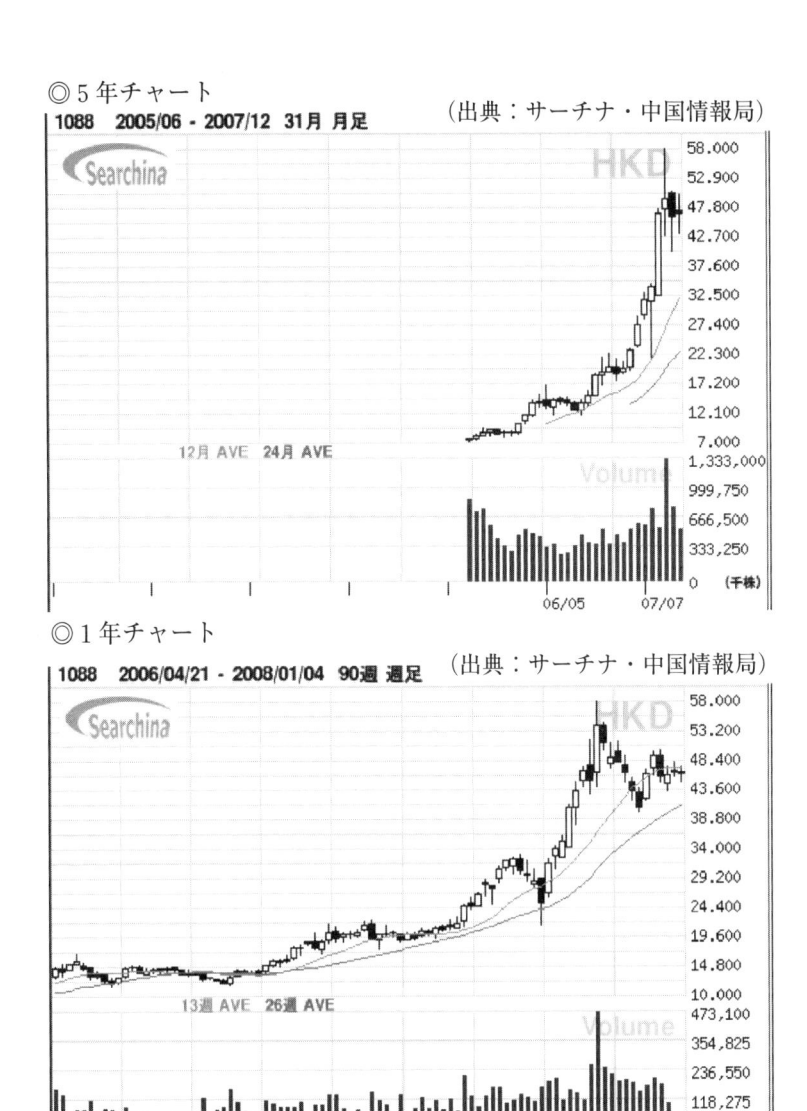

1088　2005/06 - 2007/12　31月　月足

(出典：サーチナ・中国情報局)

◎1年チャート

1088　2006/04/21 - 2008/01/04　90週　週足

(出典：サーチナ・中国情報局)

アングロ・アメリカン（総合資源メジャー）

本社：英国・ロンドン
URL：http://www.angloamerican.co.uk
上場市場：ニューヨーク（AAUK）／ロンドン（AAL）
決算日：12月末
生産鉱種：銅、亜鉛、鉛、金、プラチナ、パラジウム、ニッケル、鉄鉱石、石炭、ダイヤモンド

◎株価指標

株価	GBP 29.01
株価収益率	12.4
純資産倍率	4.8
配当利益	n/a
時価総額	74.1

※株価2008年1月7日

◎財務データ （単位:USD million）

	2007/6/30	2006年度	2005年度	2004年度	2003年度
総資産	47,397	46,483	51,890	53,451	43,105
総負債	23,232	22,212	28,269	30,326	23,333
時価株	24,165	24,271	23,621	23,125	19,772
売上高	16,946	33,072	29,434	26,263	18,637
当期利益	3,379	6,922	3,933	3,941	1,592
利益率	19.9%	20.9%	13.4%	15.0%	8.5%
ROA(%)	14.3%	14.9%	7.6%	7.4%	3.7%
ROE(%)	28.0%	28.5%	16.7%	17.0%	8.1%

※2007年は期中のため年率換算済み

◎5年チャート　　　　　　　　　　　　（出典：Bigcharts.com）

◎1年チャート　　　　　　　　　　　　（出典：Bigcharts.com）

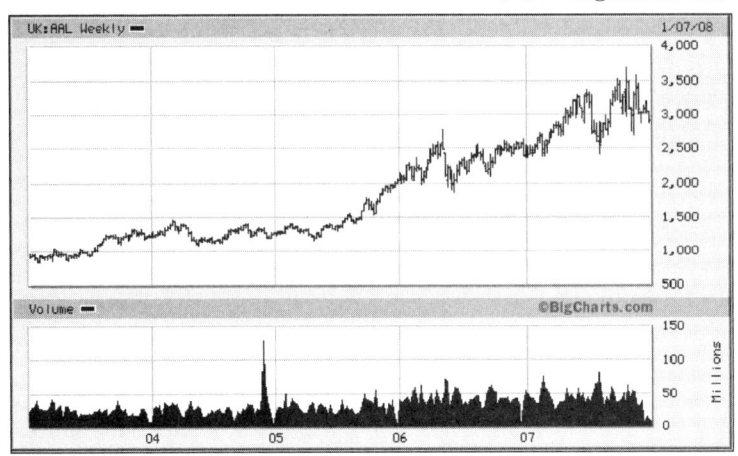

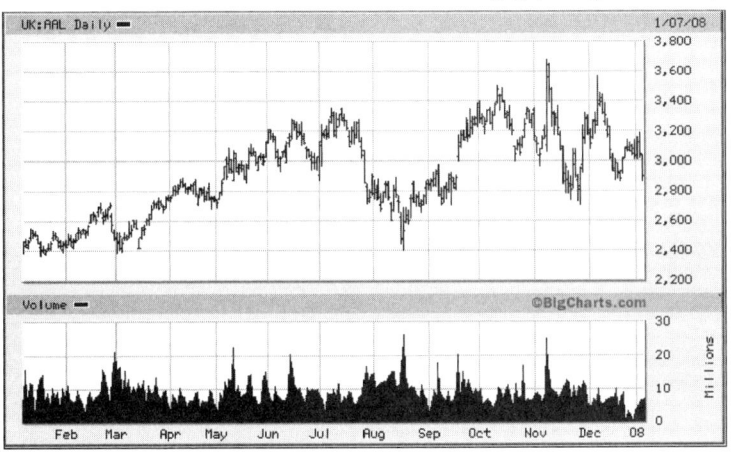

エクストラータ（総合資源メジャー）

本社：スイス・ツーグ（Zug）
URL：http://www.xstrata.com
上場市場：ロンドン／チューリッヒ（XTA）
決算日：12月末
生産鉱種：銅、亜鉛、鉛、金、銀、フェロクロム、石炭

◎株価指標

株価	GBP 33.12
株価収益率	12.8
純資産倍率	1.5
配当利益	0.69%
時価総額	62.9

※株価2008年1月7日

◎財務データ　　　　　　　　　　　　　　　　　　（単位:USD million）

	2007/6/30	2006年度	2005年度	2004年度	2003年度
総資産	46,784	47,259	14,819	12,286	11,071
総負債	24,961	28,813	7,254	5,468	4,586
時価株	21,823	18,446	7,565	6,818	6,485
売上高	14,232	17,102	8,050	6,462	3,482
当期利益	3,002	1,501	1,706	1,067	277
利益率	21.1%	8.8%	21.2%	16.5%	8.0%
ROA(%)	12.8%	3.2%	11.5%	8.7%	2.5%
ROE(%)	27.5%	8.1%	22.6%	15.6%	4.3%

※2007年は期中のため年率換算済み

◎5年チャート

(出典：Bigcharts.com)

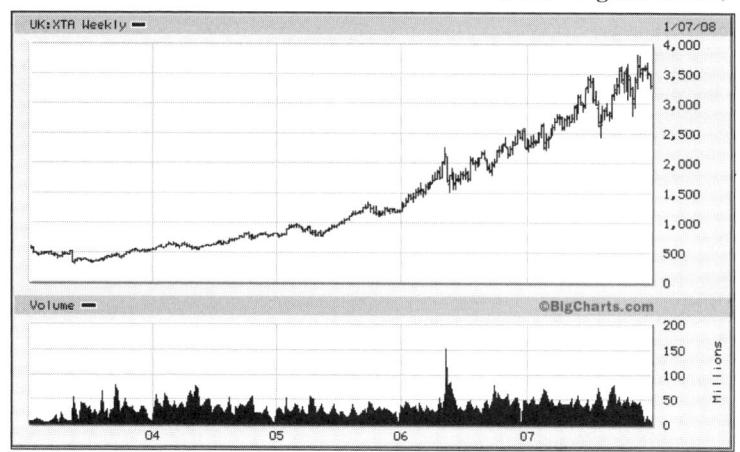

◎1年チャート

(出典：Bigcharts.com)

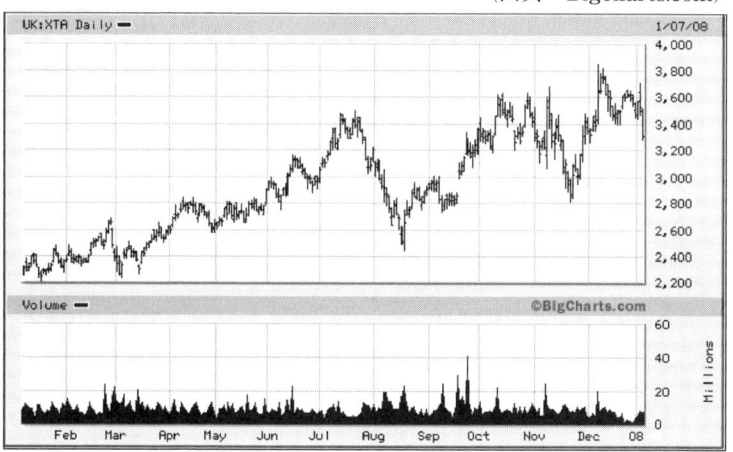

三菱商事（総合資源メジャー）

本社：日本・東京
URL：http://www.mitsubishicorp.com/jp/index.html
上場市場：東京（8058）
決算日：3月末
生産鉱種：石炭、鉄鉱石、ニッケル、銅、アルミニウム

◎株価指標

株価	2,905円
株価収益率	11.8
純資産倍率	1.7
配当利益	1.56%
時価総額	45.8

※株価2008年1月7日

◎財務データ　　　　　　　　　　　　　　　　　（単位:USD million）

	2007/9/30	2006年度	2005年度	2004年度	2003年度
総資産	107,361	97,510	88,418	84,874	80,563
総負債	80,154	69,765	65,939	68,676	67,055
時価株	27,207	27,744	22,479	161,197	13,498
売上高	96,418	174,177	161,929	159,910	145,667
当期利益	2,070	3,531	2,973	1,702	1,114
利益率	2.1%	2.0%	1.8%	1.1%	0.8%
ROA（%）	3.9%	3.6%	3.4%	2.0%	1.4%
ROE（%）	15.2%	12.7%	13.2%	10.5%	8.2%

※2007年は期中のため年率換算済み

◎5年チャート (出典：ヤフーファイナンス)

◎1年チャート (出典：ヤフーファイナンス)

フリーポート・マクモラン（総合資源メジャー）

本社：米国・ニューオーリンズ
URL：http://www.fcx.com
上場市場：ニューヨーク（FCX）
決算日：12月末
生産鉱種：銅、金、銀

◎株価指標

株価	USD 95.46
株価収益率	10.9
純資産倍率	2.0
配当利益	1.83%
時価総額	36.5

※株価2008年1月7日

◎財務データ　　　　　　　　　　　　　　　　　　　　　（単位:USD million）

	2007/9/30	2006年度	2005年度	2004年度	2003年度
総資産	41,389	5,390	5,550	5,087	4,718
総負債	23,475	2,945	3,707	3,923	3,942
時価株	17,914	2,415	1,843	1,164	776
売上高	13,176	5,791	4,179	2,372	2,212
当期利益	2,499	1,457	995	202	182
利益率	19.0%	25.2%	23.8%	8.5%	8.2%
ROA(%)	8.1%	27.0%	17.9%	4.0%	3.9%
ROE(%)	18.6%	59.6%	54.0%	17.4%	23.5%

※2007年は期中のため年率換算済み

◎5年チャート　　　　　　　　　　　　　　　（出典：Bigcharts.com）

◎1年チャート　　　　　　　　　　　　　　　（出典：Bigcharts.com）

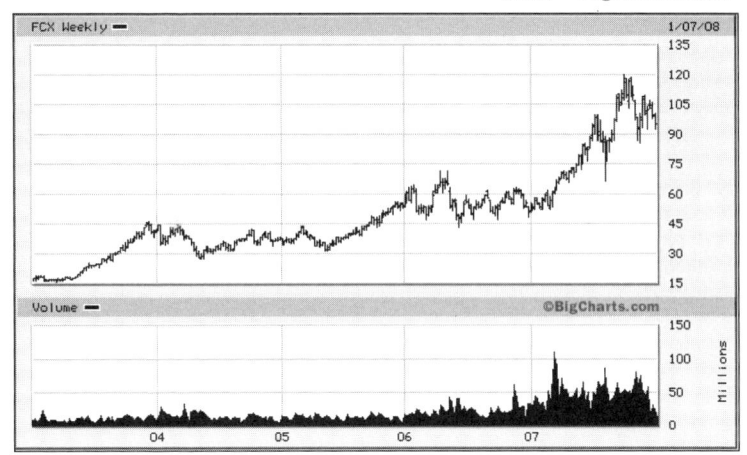

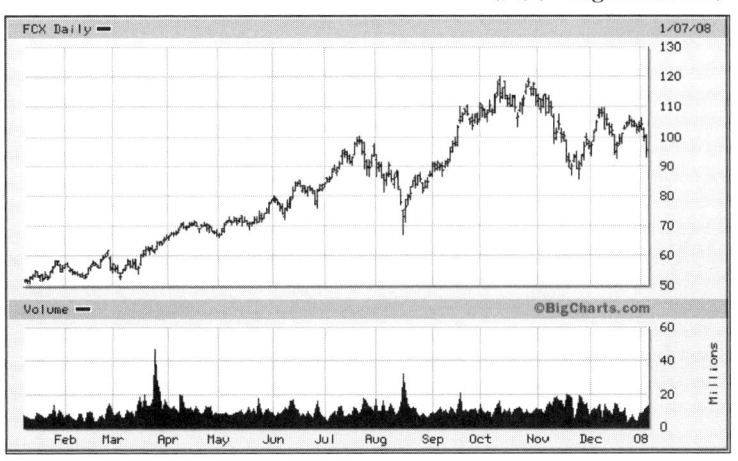

テックコミンコ（総合資源メジャー）

本社：カナダ・バンクーバー
URL：http://www.teckcomonco.com/
上場市場：ニューヨーク／トロント（TCK）
決算日：12月末
生産鉱種：銅、亜鉛、鉛、金、モリブデン、石炭

◎株価指標

株価	USD 33.97
株価収益率	6.6
純資産倍率	1.9
配当利益	2.97%
時価総額	14.7

※株価2008年1月7日

◎財務データ　　　　　　　　　　　　　　　　（単位:USD million）

	2007/9/30	2006年度	2005年度	2004年度	2003年度
総資産	13,941	11,447	8,809	6,059	5,375
総負債	6,040	4,898	4,426	2,838	2,948
時価株	7,901	6,549	4,333	3,221	2,427
売上高	4,833	6,539	4,415	3,428	2,228
当期利益	1,335	2,431	1,345	617	134
利益率	27.6%	37.2%	30.5%	18.0%	6.0%
ROA(%)	12.8%	21.2%	15.3%	10.2%	2.5%
ROE(%)	22.5%	37.1%	30.7%	19.2%	5.5%

※2007年は期中のため年率換算済み

◎5年チャート (出典：Bigcharts.com)

◎1年チャート (出典：Bigcharts.com)

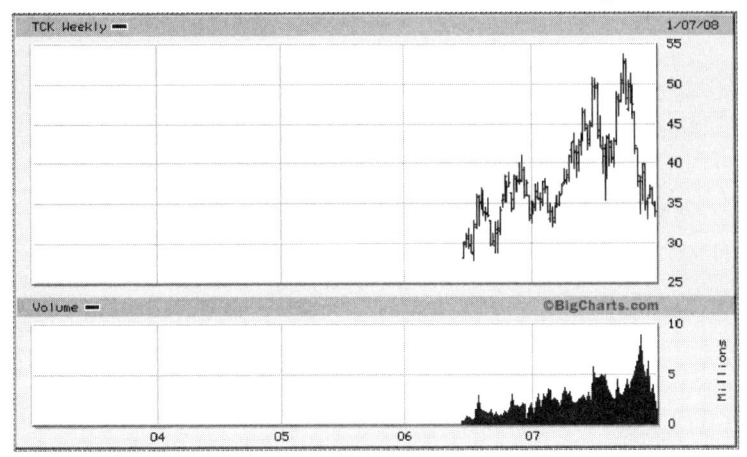

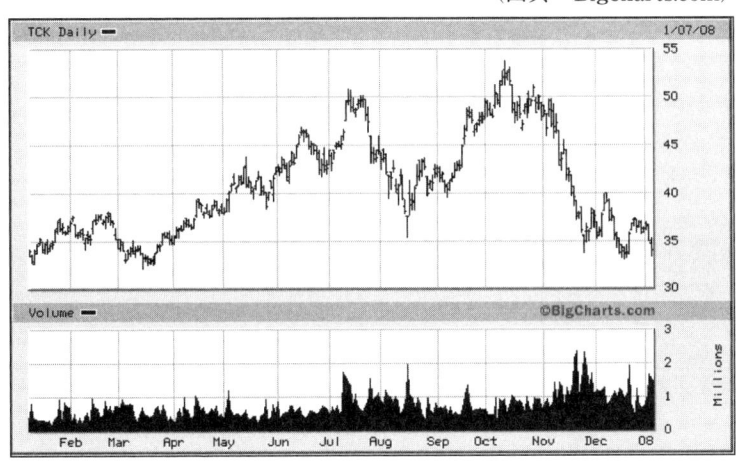

ニューモント・マイニング（金鉱山企業）

本社：米国・デンバー
URL：http://www.newmont.com/en/index.asp
上場市場：ニューヨーク（NEM）
決算日：12月末
生産鉱種：金、銅

◎株価指標

株価	USD 51.52
株価収益率	N/A
純資産倍率	2.9
配当利益	0.78%
時価総額	22.4

※株価2008年1月7日

◎財務データ　　　　　　　　　　　　　　　　　　（単位:USD million）

	2007/9/30	2006年度	2005年度	2004年度	2003年度
総資産	14,984	15,601	13,992	12,776	10,698
総負債	7,355	6,264	5,616	4,838	3,313
時価株	7,629	9,337	8,376	7,938	7,385
売上高	4,204	4,967	4,352	4,326	3,059
当期利益	-1,597	791	322	443	476
利益率	-38.0%	15.9%	7.4%	10.2%	15.6%
ROA(%)	-21.3%	5.1%	2.3%	3.5%	4.4%
ROE(%)	-41.9%	8.5%	3.8%	5.6%	6.4%

※2007年は期中のため年率換算済み

◎5年チャート

(出典：Bigcharts.com)

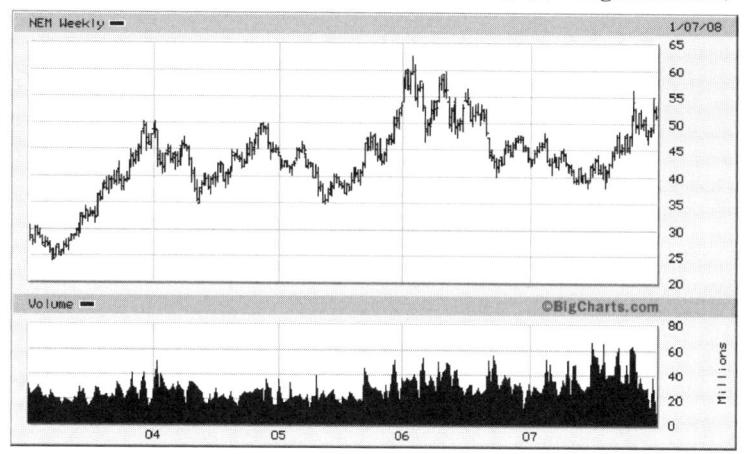

◎1年チャート

(出典：Bigcharts.com)

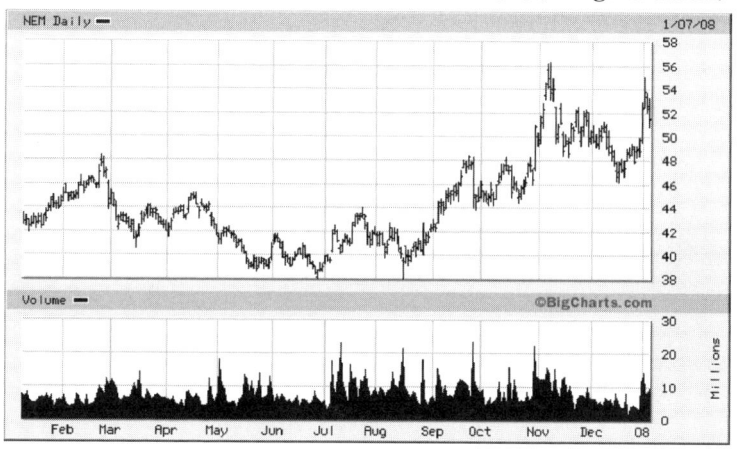

ニュークレスト・マイニング(金鉱山企業)

本社:オーストラリア・メルボルン
URL:http://www.newcrest.com.au/
上場市場:ニューヨーク(NCM)/オーストラリア(NCM)
決算日:6月末
生産鉱種:金、銅

◎株価指標

株価	AUD 36.84
株価収益率	184.2
純資産倍率	18.1
配当利益	N/A
時価総額	16.7

※株価2008年1月7日

◎財務データ (単位:USD million)

	2006年度	2005年度	2004年度	2003年度
総資産	4,623	4,257	3,104	2,566
総負債	3,703	4,110	1,983	1,574
時価株	920	147	1,121	992
売上高	1,706	1,404	986	717
当期利益	72	350	130	123
利益率	4.2%	24.9%	13.2%	17.2%
ROA(%)	1.6%	8.2%	4.2%	4.8%
ROE(%)	7.8%	238.1%	11.6%	12.4%

◎5年チャート

(出典：Bigcharts.com)

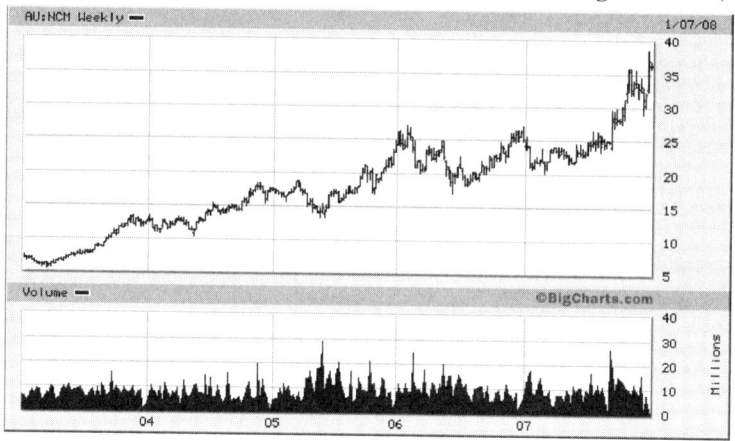

◎1年チャート

(出典：Bigcharts.com)

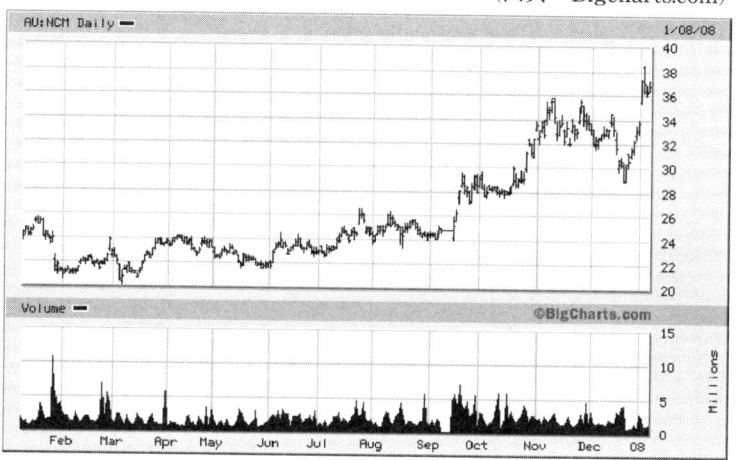

アングロ・ゴールド・アシャンティ（金鉱山企業）

本社：南アフリカ・ヨハネスバーグ
URL：http://www.anglogold.com/default.htm
上場市場：ニューヨーク（AU）／オーストラリア（AGG）／ヨハネスバーグ（ANG）
決算日：12月末
生産鉱種：金、銅

◎株価指標

株価	USD 45.5
株価収益率	N/A
純資産倍率	4.4
配当利益	N/A
時価総額	12.6

※株価2008年1月7日

◎財務データ　　　　　　　　　　　　　　　　　　　（単位:USD million）

	2007/9/30	2006年度	2005年度	2004年度	2003年度
総資産	9,622	9,513	9,133	9,397	4,857
総負債	6,788	6,205	5,950	5,550	3,229
時価株	2,834	3,308	3,183	3,847	1,628
売上高	2,415	2,715	2,435	2,151	1,670
当期利益	-183	-142	-292	97	247
利益率	-7.6%	-5.2%	-11.8%	4.5%	14.8%
ROA(%)	-3.8%	-1.5%	-3.2%	1.0%	5.1%
ROE(%)	-12.9%	-4.3%	-9.2%	2.5%	15.2%

※2007年は期中のため年率換算済み

◎5年チャート　　　　　　　　　　　　（出典：Bigcharts.com）

◎1年チャート　　　　　　　　　　　　（出典：Bigcharts.com）

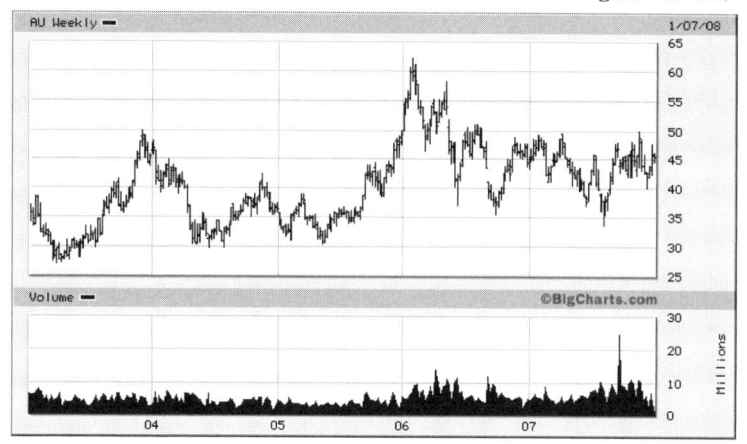

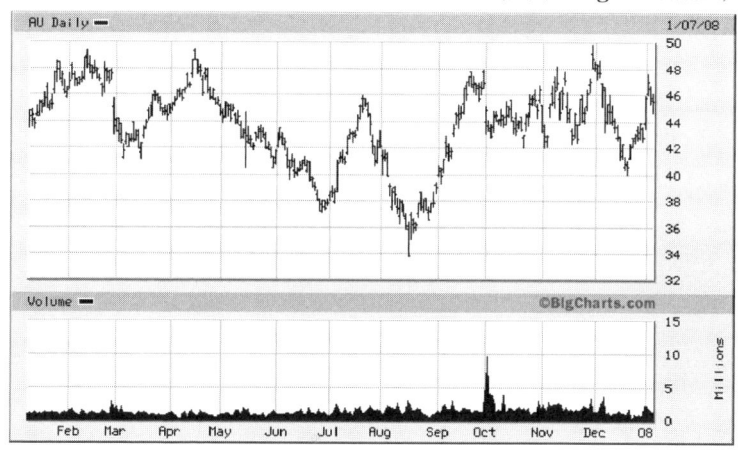

ゴールド・フィールズ（金鉱山企業）

本社：南アフリカ・ヨハネスバーグ
URL：http://www.goldfields.co.za/
上場市場：ニューヨーク（GFI）／ヨハネスバーグ（GFI）
決算日：12月末
生産鉱種：金、銅

◎株価指標

株価	USD 15.73
株価収益率	35.8
純資産倍率	0.5
配当利益	N/A
時価総額	10.3

※株価2008年1月7日

◎財務データ (単位:USD million)

	2007/9/30	2006年度	2005年度	2004年度	2003年度
総資産	7,953	8,026	4,100	3,593	3,972
総負債	2,662	3,235	2,175	1,804	1,955
時価株	5,291	4,791	1,925	1,789	2,017
売上高	721	2,735	2,282	1,893	1,706
当期利益	60	246	162	-183	49
利益率	8.3%	9.0%	7.1%	-9.7%	2.9%
ROA(%)	3.0%	3.1%	4.0%	-5.1%	1.2%
ROE(%)	4.5%	5.1%	8.4%	-10.2%	2.4%

※2007年は期中のため年率換算済み

◎5年チャート　　　　　　　　　　　　　　　（出典：Bigcharts.com）

◎1年チャート　　　　　　　　　　　　　　　（出典：Bigcharts.com）

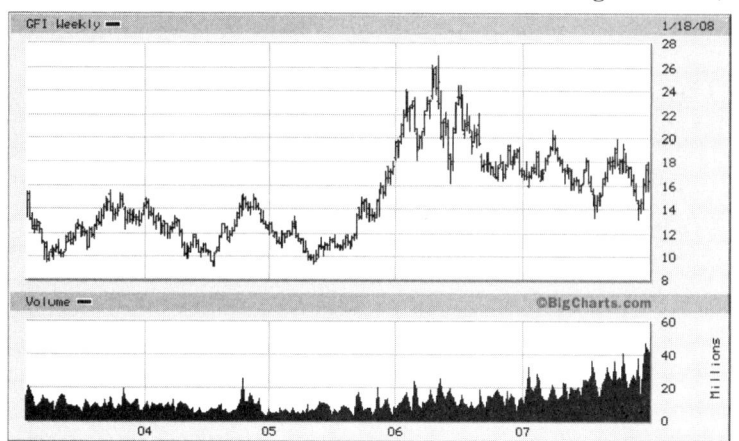

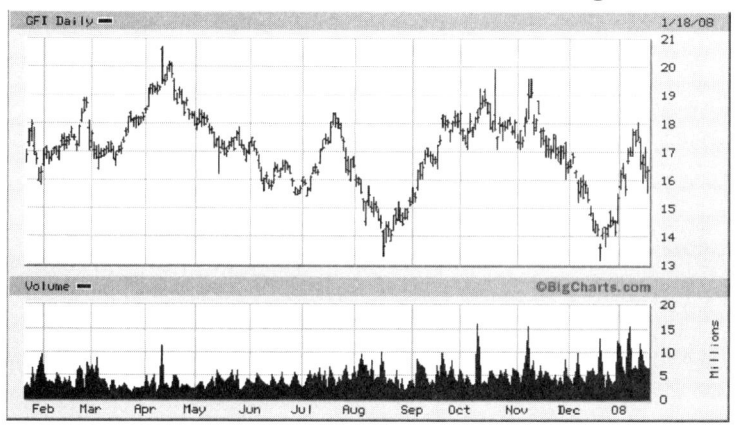

ポリュス・ゴールド(金鉱山企業)

本社:ロシア・モスクワ
URL:http://www.polyusgold.com/eng/
上場市場:ロンドン(PLZL)/モスクワ(PLZL)
決算日:12月末
生産鉱種:金、銅

◎株価指標

株価	USD 46.1
株価収益率	200.4
純資産倍率	2.8
配当利益	0.20%
時価総額	8.8

※株価2008年1月7日

◎財務データ　　　　　　　　　　　(単位:USD million)

	2006年度	2005年度	2004年度	2003年度
総資産	3,644	3,613	1,186	459
総負債	526	477	207	85
時価株	3,118	3,136	979	374
売上高	735	473	442	299
当期利益	1,157	112	9	113
利益率	157.4%	23.7%	2.0%	37.8%
ROA(%)	31.8%	3.1%	0.8%	24.6%
ROE(%)	37.1%	3.6%	0.9%	30.2%

※2007年は期中のため年率換算済み

◎5年チャート (出典：Bigcharts.com)

◎1年チャート (出典：Bigcharts.com)

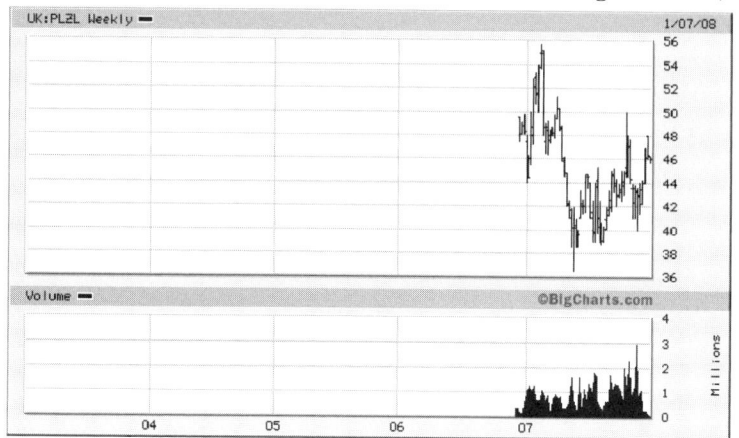

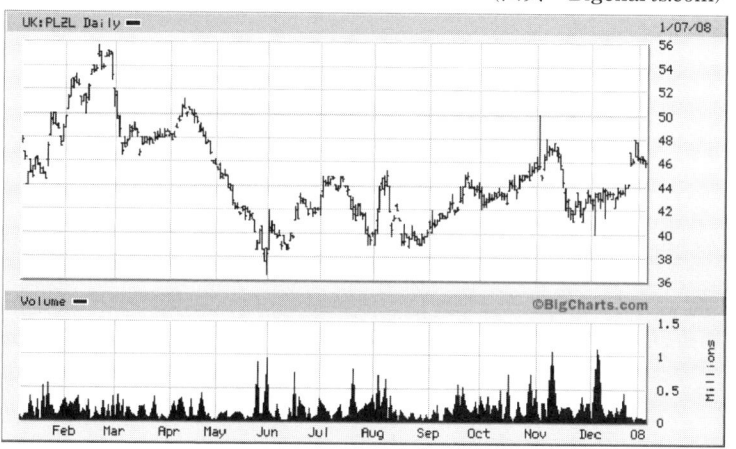

ブエナ・ベンチュラ（金鉱山企業）

本社：ペルー・リマ
URL：http://www.buenaventura.com
上場市場：ニューヨーク（BVN）
決算日：12月末
生産鉱種：金、銅

◎株価指標

株価	USD 63.55
株価収益率	35.1
純資産倍率	6.0
配当利益	0.85%
時価総額	8.7

※株価2008年1月7日

◎財務データ　　　　　　　　　　　　　　　　（単位:USD million）

	2007/9/30	2006年度	2005年度	2004年度	2003年度
総資産	1,864	1,735	1,251	1,044	883
総負債	403	435	388	38600	418
時価株	1,461	1,300	863	658	465
売上高	548	646	357	324	202
当期利益	151	428	288	206	48
利益率	27.6%	66.3%	80.7%	63.6%	23.8%
ROA (%)	10.8%	24.7%	23.0%	19.6%	5.4%
ROE (%)	13.8%	32.9%	33.4%	31.3%	10.3%

※2007年は期中のため年率換算済み

◎5年チャート　　　　　　　　　　　　　　（出典：Bigcharts.com）

◎1年チャート　　　　　　　　　　　　　　（出典：Bigcharts.com）

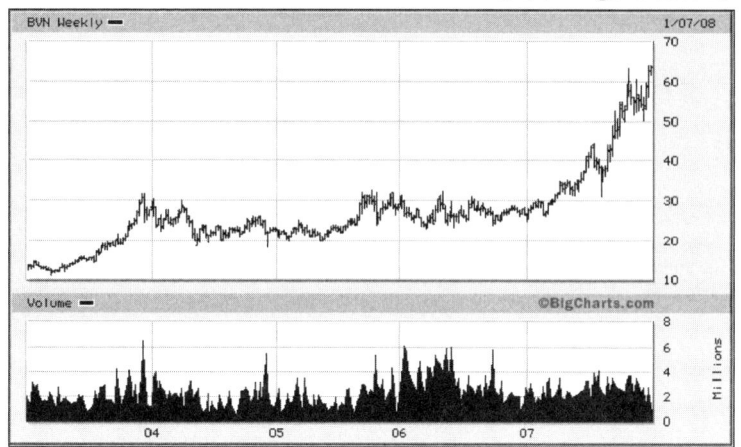

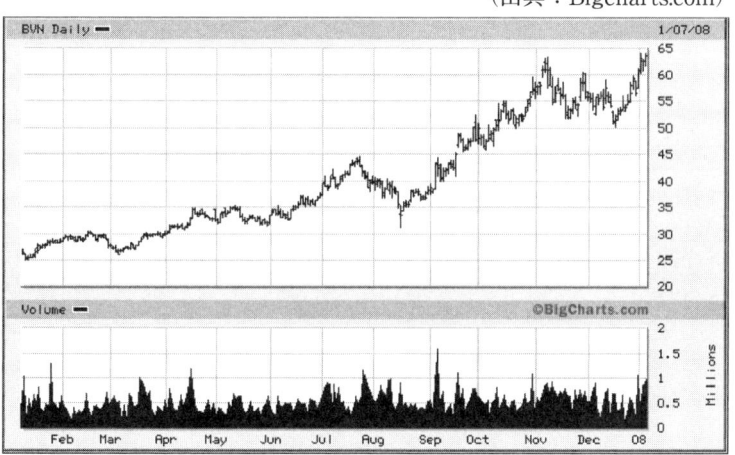

パン・アメリカン・シルバー（銀鉱山企業）

本社：カナダ・バンクーバー
ＵＲＬ：http://www.panamericansilver.com/
上場市場：ナスダック（PAAS）、トロント（PAA）
決算日：12月末
生産鉱種：銀

◎株価指標

株価	USD 35.03
株価収益率	29.7
純資産倍率	4.5
配当利益	N/A
時価総額	2.7

※株価2008年1月7日

◎財務データ (単位:USD million)

	2007/9/30	2006年度	2005年度	2004年度	2003年度
総資産	754	680	362	370	280
総負債	164	168	105	95	96
時価株	590	512	257	275	184
売上高	215	255	122	94	45
当期利益	62	56	-30	-2	-11
利益率	28.8%	22.0%	-24.6%	-2.1%	-24.4%
ROA(%)	11.0%	8.2%	-8.3%	-0.9%	-3.9%
ROE(%)	14.0%	10.9%	-11.7%	-0.7%	-6.0%

※2007年は期中のため年率換算済み

◎5年チャート　　　　　　　　　　　　（出典：Bigcharts.com）

◎1年チャート　　　　　　　　　　　　（出典：Bigcharts.com）

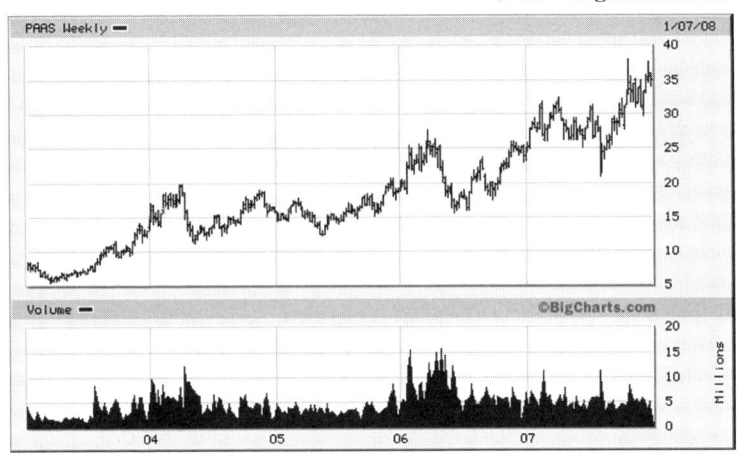

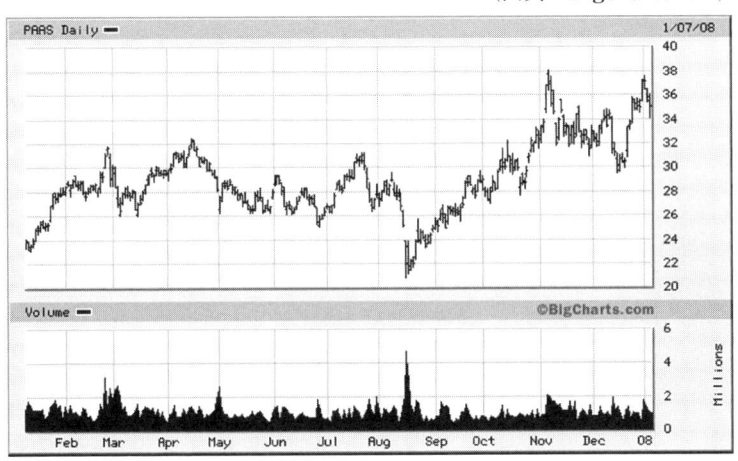

シルバー・スタンダード（銀鉱山企業）

本社：カナダ・バンクーバー
ＵＲＬ：http://www.silverstandard.com/
上場市場：ナスダック（SSRI）、トロント（SSO）
決算日：12月末
生産鉱種：銀

◎株価指標

株価	USD 35.26
株価収益率	N/A
純資産倍率	4.8
配当利益	N/A
時価総額	2.2

※株価2008年1月7日

◎財務データ　　　　　　　　　　　　　　　　　（単位:USD million）

	2007/9/30	2006年度	2005年度	2004年度	2003年度
総資産	502	471	219	217	85
総負債	45	34	26	24	2
時価株	457	437	193	193	83
売上高	0	0	0	0	0
当期利益	-19	-11	-27	-61	-14
利益率	#DIV/O	#DIV/O	#DIV/O	#DIV/O	#DIV/O
ROA（%）	-7.6%	-2.3%	-12.1%	-28.1%	-16.5%
ROE（%）	-8.4%	-2.5%	-13.7%	-31.6%	-16.9%

※2007年は期中のため年率換算済み

◎5年チャート (出典：Bigcharts.com)

◎1年チャート (出典：Bigcharts.com)

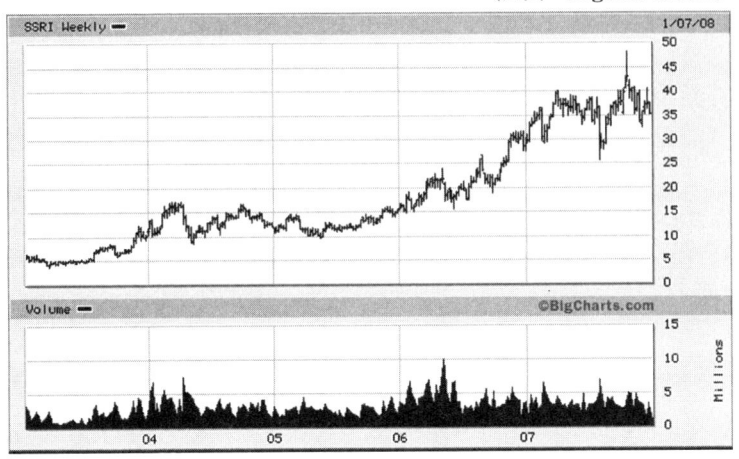

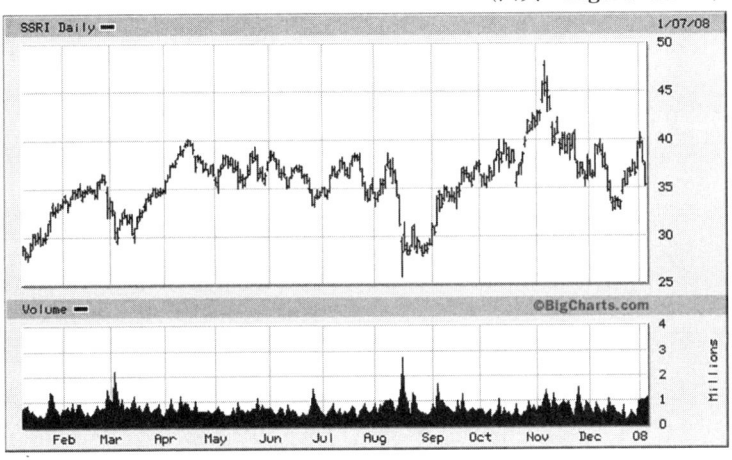

付録2

読者プレゼント

資源メジャー企業分析シート（Excel）の無料プレゼント

　今回、本書で取り上げた16銘柄を含めた「石油・ガスメジャー企業」「総合資源メジャー」「金鉱山メジャー」「銀鉱山メジャー」についてまとめた分析シートを、本書の読者の方に無料プレゼントいたします。

　本書の発売日である2008年3月13日から弊社ウェブサイトにてダウンロードできるようにしていますので、ご興味ある方はこちらまでアクセスしてください。

【弊社ウェブサイト・トップページ】

http://www.fadvisers.com/index.html
読者限定ページに入るには以下のキーワードが必要になります。
・読者限定ＩＤ：FAgroup
・読者限定パスワード：FATimes

◎「資源メジャー企業分析シート」の内容
・各社ウェブサイトアドレス
・ロイターにおける各社の掲載ページ・アドレス
　（なかにはロイターでは見れない会社もあります）
・本書に掲載している各社の財務データ
・資源ごとに株価指標を一覧表にしたもの

最新財務データ(2007年9-12月期)の無料プレゼント

「資源メジャー企業分析シート」を入手された方は、ご自分でロイターの「Income Statementページ」や「Balance Sheetページ」を見たり、または各社ウェブサイトからクォータリー・レポート(四半期レポート)やアニュアル・レポート(年次報告書)を入手することで、2007年9〜12月期の決算数値がわかります。それを「資源メジャー企業分析シート」に入力すれば、前年または前期と数値を比べたりすることができます。12月決算の会社であれば、2006年度と2007年度の業績の伸び率や、2003年度から2007年度まで5期にわたるCAGR(年率平均成長率)も計算できます。

ただし、この作業はコツコツとした地道な作業です。「もっと手っ取り早く知りたい!」という方のために、最新財務データを無料プレゼントいたします。

【入手方法】

弊社トップページへアクセス

http://www.fadvisers.com/index.html

無料メールマガジン『FA Times』に登録します。登録はメールアドレスの記入だけでできます。

2008年3月31日までにご登録頂けた方には、4月の第1週目に各社最新財務データをアップしてあるサイト・アドレスをメールにて通知いたしますので、最新データをダウンロードすることができます。

※ 2008年4月以降、メールマガジンにご登録頂けた方でも、毎月お送りする無料メールマガジンの中でこちらのサイトアドレスを

お知らせするように致します。このページはトップページからはリンクを貼りませんので、無料メールマガジン読者の方限定のサービスになります。
※ ただし、2008年1〜3月期以降についてはこのような無料サービスは現時点では予定しておりませんので予めご了承下さい。

無料メールマガジン『FA Times』について

　こちらの弊社無料メールマガジンには、各種情報をお届けしています。一例としては以下のような内容になります。

◎私（上中康司）の海外出張によって現地で見たり聞いたりして肌で実感した現地の様子（ベトナム、タイ、シンガポール、ドバイ、オーストラリアなどはよく行き来しています）。
◎弊社の各種投資セミナーのご案内
　昨年はベトナム投資セミナー、ドバイ投資セミナー、金融投教育セミナー『大富豪への道』などを開催してきました。今年は、オーストラリア資源株投資セミナーを中心に、ベトナム、タイ、中東・北アフリカ（ＭＥＮＡ）などのセミナーを開催する予定です。
◎海外の資源株を中心におもしろそうな優良銘柄やハイリスク・ハイリターン銘柄の情報
◎Ｍａｎ社の元本保証ファンドなど優良なオフショアファンド情報
◎海外のネットワークにより入ってくる各種レポートの中からタイムリーな情報

おわりに

　私は、いま、ハノイのホテルに滞在しています。明後日、ハノイ在住の日本人向けに、資産形成セミナーをするためです。ベトナムに来ると、東京での慌ただしさから解放され、去年、世界のマネーマーケットで何が起きたのか、今年のマーケットはどうなってしまうのかを、ゆったりと考えられます。

　確かなことは、資源のある国が、資源高を背景にして、急速に経済力を持ってきていることです。サブプライムローンの問題で、巨額の損失を計上した欧米の金融機関がアラブの産油国の投資マネーを注入してもらい、復活している様子を見ると、いずれ、世界の大手金融機関はアジアや中東産油国に支配されてしまうような気がします。これらの国の元気な株は、現在の超低迷している日本の株とは対象的です。

　資源の上昇トレンドは、まだまだ始まったばかりです。2007年の前半は、かなり上がり、後半は停滞しましたが、2008年は、また再度、大きな上げトレンドに入ったように思います。金や銀などの貴金属、ベースメタル、レアメタルは、特に激しく上がるのではないでしょうか。本書を読んでいただければ、その理由はおわかりいただけると思います。これらの資源を産出している鉱山会社の株に投資することで、読者の皆様の資産は大きく増えるはずです。鉱山株を買うことは、その資源国の通貨建てですから、資源国通貨の上昇も享受できるのです。ぜひ、トライしてみてください。健闘を祈ります。

　最後に、本誌を書くにあたっては出版元のパンローリングの後藤康徳社長、編集の磯崎公亜さん、みなさまのおかげで本書を完

成させることができました。本当にありがとうございました。

　それから、調査、企画、校正において、惜しみない、多大な協力をしてくれたエフエーストック株式会社の植田マーケティング企画部長には、心からお礼申し上げます。

ハノイのホテルにて
2008年　上中康司

参考文献・WEB

http://www.jogmec.go.jp/
(独立行政法人　石油天然ガス・金属鉱物資源機構)
http://www.enecho.meti.go.jp/
(資源エネルギー庁)
http://www.reuters.com/
(ロイター)
http://www.lme.co.uk/home.asp
(ロンドン金属取引所)
http://silverinstitute.org/index.php
(世界シルバー機構)
http://www.asx.com.au/
(オーストラリア証券取引所)
http://www.londonstockexchange.com/en-gb/
(ロンドン証券取引所)

「世界が注目するシルバー投資」
　　チャールズ・スパポドック著　同友館
「ヘッジファンドで資産を増やすカンどころ」
　　マーク・ブルーム／高島　一夫著　同友館

著者紹介

上中康司

1962年生まれ。現在、エフエーストック株式会社代表取締役。
神戸大学大学院工学研究科修了後、日本債券信用銀行(現在あおぞら銀行)に入行し、金利・為替デリバティブの法人セールスを担当。その後、シティバンク、クレディスイスファーストボストン証券、住友キャピタル証券でオフショアでの資金運用業務、デリバティブを使った商品開発などを経験。
日本インベスターズ証券(現在日興コーディアル証券)において、個人富裕層向け資産運用アドバイスを担当し、入社後わずか半年で販売残高5億円に達するトップセールスとなる。
2000年、今の会社の前身であるエフエードットコム株式会社を設立。代表取締役に就任。個人投資家を対象とした金融教育コンテンツ開発企業。

2008年 4月 5日　第1刷発行

本気の海外投資シリーズ8
世界資源株投資完全マニュアル

著　者	上中康司
発行者	後藤康徳
発行所	パンローリング株式会社
	〒160-0023　東京都新宿区西新宿7-9-18 第三雨宮ビル6F
	TEL 03-5386-7391　FAX 03-5386-7393
	http://www.panrolling.com/
	E-mail　info@panrolling.com
装　丁	竹内吾郎
組　版	株式会社ベイ・イースト・グラフィックス
印刷・製本	株式会社シナノ

ISBN 978-4-7759-9067-4　　　　　　　　　　　　　　　　　　　　　　RCK71.5

落丁・乱丁本はお取り替えします。また、本書の全部、または一部を複写・複製・転訳載、および磁気・光記録媒体に入力することなどは、著作権法上の例外を除き禁じられています。

©Koji Uenaka　2008 Printed in Japan

免責事項
この本で紹介している方法や技術、指標が利益を生む、あるいは損失につながることはない、と仮定してはなりません。過去の結果は必ずしも将来の結果を示したものではありません。この本の実例は教育的な目的のみで用いられるものであり、売買の注文を勧めるものではありません。

本気の海外投資シリーズ

タイ株投資完全マニュアル 入門編【改訂版】
著者:石田和靖

定価 本体1,800円+税　ISBN:9784775990551

口座開設の話を全面改定&タイの最新情報を追加など、タイ株投資の火付け役となった"前作"の内容を踏襲しつつリニューアル！
これからの国「タイ」は、大きく発展する可能性を秘めた魅惑の楽園。本書は、そんな「タイ」に投資するにはどうしたらいいのかを解説した"日本初"の本格的なマニュアル本です。「タイ」への投資は魅力が満載。まだ割安な今こそ、タイ投資を！

15万円からはじめる本気の海外投資完全マニュアル
著者:石田和靖

定価 本体1,800円+税　ISBN:9784775990209

これからは、「これからの国」へ投資も視野に！
かつての日本のように"高成長している"新興諸国を投資セクターとしたファンドに投資して中長期的に資産を増やそうと提案している本書。「日本人にとって身近な金融センター（=香港）を拠点にしよう」など、著者の経験に基づきながら、海外投資初心者でも無理なく第一歩を踏み出せるように海外投資を紹介。

ドバイ株投資完全マニュアル
著者:石田和靖

定価 本体1,800円+税　ISBN:9784775990537

今、世界から注目されている「ドバイ」に投資するための、"日本初"のドバイ株投資マニュアル本です。
「猫の目」のように、次々とさまざまな変化が起こっている国「ドバイ」。投資という領域においては、ドバイはまだ"赤ん坊"のようなものです。成長初期の段階ですから、この時期に資産運用できれば、長い目で見て、大きな果実を手にすることも夢ではありません。ドバイに投資して、ドバイの成長を一緒に見ませんか。「猟ある猫は爪を隠す」というように、本当に力や才能のある人は、それを他人に自慢することなく、人知れず、こっそり始めているものです。牡蛎の身を手にできるのはこっそり先頭を行く人たちだけなのです。

相場のプロたちからも高い評価を受ける矢口新の本!

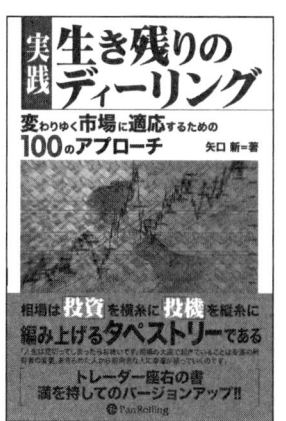

実践 生き残りのディーリング
変わりゆく市場に適応するための100のアプローチ
著者:矢口新
定価 本体2,800円+税　ISBN:9784775990490

【相場とは何かを追求した哲学書】
今回の『実践 生き残りのディーリング』は「株式についても具体的に言及してほしい」という多くの個人投資家たちの声が取り入れられた「最新版」。プロだけでなく、これから投資を始めようという投資家にとっても、自分自身の投資スタンスを見つめるよい機会となるだろう。

矢口新の相場力アップドリル【為替編】
著者:矢口新
定価 本体1,500円+税　ISBN:9784775990124

相場を動かす2つの要因、実需と仮需について徹底的に解説!!
「アメリカの連銀議長が金利上げを示唆したとします。このことをきっかけに相場はどう動くと思いますか? さぁ、あなたの答えは?」――この質問に答えられるかで、その人の相場に関する基礎的な理解が分かる。本書を読み込んで相場力をUPさせよう。

矢口新の トレードセンス養成ドリル
著者:矢口新
定価 本体1,500円+税　ISBN:9784775990643

インターネットの本屋さん「マネーのまぐまぐ」に連載中の問題に、本書の核になる「TPAの視点」からという本書ならではの解説を追加編集。「価格変動の本質とは何か」や「価格の動きがもっとも大切なこと」など、さまざまな問題を解きながら、トレードセンスを向上させるための"ドリル"です。

矢口新の 相場力アップドリル[株式編]
著者:矢口新
定価 本体1,800円+税　ISBN:9784775990131

相場の仕組みを明確に理解するうえで最も大事な「実需と仮需」。この株価変動の本質を54の設問を通して徹底的に理解する。本書で得た知識は、自分で材料を判断し、相場観を組み立て、実際に売買するときに役立つだろう。

オーディオブック 生き残りのディーリング決定版
著者:矢口新
定価 CD・DL版 2,800円+税　収録時間約510分
ISBN:9784775929056

―投資で生活したい人への100のアドバイス―
相場で生き残るための100の知恵。通勤電車が日々の投資活動を振り返る絶好の空間となる。

日本のウィザードが語る株式トレードの奥義

生涯現役の株式トレード技術
著者：優利加
定価 本体 2,800円＋税　ISBN:9784775990285

【ブルベア大賞2006-2007受賞!!】
生涯現役で有終の美を飾りたいと思うのであれば「自分の不動の型＝決まりごと」を作る必要がある。本書では、その「型」を具体化した「戦略＝銘柄の選び方」「戦術＝仕掛け・手仕舞いの型」「戦闘法＝建玉の仕方」をどのようにして決定するか、著者の経験に基づいて詳細に解説されている。

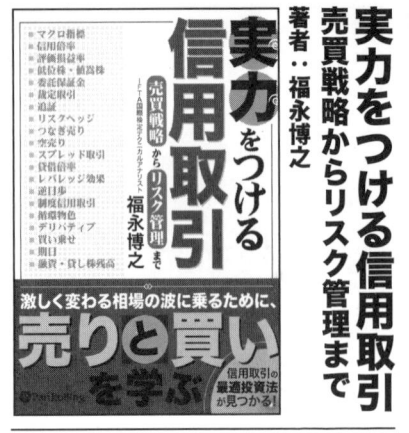

実力をつける信用取引　売買戦略からリスク管理まで
著者：福永博之
定価 本体 2,800円＋税　ISBN:9784775990445

【転ばぬ先の杖】
「あなたがビギナーから脱皮したいと考えている投資家なら、信用取引を上手く活用できるようになるべきでしょう」と、筆者は語る。投資手法の選択肢が広がるので、投資で勝つ確率が高くなるからだ。「正しい考え方」から「具体的テクニック」までが紹介された信用取引の実践に最適な参考書だ。

生涯現役の株式トレード技術【生涯現役のための海図編】
著者：優利加
定価 本体 5,800円＋税　ISBN:9784775990612

数パーセントから5％(多くても10％ぐらい)の利益を、1週間から2週間以内に着実に取りながら"生涯現役"を貫き通す。そのためにすべきこと、決まっていますか？　そのためにすべきこと、わかりますか？

生涯現役のトレード技術【銘柄選択の型と検証法編】(DVD)
講師：優利加　定価 本体 3,800円＋税
DVD1枚 95分収録 ISBN:9784775961582

ベストセラーの著者による、その要点確認とフォローアップを目的にしたセミナー。激変する相場環境に振り回されずに、生涯現役で生き残るにはどうすればよいのか？

生涯現役の株式トレード技術 実践編(DVD)
講師：優利加　定価 本体 38,000円＋税
DVD2枚組 356分収録　ISBN:9784775961421

著書では明かせなかった具体的な技術を大公開。4つの利(天、地、時、人)を活用した「相場の見方の型」と「スイングトレードのやり方の型」とは？　その全貌が明らかになる!!

生涯現役の株式トレード技術【海図編】(DVD)
著者：優利加　定価 本体 4,800円＋税
DVD1枚 56分収録　ISBN:9784775962374

多くの銘柄で長期間に渡り検証された、高い確率で勝てる、理に適った「型」を決め、更に、それを淡々と実行する決断力とそのやり方を継続する一貫性が必要なのである。

アレキサンダー・エルダー博士の投資レクチャー

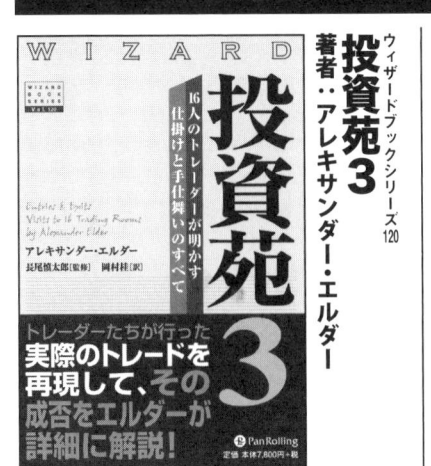

ウィザードブックシリーズ120
投資苑3
著者:アレキサンダー・エルダー
アレキサンダー・エルダー
長尾慎太郎[監修] 岡村桂[訳]

トレーダーたちが行った
**実際のトレードを
再現して、その
成否をエルダーが
詳細に解説!**

定価 本体7,800円+税　ISBN:9784775970867

【どこで仕掛け、どこで手仕舞う】
「成功しているトレーダーはどんな考えで仕掛け、なぜそこで手仕舞ったのか!」――16人のトレーダーたちの売買譜。住んでいる国も、取引する銘柄も、その手法もさまざまな16人のトレーダーが実際に行った、勝ちトレードと負けトレードの仕掛けから手仕舞いまでを実際に再現。その成否をエルダーが詳細に解説する。ベストセラー『投資苑』シリーズ、待望の第3弾!

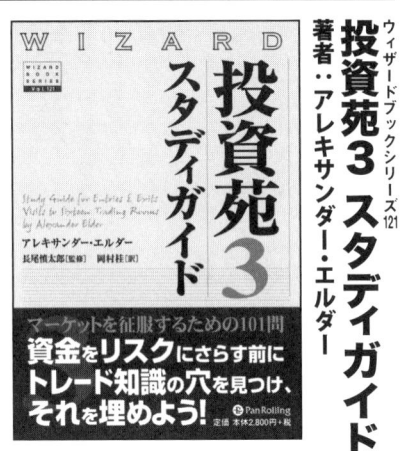

ウィザードブックシリーズ121
投資苑3 スタディガイド
著者:アレキサンダー・エルダー
アレキサンダー・エルダー
長尾慎太郎[監修] 岡村桂[訳]

マーケットを征服するための101問
**資金をリスクにさらす前に
トレード知識の穴を見つけ、
それを埋めよう!**

定価 本体2,800円+税　ISBN:9784775970874

【マーケットを理解するための101問】
トレードで成功するために必須の条件をマスターするための『投資苑3』副読本。トレードの準備、心理、マーケット、トレード戦略、マネージメントと記録管理、トレーダーの教えといった7つの分野を、25のケーススタディを含む101問の問題でカバーする。資金をリスクにさらす前に本書に取り組み、『投資苑3』と併せて読むことでチャンスを最大限に活かすことができる。

DVD トレード成功への3つのM～心理・手法・資金管理～

講演:アレキサンダー・エルダー　定価 本体4,800円+税　ISBN:9784775961322

世界中で500万部超の大ベストセラーとなった『投資苑』の著者であり、実践家であるアレキサンダー・エルダー博士の来日講演の模様をあますところ無く収録。本公演に加え当日参加者の貴重な生の質問に答えた質疑応答の模様も収録。インタビュアー:林康史(はやしやすし)氏

DVD 投資苑～アレキサンダー・エルダー博士の超テクニカル分析～

講演:アレキサンダー・エルダー　定価 本体50,000円+税　ISBN:9784775961346

超ロングセラー『投資苑』の著者、エルダー博士のDVD登場!感情に流されないトレーディングの実践と、チャート、コンピューターを使ったテクニカル指標による優良トレードの探し方を解説、様々な分析手法の組み合わせによる強力なトレーディング・システム構築法を伝授する。

トレード基礎理論の決定版!!

ウィザードブックシリーズ9
投資苑
著者:アレキサンダー・エルダー

定価 本体5,800円+税　ISBN:9784939103285

【トレーダーの心技体とは?】
それは3つのM「Mind=心理」「Method=手法」「Money=資金管理」であると、著者のエルダー医学博士は説く。そして「ちょうど三脚のように、どのMも欠かすことはできない」と強調する。本書は、その3つのMをバランス良く、やさしく解説したトレード基本書の決定版だ。世界13カ国で翻訳され、各国で超ロングセラーを記録し続けるトレーダーを志望する者は必読の書である。

ウィザードブックシリーズ56
投資苑2
著者:アレキサンダー・エルダー

定価 本体5,800円+税　ISBN:9784775970171

【心技体をさらに極めるための応用書】
「優れたトレーダーになるために必要な時間と費用は?」「トレードすべき市場とその儲けは?」「トレードのルールと方法、資金の分割法は?」──『投資苑』の読者にさらに知識を広げてもらおうと、エルダー博士が自身のトレーディングルームを開放。自らの手法を惜しげもなく公開している。世界に絶賛された「3段式売買システム」の威力を堪能してほしい。

ウィザードブックシリーズ50
投資苑がわかる203問

著者:アレキサンダー・エルダー　定価 本体2,800円+税　ISBN:9784775970119

分かった「つもり」の知識では知恵に昇華しない。テクニカルトレーダーとしての成功に欠かせない3つのM(心理・手法・資金管理)の能力をこの問題集で鍛えよう。何回もトライし、正解率を向上させることで、トレーダーとしての成長を自覚できるはずだ。

投資苑2 Q&A

著者:アレキサンダー・エルダー　定価 本体2,800円+税　ISBN:9784775970188

『投資苑2』は数日で読める。しかし、同書で紹介した手法や技法のツボを習得するには、実際の売買で何回も試す必要があるだろう。そこで、この問題集が役に立つ。あらかじめ洞察を深めておけば、いたずらに資金を浪費することを避けられるからだ。

バリュー株投資の真髄!!

ウィザードブックシリーズ 4
バフェットからの手紙
著者:ローレンス・A・カニンガム

定価 本体 1,600円+税　ISBN:9784939103216

オーディオブックも絶賛発売中!!

【世界が理想とする投資家のすべて】
「ラリー・カニンガムは、私たちの哲学を体系化するという素晴らしい仕事を成し遂げてくれました。本書は、これまで私について書かれたすべての本のなかで最も優れています。もし私が読むべき一冊の本を選ぶとしたら、迷うことなく本書を選びます」
——ウォーレン・バフェット

ウィザードブックシリーズ 87・88
新 賢明なる投資家
著者:ベンジャミン・グレアム、ジェイソン・ツバイク

定価(各) 本体 3,800円+税　ISBN:(上)9784775970492 (下)9748775970508

【割安株の見つけ方とバリュー投資を成功させる方法】
古典的名著に新たな注解が加わり、グレアムの時代を超えた英知が今日の市場に再びよみがえる! グレアムがその「バリュー投資」哲学を明らかにした『賢明なる投資家』は、1949年に初版が出版されて以来、株式投資のバイブルとなっている。

ウィザードブックシリーズ 10
賢明なる投資家
著者:ベンジャミン・グレアム
定価(各) 本体 3,800円+税
ISBN:9784939103292

オーディオブックも絶賛発売中!!

ウォーレン・バフェットが師と仰ぎ、尊敬したベンジャミン・グレアムが残した「バリュー投資」の最高傑作! 「魅力のない二流企業株」や「割安株」の見つけ方を伝授する。

ウィザードブックシリーズ 116
麗しのバフェット銘柄
著者:メアリー・バフェット、デビッド・クラーク
定価 本体 1,800円+税
ISBN:9784775970829

なぜバフェットは世界屈指の大富豪になるまで株で成功したのか? 本書は氏のバリュー投資術「選別的逆張り法」を徹底解剖したバフェット学の「解体新書」である。

ウィザードブックシリーズ 44
証券分析【1934年版】
著者:ベンジャミン・グレアム、デビッド・L・ドッド
定価 本体 9,800円+税
ISBN:9784775970058

グレアムの名声をウォール街で不動かつ不滅なものとした一大傑作。ここで展開されている割安な株式や債券のすぐれた発掘法は、今も多くの投資家たちが実践して結果を残している。

ウィザードブックシリーズ 125
アラビアのバフェット
著者:リズ・カーン
定価 本体 1,890円+税
ISBN:9784775970928

バフェットがリスペクトする米以外で最も成功した投資家、アルワリード本の決定版! この1冊でアルワリードのすべてがわかる! 3万ドルを230億ドルにした「伸びる企業への投資」の極意

マーケットの魔術師 ウィリアム・オニールの本と関連書

ウィザードブックシリーズ12
成長株発掘法
著者：ウィリアム・オニール

定価 本体2,800円＋税　ISBN:9784939103339

【究極のグロース株選別法】
米国屈指の大投資家ウィリアム・オニールが開発した銘柄スクリーニング法「CAN-SLIM（キャンスリム）」は、過去40年間の大成長銘柄に共通する7つの要素を頭文字でとったもの。オニールの手法を実践して成功を収めた投資家は数多く、詳細を記した本書は全米で100万部を突破した。

ウィザードブックシリーズ71
相場師養成講座
著者：ウィリアム・オニール

定価 本体2,800円＋税　ISBN:9784775970331

【進化するCAN-SLIM】
CAN-SLIMの威力を最大限に発揮させる5つの方法を伝授。00年に米国でネットバブルが崩壊したとき、オニールの手法は投資家の支持を失うどころか、逆に人気を高めた。その理由は全米投資家協会が「98〜03年にCAN-SLIMが最も優れた成績を残した」と発表したことからも明らかだ。

ウィザードブックシリーズ93
オニールの空売り練習帖
著者：ウィリアム・オニール、ギル・モラレス
定価 本体2,800円＋税　ISBN:9784775970577

氏いわく「売る能力もなく買うのは、攻撃だけで防御がないフットボールチームのようなものだ」。指値の設定からタイミングの決定まで、効果的な空売り戦略を明快にアドバイス。

DVDブック
大化けする成長株を発掘する方法
著者：鈴木一之　定価 本体3,800円＋税
DVD1枚 83分収録　ISBN:9784775961285

今も世界中の投資家から絶大な支持を得ているウィリアム・オニールの魅力を日本を代表する株式アナリストが紹介。日本株のスクリーニングにどう当てはめるかについても言及する。

ウィザードブックシリーズ19
マーケットの魔術師
著者：ジャック・D・シュワッガー
定価 本体2,800円＋税
ISBN:9784775970287

オーディオブックも絶賛発売中!!

トレーダー・投資家は、そのとき、その成長過程で、さまざまな悩みや問題意識を抱えているもの。本書はその答えの糸口を「常に」提示してくれる「トレーダーのバイブル」だ。

ウィザードブックシリーズ49
私は株で200万ドル儲けた
著者：ニコラス・ダーバス　訳者：長尾慎太郎, 飯田恒夫
定価 本体2,200円＋税　ISBN:9784775970102

1960年の初版は、わずか8週間で20万部が売れたという伝説の書。絶望の淵に落とされた個人投資家が最終的に大成功を収めたのは、不屈の闘志と「ボックス理論」にあった。

満員電車でも聞ける！オーディオブックシリーズ

本を読みたいけど時間がない。
効率的かつ気軽に勉強をしたい。
そんなあなたのための耳で聞く本。
それが **オーディオブック!!**

パソコンをお持ちの方は Windows Media Player、iTunes、Realplayer で簡単に聴取できます。また、iPod などの MP3 プレーヤーでも聴取可能です。

オーディオブックシリーズ12
規律とトレーダー
相場心理分析入門
著者：マーク・ダグラス

定価 本体 3,800円＋税（ダウンロード価格）
MP3 約440分 16ファイル 倍速版付き

ある程度の知識と技量を身に着けたトレーダーにとって、能力を最大限に発揮するため重要なもの。それが「精神力」だ。相場心理学の名著を「瞑想」しながら熟読してほしい。

オーディオブックシリーズ11
バフェットからの手紙
バフェット本の決定版！
著者：L・A・カニンガム

定価 本体 4,800円＋税（ダウンロード価格）
MP3 約707分 26ファイル 倍速版付き

バフェット「直筆」の株主向け年次報告書を分析。世界的大投資家の哲学を知る。オーディオブックだから通勤・通学中でもジムで運動していても「読む」ことが可能だ!!

オーディオブックシリーズ1
先物の世界 相場の張り方
相場は徹底的な自己管理の世界。自ら「過酷な体験」をした著者の言葉は身に染みることだろう。

オーディオブックシリーズ2
格言で学ぶ相場の哲学
先人の残した格言は、これからを生きる投資家たちに常に発見と反省と成長をもたらすはずだ。

オーディオブックシリーズ5
生き残りのディーリング決定版
相場で生き残るための100の知恵。通勤電車が日々の投資活動を振り返る絶好の空間となる。

オーディオブックシリーズ8
相場で負けたときに読む本〜真理編〜
敗者が「敗者」になり、勝者が「勝者」になるのは必然的な理由がある。相場の"真理"を詩的に紹介。

ダウンロードで手軽に購入できます!!

パンローリングHP
（「パン発行書籍・DVD」のページをご覧ください）
http://www.panrolling.com/

電子書籍サイト「でじじ」
http://www.digigi.jp/

■CDでも販売しております。詳しくは上記HPで——

Pan Rolling オーディオブックシリーズ

相場で負けたときに読む本 真理編・実践編

山口祐介　パンローリング
[真] 約160分 [実] 約200分
各 1,575円（税込）

負けたトレーダーが破滅するのではない。負けたときの対応の悪いトレーダーが破滅するのだ。敗者は何故負けてしまうのか。勝者はどうして勝てるのか。10年以上勝ち続けてきた現役トレーダーが相場の"真理"を詩的に紹介。

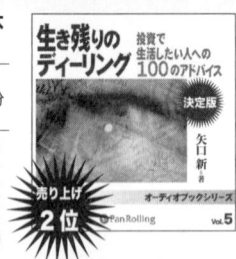

売り上げ 1位

生き残りのディーリング

矢口新　パンローリング
約510分　2,940円（税込）

――投資で生活したい人への100のアドバイス――
現役ディーラーの座右の書として、多くのディーリングルームに置かれている名著を全面的に見直しし、個人投資家にもわかりやすい工夫をほどこして、新版として登場！現役ディーラーの座右の書。

売り上げ 2位

その他の売れ筋

マーケットの魔術師

ジャック・D・シュワッガー
パンローリング　約1075分
各章 2,800円（税込）

――米トップトレーダーが語る成功の秘訣――
世界中から絶賛されたあの名著がオーディオブックで登場！

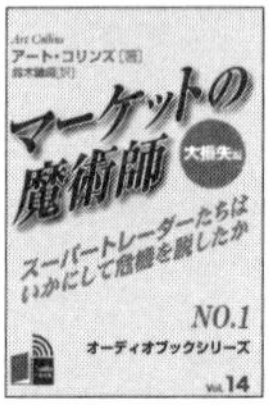

マーケットの魔術師 大損失編

アート・コリンズ、鈴木敏昭
パンローリング　約610分
DL版 5,040円（税込）
CD-R版 6,090円（税込）

「一体、どうしたらいいんだ」と、夜眠れぬ経験や神頼みをしたことのあるすべての人にとって必読書である！

規律とトレーダー

マーク・ダグラス、関本博英
パンローリング　約440分
DL版 3,990円（税込）
CD-R版 5,040円（税込）

常識を捨てろ！
手法や戦略よりも規律と心を磨け！
ロングセラー『ゾーン』の著者の名著がついにオーディオ化!!

NLPトレーディング

エイドリアン・ラリス・トグライ
パンローリング約590分
DL版 3,990円（税込）
CD-R版 3,990円（税込）

トレーダーとして成功を極めるため必要なもの……それは「自己管理能力」である。

私はこうして投資を学んだ

増田丞美
パンローリング　約450分
DL版 3,990円（税込）
CD-R版 5,040円（税込）

10年後に読んでも20年後に読んでも色褪せることのない一生使える内容です。実際に投資で利益を上げている著者が今現在、実際に利益を上げている考え方＆手法を大胆にも公開！

マーケットの魔術師 ～日出る国の勝者たち～ Vo.01

塩坂洋一、清水昭男
パンローリング　約100分
DL版 840円（税込）
CD-R版 1,260円（税込）

勝ち組のディーリング
トレード選手権で優勝し、国内外の相場市況との交流を経て、プロの投資家として活躍している塩坂氏。「商品市場の勝ちパターン、個人投資家の強味、必要な分だけ勝つ」こととは！？

マーケットの魔術師～日出る国の勝者たち～ 続々発売中!!

Vo.02 FX戦略：キャリートレード次に来るもの
松田哲、清水昭男
パンローリング 約98分

Vo.03 理論の具体化と執行の完璧さで、最高のパフォーマンスを築け!!!!
西村貴郁、清水昭男
パンローリング 約103分

Vo.04 新興国市場――残された投資の王道
石田和靖、清水昭男
パンローリング 約91分

Vo.05 投資の多様化で安定収益／銀座ロジックの投資術
浅川夏樹、清水昭男
パンローリング 約98分

Vo.06 ヘッジファンドの奥の手拝見／その実態と戦略
青木俊郎、清水昭男
パンローリング 約98分

Vo.07 FX取引の確実性を摑み取れ／スワップ収益のインテリジェンス
空華人、清水昭男
パンローリング 約100分

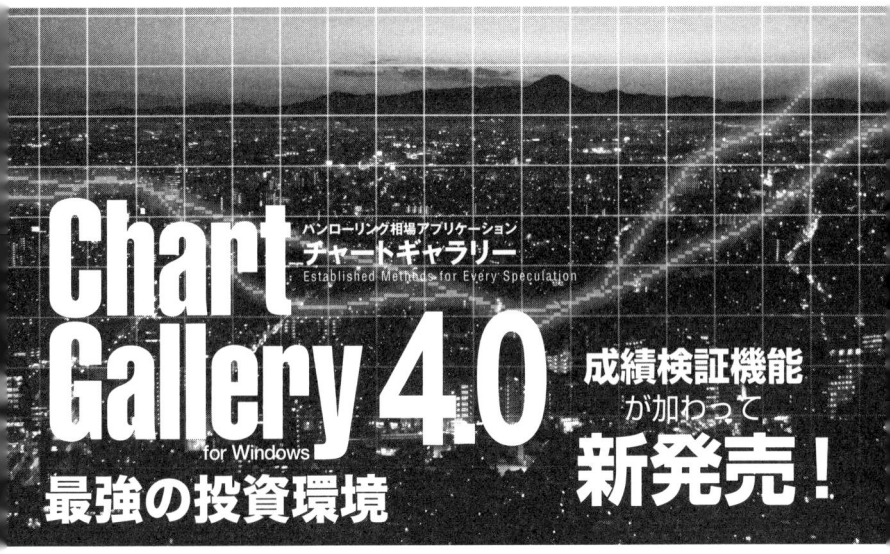

Chart Gallery 4.0 for Windows

パンローリング相場アプリケーション
チャートギャラリー
Established Methods for Every Speculation

最強の投資環境 成績検証機能が加わって **新発売!**

検索条件の成績検証機能 [New] [Expert]

指定した検索条件で売買した場合にどれくらいの利益が上がるか、全銘柄に対して成績を検証します。検索条件をそのまま検証できるので、よい売買法を思い付いたらその場でテスト、機能するものはそのまま毎日検索、というように作業にむだがありません。

表計算ソフトや面倒なプログラミングは不要です。マウスと数字キーだけであなただけの売買システムを作れます。利益額や合計だけでなく、最大引かされ幅や損益曲線なども表示するので、アイデアが長い間安定して使えそうかを見積もれます。

チャートギャラリープロに成績検証機能が加わって、無敵の投資環境がついに誕生!!
投資専門書の出版社として8年、数多くの売買法に触れてきた成果が凝縮されました。
いつ仕掛け、いつ手仕舞うべきかを客観的に評価し、きれいで速いチャート表示があなたのアイデアを形にします。

●価格 (税込)
チャートギャラリー 4.0
エキスパート **147,000 円** / プロ **84,000 円** / スタンダード **29,400 円**

●アップグレード価格 (税込)
以前のチャートギャラリーをお持ちのお客様は、ご優待価格で最新版へ切り替えられます。
お持ちの製品がご不明なお客様はご遠慮なくお問い合わせください。

プロ 2、プロ 3、プロ 4 からエキスパート 4 へ	105,000 円
2、3 からエキスパート 4 へ	126,000 円
プロ 2、プロ 3 からプロ 4 へ	42,000 円
2、3 からプロ 4 へ	63,000 円
2、3 からスタンダード 4 へ	10,500 円

Pan Rolling

相場データ・投資ノウハウ
実践資料…etc

ここでしか入手できないモノがある

今すぐトレーダーズショップにアクセスしてみよう！

1. インターネットに接続して http://www.tradersshop.com/ にアクセスします。インターネットだから、24時間どこからでも OK です。

2. トップページが表示されます。画面の左側に便利な検索機能があります。タイトルはもちろん、キーワードや商品番号など、探している商品の手がかりがあれば、簡単に見つけることができます。

3. ほしい商品が見つかったら、お買い物かごに入れます。お買い物かごにほしい品物をすべて入れ終わったら、一覧表の下にあるお会計を押します。

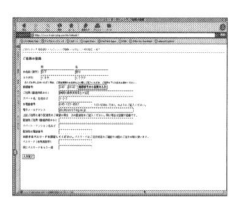

4. はじめてのお客さまは、配達先等を入力します。お支払い方法を入力して内容を確認後、ご注文を送信を押して完了（次回以降の注文はもっとカンタン。最短2クリックで注文が完了します）。送料はご注文1回につき、何点でも全国一律250円です（1回の注文が2800円以上なら無料！）。また、代引手数料も無料となっています。

5. あとは宅配便にて、あなたのお手元に商品が届きます。
そのほかにもトレーダーズショップには、投資業界の有名人による「私のオススメの一冊」コーナーや読者による書評など、投資に役立つ情報が満載です。さらに、投資に役立つ楽しいメールマガジンも無料で登録できます。ごゆっくりお楽しみください。

Traders Shop

http://www.tradersshop.com/

投資に役立つメールマガジンも無料で登録できます。 http://www.tradersshop.com/back/mailmag/

パンローリング株式会社　〒160-0023 東京都新宿区西新宿7-9-18-6F
Tel: 03-5386-7391　Fax: 03-5386-7393
お問い合わせは　http://www.panrolling.com/
E-Mail info@panrolling.com

携帯版